잊혀진 계절 I

* 본 서에 등장하는 인물들 중 김도형, 김형진, 정명석,
  그리고 일부 언론인을 제외한 모든 이름은 가명입니다.

잊혀진
계절 I

잊혀진 계절 I

1장 악연의 시작 _ 17

2장 황주연 납치와 특수강도 사건 _ 87

3장 대만에서, 말레이시아에서,
　　 일본에서 그리고 홍콩에서 _ 159

4장 2003년 홍콩 성폭행 사건 _ 207

5장 JMS의 테러와 정명석 추적 _ 250

· 부록 _ 312

어느 여대생의 수기

충남 금산군 진산면 석막리의 동틀 무렵, 인적 없는 고갯길을 한 여대생이 쫓기듯 내려오고 있다. 여대생은 뒤도 돌아보지 않고 내딛는 발걸음만 재촉하고 있었다. 동쪽 산등성이로 곧 해가 올라오려는지, 무겁게 내려앉았던 어둠이 조금 걷히면서 멀지 않은 산 아래쪽으로 마을이 희뿌옇게 보이기 시작했다. 이 여학생은 모 여대 4학년에 재학 중인 한서진이다. 한참을 숨 가쁘게 내려오던 서진은 사방이 밝아지자 급했던 걸음을 멈추고 처음으로 뒤를 돌아보았다.

어제 저녁 묵었던 월명동 생가는 이제 고개 반대편으로 완전히 넘어가서 더는 보이지 않는다. 그렇다면 생가 쪽에서도 도망치는 한서진의 모습이 더 이상 보이지 않으리라. 쫓아오는 사람은 없다. 하지만 서울로 가는 버스를 타기 전까지는 마음을 놓을 수 없다. 한서진이 멈췄던 발걸음을 다시 재촉하려는데 불현듯 간밤의 일이 떠올랐다. 불과 두어 시간 전의 일이다. 한서진은 고개를 세차게 저어 떠오

른 생각을 털어냈다. 발걸음이 더욱 빨라졌다. '지금은 서울 가는 버스를 타는 일, 그 일만 생각하자.'

한서진은 대학교 2학년 때, 'JMS'에 전도된 'MS'(JMS 신도 중 대학생 및 청년부 신도들을 지칭하는 말. 'Morning Star'의 약자라고 함)이다. 한서진은 초등학교 때부터 드문드문 교회를 다녔지만, 크리스마스나 부활절 등 교회 행사 때, 친구 따라 잠깐씩 나가 본 것이어서, 신앙생활이라고 할 정도는 아니었다. 성경 지식도 전래 동화나 그리스 신화처럼 주워들은 이야기에 불과했다. 대학에 들어오면서 사촌 여동생으로부터 성경공부를 제대로 가르친다는 JMS를 소개받아 학교에 있던 JMS 동아리에 들어가게 된 것이다. 당시 학교 미대 학장이었던 P 교수가 JMS 교회의 장로이자 동아리의 지도교수였고, 대학교 부설 유치원 원장은 유아교육과를 수석 졸업했다는 같은 학교 선배였는데, JMS 방송부 부장이었다. 그래서 한서진은 JMS를 정상적인 곳으로 신뢰할 수 있었다.

한서진은 신앙생활을 열렬히 하는 신도(MS)들에게 감동과 자극을 받았다. 모두 순수하고 친절했다. 한서진은 그들에 비해 나일론 신자였기 때문에 그들의 열심이 궁금했고 신기했다. 한서진은 제대로 성경공부를 해 보고자 마음을 먹고, 틈나는 대로 '30개론'을 들어보기로 했다. '30개론'은 JMS의 기본 교리였는데, JMS에 전도된 사람은 한 달 정도 걸리는 이 성경공부를 수료하고 정식 신도인 MS가 되는 것이다. 그러나 한서진은 당시 여의도 순복음 교회를 다니고 있었기 때문에, 교회를 옮길 생각은 아니었고, 사촌동생이 입에

침이 마르도록 자랑하던 30개론만 공부해 볼 생각이었다.

30개론은 일반 교회에서 가르치는 성경과는 좀 달랐지만, 성경지식이 없던 한서진은 딱히 모순점을 발견할 수 없었다. 이 약간의 다름이 인생 전체를 엉뚱한 방향으로 끌고 가리라고는 꿈에도 생각지 못했고, 신도들의 친절함에 이중적인 의도가 있으리라고 의심하기엔 한서진은 아직 세상 물정 모르는 어린아이였다.

한서진이 생각하기에 30개론은 나쁘지 않았는데, 문제는 목사라는 사람이었다. JMS의 신도들은 대표 목사인 정명석을, 하나님으로부터 직접 말씀을 받아 가르치는 분이라며 '선생님'이라고들 불렀다. 그는 어릴 적 산속에서 오랜 시간 기도하여 성경에 대한 깨달음을 얻었고, 그것이 JMS 교리인 30개론이며 지금도 수시로 하나님과 대화를 한다고 했다. 그런데 한서진에게 그 선생의 첫인상이 영 좋지 않았다. 한서진이 30개론을 배우던 중 간사 언니의 성화에 못 이겨 신사동에 있던 영동교회에 가 보게 되었다. 그날 선생은 아폴로 눈병에 걸렸다며 선글라스를 끼고 있었는데 하필 아래위 흰 양복에 백구두를 신고 있었다. 시골 나이트클럽 광고 벽보에나 어울릴 차림새였다. 한서진의 학교에는 같은 학교 사회학과를 졸업했다는 선배 언니가 '간사'라는 직분으로 다른 직업 없이 매일 학교로 출근해서 동아리 학생들을 관리하고 있었다. 간사 언니는 한서진을 선생에게 악수를 시킨다고 잡아끌고, 선생을 에워싼 인파를 헤치며 야단법석을 떨었다. 실제로 선생 주변에는 신도들, 교회 간부들이 겹겹이 에워싸서 선생과 악수 한 번 하는 게 보통 어려운 게 아니었다.

'아폴로 눈병 환자와 악수를 꼭 해야 하나.'

한서진은 억지로 끌려 내키지 않는 악수를 하게 되었다. 그게 선생과의 첫 스킨십이었다.

한서진이 30개론을 수료하자 간사 언니가 한서진에게 물었다.
"너는 선생님을 누구라고 생각하니?"

선생의 사명이 무엇이냐는 질문이었다. 한서진은 30개론을 거의 1년 가까이 들었으니 선생을 '재림예수'라고 가르친다는 것은 눈치채고 있었지만, 이 질문에 답을 하기가 싫어서 한 달이면 수료할 '30개론 통과식'을 거의 1년을 미루고 있었다. 재림예수라니. 사이비가 연상되어 거부감이 들었다. 그러나 한서진은 선생을 재림예수로 믿는 신도들의 분위기에 부지불식간에 압도되었고, 30개론이 믿어지던 참이라서, 일단 정명석을 재림예수로 믿어보기로 하고 30개론 통과식을 마치게 되었다. 정명석이 재림예수라 하니, 한서진은 다니던 교회도 옮기고, JMS의 정식 신도가 되었다.

한서진이 통과식을 하자 간사 언니는 정명석과 1대 1로 신입생 면담을 주선했다. 주일예배를 마친 오후에 낙성대 교회의 당회장실에서였다. 한서진은 재림예수와의 첫 개인 면담이 설레기도 하고, 마음속의 죄까지 낱낱이 들여다본다니 좀 두렵기도 했다. 한서진이 어색한 마음으로 당회장실에 들어갔을 때, 정명석 혼자 소파에 앉아 있었다. 한서진은 기도제목들을 적어간 면담지를 선생 앞에 우선 내밀었다. 정명석은 면담지를 훑어보고는 중얼중얼 답을 해 주더니(정명석은 어릴 적 기도를 하면서 혀가 굳은 적이 있다고 하여 평소 말을 하는 데에 있어 발음이 명확하지 않다.) 어디 아픈 데는 없냐고 한서진에게 물었다. 한서진이 없다고 대답을 하자, 정명석은 "선생님이 건강한가 봐줄게." 하면서 한서진을 잡아끌어 자신의 무릎 위에 앉혔다. 한서진은 느닷없는 상황에 당황해서 온몸이 굳어졌다. 정명석은 자신의 손을 한서진의 가슴에 얹고 기도를 하는가 싶더니 스커트 허리춤에 넣어져 있던 블라우스를 끄집어내고 아랫배로 손을 쑥 밀어 넣었다. 순간 한서진의 배는 긴장으로 돌덩이처럼 딱딱해졌고 숨 쉬는 것마저 잊어버렸다. 선생은, 여자는 아랫배가 따뜻해야 하는데 한서진의 배가 차다며 거의 팬티 근처까지 손을 넣고 기도를 했다. 한서진은 엉거주춤, 얼떨결에 함께 기도를 했다. 선생을 따라 눈은 감았지만 그때부터 한서진에게는 아무 소리도 들리지 않았다. 정명석의 손은 한서진의 팬티 안으로 더 깊이 내려갔다. 정명석의 손가락은 이제 한서진의 다리 사이 깊은 곳까지 가 있었다. "넌 이제 하나님의 애인인겨. 여길 줬으니 애인이잖여. 다른 남자 만나면 싫여. 하나님은 질투하는 하나님이여. 주님은 너의 신랑으로 온겨. 널 사랑해 줄라구 온겨. 다른 남자한테 이거 줄겨, 안줄겨. 다른 남자 만날겨?"

　정명석은 팬티 안의 손가락을 까딱거리며 접신이라도 한 듯, 하나님이랬다가 주님이랬다가 신랑이랬다가 주체도 알기 힘든 말들을 쏟아냈다. 한서진은 막 들어오는 손길을 거부할 엄두도 못 내고 "딴 남자 안 만나요."라는 대답과 함께 멎었던 숨을 토했다. 현기증이 났다. 혼란 그 자체였다. 남자의 손길이 한 번도 닿아 본 경험이 없는 한서진은 상상조차 못했던 상황에 정신을 차릴 수가 없었다. 정명석은 한서진을 안고 얼굴에 여기저기 입을 맞추더니 놓아 주었다.

"다음에 선생님 집에 와."라고 하는 정명석의 말에, 한서진은 얼버무리듯 대답하고 흐트러진 옷매무새를 추스르고 당회장실을 겨우 벗어났다. 한서진을 당회장실에 들여보낸 간사 언니와 같은 학교 '보고자'(학교마다 지방 교회마다 있는 현지처들)가 한서진을 기다리고 있었다. 그녀들은 한서진이 받을 충격을 미리 알고 있었는지 침착하게 한서진을 다독였다.

"주님은 신랑으로 오신 거잖아. 결혼한 신부가 신랑하고 사랑을 나누는 건 당연한 일이잖아. 선생님은 예수님을 대신해서 기도해 주신 거야. 니가 타락한 근성을 가지고 있어서 세상적인 눈으로 색안경을 써서 이상하게 보인 거지, 선생님은 세상에서 가장 순결한 분이야. 어린아이 같은 분이야. 나쁜 생각이 들었다면 회개해. 같이 기도하자."

당회장실에서 황망하게 당하고 나온 한서진은 뒤늦게 정신이 수습되자 불쾌한 기분이 들며 화가 치밀었다.

"선생님은 유부녀에게도 이런 식으로 하시나요? 남자들은 어떻게 구원하죠? 남자들도 만져요? 이런 안수 기도를 모두에게 하는 건가요? 신랑으로 오신 거면 첫날밤 같은 거도 해요?"

그녀들에게는 이미 정해진 매뉴얼이 있었다. 한서진 같은 초신자를 다뤄 본 경험이 수도 없이 많았을 것이다.

"선생님이 아무나 1대 1로 만나주는 줄 아니? 이건 엄청 감사한 일이야. 네가 세상적으로 예쁘고 마음이 여려서 사탄에게 공격받기 쉬운 사람이라 특별히 만나서 기도해 주신 거야. 넌 하나님이 특별히 사랑하는 사람이고, 선생님은 하나님을 대신하시는 거야. 지방에 있는 신도들은 선생님과 개인 면담 한 번 해보는 걸 소원으로 품고 얼마나 기도하는 줄 알아? 첫날밤 같은 건 절대 없어. 그 이상의 어떤 일도 절대 없어. 세상적인 생각으로 선생님을 욕보이지 마! 선생님은 하나님이 시키는 일 외에 사람의 마음으로는 어떤 행동도 하시지 않아!"

그러나 그 이상은 없다는 간사 언니의 말은 거짓이었다. 한서진이 첫 번째 개인 면담에 대해 더 이상 따지지 않고 예배에 참석하자, 한서진이 수긍한 것으로 판단했는지, 간사 언니는 그때부터 선생님을 가까이 따라다녀야 한다며 한서진을 더욱 강하게 밀어붙였다. 한서진은 학교의 강의 시간을 제외한 거의 모든 시간을 새벽부터 밤늦은 시간까지 간사 언니의 손에 끌려 정명석을 따라다녀야 했다.

그러다가 정명석의 집에 갔을 때, 한서진은 첫 면담 때처럼 등이 떠밀려 정명석의 침실에 들어가게 되었고, 결국 정명석에게 강압적으로 처녀성을 잃었다. 한서진은 정명석의 성기가 몸 안으로 완전히 밀고 들어오기 직전까지도 그 이상은 없다던 간사 언니의 말을 미련스럽게 믿고 있었다. 한서진이 어디까지 순종하는지 신앙을 시험당하는 거라고, 여기까지일 거라고. 그러는 동안 한서진에게 그 이상의 일이 벌어지고 만 것이다.

한서진은 그 일이 있은 후부터 누구에게도 털어놓을 수 없는 고민을 안고 남몰래 시름시름 앓았다. 30개론은 맞는 것 같은데 아무리 봐도 선생의 짓은 강압적이고 포악했다. 정명석 주변의 여자들은 너무나 자연스러워 보였고, 능숙하게 한서진을 다독였다. 한서진은 어떤 말을 들어도 이해할 수 없었고 넋 나간 사람처럼 혼란스러웠다. 그러나 한서진에게는 욕하고 뛰쳐나갈 용기가 여전히 없었다.

한서진은 당하고 나서야 비로소 보였다. 선생 주변의 본부 MS(정명석의 집에 같이 사는 여자들)며 보고자, 교역자, 크고 작은 부서장 등 선생 주변에 키가 크고 반반하게 생긴 여자들이, 한 명의 예외 없이 온통 선생의 섹스 파트너였다. 그런 여자들을 통틀어 '선생님의 애인권'이라고 구분하며, 그런 경험이 없는 여자들을 오히려 급이 낮다며 깔보는 경향까지 있었다. 그것은 누구와도 함부로 이야기 나눌 수 없었지만 JMS 중심부에서는 공공연한 비밀이었다.

한서진은 그 일이 있은 후 몇 번 더 평창동 선생의 집에 불려가서 본부 여자들과 침실에 들어가게 되었다. 정명석에게 가슴을 깨물려 시커먼 이빨 자국이 2주나 간 적도 있고, 정명석의 손에 잡혀 털을 싹 깎은 본부 여자의 성기에 강제로 손을 대보게도 되었다. 그러나 30개론의 세뇌의 고리는 단단했다. 한서진은 정명석이 무슨 행동을 해도, 아무리 놀라고 아파도 반항은커녕 끽소리조차 내지 못했다. 정명석을 배신하고 그 비밀을 발설하면 나와 내 가족에게 하나님의 저주가 내려질 것 같았다. 그곳은 벌거벗은 임금님의 나라였다.

한서진은 그 나라 '주민'이 된 후, 보이지 않는 옷을 보이는 것처럼 억지로 꾸미고 있었다. 정명석이 재림예수라는 부인할 수 없는 교리에 붙들려 안절부절못하면서 교회에서 점점 멀어졌고 시들시들 겉돌았다.

그런 한서진을 정명석이 월명동 생가의 행사에 부른 것이다. 충남 금산군 진산면에 위치한 월명동은 정명석이 태어나 자란 생가가 있는 곳으로, JMS에서는 장차 예루살렘과 같은 곳이 되어 전 세계 젊은이들이 모여들 거라며 개발을 하고 있었는데, 그날은 월명동에서 전국적인 집회가 있는 날이었다. 신도 수백 명이 모여들었다. 한서진이 오랜만에 월명동에 나타나자, 평소 알고 지내던 본부 여자들이 반겨주었다. 행사를 마치고 JMS 신도들은 생가 앞 넓은 마당 가득, 저마다 준비해 온 텐트를 치고 잠자리에 들었고, 정명석의 부름을 받은 한서진은 애인권인 여자들과 함께 정명석의 방에 들어갔다. 한서진이 방을 빠져나올 구실을 찾고 있는 동안 방문은 닫혔고, 방 안에 정명석과 본부 여자들 5명 정도와 함께 남게 되었다. 모두 화기애애한 분위기로 팬티만 걸치고 누운 정명석을 가운데 두고 팔다리를 주무르며 이야기를 나누었다. 선생에 대한 낯간지러운 칭송과 음담패설 등이 자연스럽게 오가고 있었다. 그들에게는 익숙한 분위기인 듯했다.

선생의 방에는 마루로 나가는 문 외에 집 뒤로 통하는 문이 하나 더 있었는데, 그 문으로 본부 여자 하나가 마사지 오일 등을 쟁반에 받쳐 들고 들어왔다. 여자는 선생의 몸에 오일을 발라 정성껏 마사지했다. 비좁은 시골 방에는 어둑한 조명에 매캐한 오일향이 가득했고, 오일을 바른 선생의 몸은 구릿빛으로 번들거렸다. 선생은 40대였지만 남자 신도들과 허구헌날 축구를 해서 군살 하나 없었고, 피부는 뱀처럼 매끄러웠다. 선생은 여자들이 매만지는 손길에 잠이 드는가 싶더니, 마사지가 끝나자 눈을 뜨고 정명석 발치에서 꿔다 놓은 보릿자루처럼 앉아 있던 한서진에게 손을 내밀었다. 한서진을 자기 배 위로 끌어당겼다. 지금까지 한서진은 다른 여자들과 선생의 방에 들어간 적은 있지만 섹스할 때는 선생과 단 둘이었다. 그러나 지금은 다른 여자들이 보고 있는 앞에서 팬티를 벗어야 할 모양이다. 한서진이 암담해하고 있는 동안 다른 여자들은 아무렇지 않게 정명석의 옆으로 나란히 돌아누웠다. 방의 불이 누군가에 의해 꺼졌다.

 잠시 후, 한서진은 부끄러운 마음으로 옆에 누운 여자들을 넘어 방 한 쪽 벽에 바싹 붙어서 돌아누웠다. 당장이라도 밖으로 나가고 싶었지만, 방문 밖 앞마당에는 집회에 참석했던 MS들의 텐트가 가득 쳐져 있었다.

 어느 정도 시간이 지났을까. 한서진은 얼핏 잠이 들었는지, 쥐어짜는 듯한 신음소리에 정신이 들었다. 한 여자가 선생의 배 위에서 이상 야릇한 콧소리를 쥐어짜며, 전라의 몸을 움직이고 있었다. 한서진과 친한 본부 동생이었다. 그 옆에 누워 있던 여자가 부스스 몸을 일으켜 웃옷을 벗었다. 그 여자는 긴 머리를 한쪽 어깨로 쓸어내리더니 정명석의 손을 주무르기 시작했다. 방은 어두웠지만, 창밖에 조명인지 달빛인지 스며들어, 전라의 여자들이 만들어 낸 희뿌연 실루엣은 기괴했다. 정명석이 옆에 앉은 여자의 젖가슴을 주물렀다.

 잠시 후 배 위에서 움직이던 여자는 이제 미끄러지듯 선생의 옆으로 내려왔고, 이번에는 팔을 주물렀던 여자가 정명석의 손에 끌려 배 위로 올라갔다. 여자는 교태롭게 허리를 뒤틀면서 아까 여자보다 한층 요란하게 몸을 움직였다. 어둠 속에서 털퍽털퍽 살 부딪히는 소리가 신음소리와 섞였다. 한서진의 눈앞에서 말로만 들었던 포르노 영상이 돌아가고 있었다. 눈앞에서 벌어지는 비현실적인 광경은 실로 충격적이었다.

'저러면 성병에 걸리지 않을까? 씻지도 않고 돌아가며 저래도 되나?'

의심이 들었다. 세뇌된 교리와 하찮은 영적 체험 따위로 억눌렸던 사고에 충격이 가해지자, 그간 감히 떠올리지 못했던 '더럽다!'는 생각이 한서진의 의식표면 위로 불쑥 튀어 올랐다. 한번 금이 가자 한서진의 머릿속은 걷잡을 수 없이 소용돌이쳤다. 한서진은 어지러워 토할 것 같았다. 이 위험천만한 곳에서 속히 벗어나고 싶었다. 창 밖은 아직도 어두웠다. 새벽녘, 밤새 돌아가던 운동은 끝이 났다. 여자들은 머리맡에 벗어 두었던 옷을 이불 속으로 끌어들여 꿈틀꿈틀 팔다리를 꿰더니 이불을 젖히고 하나둘씩 일어났다. 드디어 방문이 열리고 차례로 방을 빠져나갔다. 한서진은 누군가에게 들킬까 싶어 애써 진정하며 여자들을 따라 방을 빠져나왔다. 덜덜 떨리는 손으로 밖에 둔 가방을 챙겨서 사람들 눈을 피해 생가 뒤쪽 성황당 고개를 넘었다.

한서진은 그 길로 도망쳐서 다시는 '섭리'(JMS 단체를 스스로 일컫는 말)로 돌아가지 않았다. 그러나, JMS로부터 정신적으로 놓여나는 데는 훨씬 더 오랜 세월이 걸렸다. 한번 잘못 믿어버린 교리는 주홍글씨처럼 머리에 박혀서 불순종에 대한 그릇된 죄책감으로, 실체 없는 저주의 공포로, 그렇게 정명석 사교 집단의 볼모가 되어 이상한 줄도 모르고 이상한 삶을 오래 살게 되었다.

◇◇◇◇◇◇◇◇◇◇◇◇◇◇

1장
악연의 시작

2000년 6월 10일 오후 10시경. 남산 중턱 어느 주택가의 인적 드문 골목. 정차되어 있던 흰색 소형 승용차 한 대에 시동이 켜졌다. 그와 동시에 가로등 빛도 닿지 않은 어둠 속에 섰던 두 남자가 피우던 담배를 급히 땅에 비벼 끄고는 흰색 차량으로 다가갔다. 그 중 한 남자가 운전석 쪽으로 먼저 다가가 차창을 두드렸다. 운전자는 차창을 조금 내려 낯선 남자를 올려다보았다. 남자는 열린 차창에 드러난 운전자의 얼굴을 잠시 확인하더니 침착한 어조로 물었다.

"김도형 씨죠?"

"네. 그런데… 누구, 시죠?"

"성북경찰서 강력반 강철수 형사입니다. 김도형 씨, 잠시 내리시죠." 하며 차 문을 열었다.

김도형이 차에서 내려섰다.

"지금 이 시각으로 당신을 특수강도 등의 혐의로 긴급체포합니다.

당신은 변호사를 선임할 권리가 있으며, 불리한 진술을 거부할 수 있습니다."

김도형의 양손에 수갑이 채워졌다.

"강력범이라 수갑 하나 더 채웁니다."

양해를 구하는 말투가 아니다.

'수갑을 두 겹도 채우네.' 난생 처음 겪는 일에 김도형은 순간 멍해져서 남의 일처럼 느껴졌다. 김도형은 그대로 자기 차에 실려 성북경찰서로 연행되었다.

경찰서에 도착하자 김도형은 수갑 위로 포승줄까지 매어졌다. 늦은 밤, 형광등 불빛이 밝은 경찰서 강력반 유리창에는 오랏줄에 칭칭 묶인 김도형의 수갑 찬 모습이 고스란히 거울처럼 비춰 보였다. 누가 봐도 영락없는 강력범의 행색이다. 김도형은 그런 모양새로 성북경찰서 유치장에 갇혔다.

김도형이 낯선 유치장에서 2주쯤 지냈을 때, 사건이 검찰로 송치되었다. 김도형은 범죄전문가들 사이에서 '과천국립대학교'라 불리던 서울구치소로 이감되었다. 김도형을 태운 호송버스가 서울구치소 마당에 들어서 멈추었고 버스에서 굴비 엮이듯 줄줄이 내려선 이 감자들은 교도관의 호명에 따라 한 사람씩 나서서 교도관에게 신상을 확인받았다. 김도형의 이름이 불렸다. 교도관 앞에 선 김도형은 교도관이 묻는 대로 이름, 생년월일, 주소를 또박또박 힘주어 말했다. 법을 집행하는 쪽에든, 범법자들 쪽에든, 눈에 거슬려서 좋을 일이 없어 보였다. 되도록 튀고 싶지 않았다. 김도형의 의도대로 구치소에서의 첫 관문이 곱게 지나가나 싶었는데, 서류를 넘기던 교도관이 멈칫 한다. 신기한 듯 서류와 김도형을 번갈아 쳐다본다.

"야, 김도형! 이거 뭐야? 너 KAIST 다녀? 박사 과정이야?"

"이야~ 넌 박사 하면서 강도 짓도 하냐? 난장 안 까고 얌전히 공부만 하면 노벨상 타겠는데?"

꽤나 충격적인 발견이라는 듯 교도관의 목소리가 높았다. 그 자리에 있던, 건들건들 무섭게 생기신 강도, 강간범, 절도범 그리고 조직폭력배 놈들이 김도형을 힐끔힐끔 쳐다보며 키득키득 웃는다. 제대로 튀고 말았다. 차마 울 수 없었던 김도형도 함께 씩~ 웃어주며 말했다.

"교도관님 사람 볼 줄 아시네요~!"

이 일로 김도형은 수감생활 내내 이름이나 수감번호 대신 '야! 카이스트!'로 불리며 강력범 형님들의 온갖 잔심부름을 도맡게 되었다.

이루고자 하는 학문적 야망이 있었고, 학업에 조금은 성실했으며, 훌륭한 부모님과 교수님의 기대 속에 연구에 매진하던 KAIST 박사 과정의 스물여덟 청년 김도형은 특수강도범으로, 교도관과 범죄자들의 놀림거리로 하루아침에 신분이 바뀌었다. 강력범들 틈에서 기한을 알 수 없는 험난한 동거가 시작된 것이다. 경력 지긋하신 교도관조차 놀라게 한, 이 전무후무한 이야기의 시작은 5년 전으로 거슬러 올라간다.

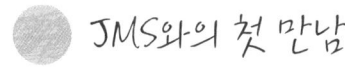 JMS와의 첫 만남

  1995년 3월, KAIST 학생 김도형은 대학 친구의 권유로 대전의 한 교회에 나가게 되었다. 김도형은 독실한 기독교 신자이신 부모님과 함께 어릴 적부터 서울에서 교회에 다녔지만, 대학 입학 후 학교가 있는 대전으로 내려와 홀로 생활하다 보니 예배에 가지 못할 때가 많았다. 그래서 대전에 있는 교회를 정해서 신앙생활을 하려던 참에 친구가 때마침 전도를 한 것이다. 김도형은 친구의 소개로 그 교회의 간부를 만나게 되었다. 그 간부는 '우리는 전국에 200여 개가 넘는 교회가 있는 교단으로 신도수가 15만 명'이라고 설명하였다. '세계청년 대학생 MS연맹'이라는 명칭으로 사회적으로 활발하게 활동한다며, 그는 교단의 대표가 정명석 목사라고 소개하였다. 그리고 단체의 이름을 약칭하여 JMS라고도 부르는데, 'Jesus Morning Star'의 약자라고 하였다. 간부의 설명이 다소 거창해 보였지만, 김도형은 일단 교회에 나가보기로 하였다.

  당시 김도형을 전도한 친구도 그 교회에 나가게 된 지 3개월 정도밖에 안 된 '신입생'이었다. 김도형은 친구로부터 KAIST 학생들을 관리한다는 어느 여자 간사(충남대학교 영문학과 89학번)를 소개받았다. 그리고 며칠 후 김도형은 그 간사를 따라 대전시 서구 탄방동에 있는 충심교회를 가보게 되었다. 가건물에 있는 크지 않은 교회였지만, 젊은 학생들이 대부분인 교회는 친구 말대로 분위기가 좋아 보였다.

  교회에 대한 인상이 한층 좋아진 것은 JMS 교리인 '30개론'을 공부하기 위하여 강사로 소개받은 박지현 전도사 덕분이었다. 신입생인 김도형을 환하게 반겨준 박지현은 미소가 참 예쁜 여자였다. 김도형은 성경공부를 마친 후 박지현과 학교생활 이야기, 신앙 이야기 등을 나누면서 젊은 나이에 신앙심이 깊은 그녀에게 호감을 느끼게 되었다. 그녀 또한 김도형이 싫지 않은 눈치였다. 김도형은 그녀 덕분에 교회 가는 길이 설렜다.

그런데 30개론을 배우면서 김도형은 교리에서 좀 이상한 점이 느껴졌다. 성경이 모두 비유로 되어 있다며 예수님의 이적을 '비유'로 해석하자, 예수의 신성보다는 평범한 사람임이 부각되었고, 급기야 누구나 예수가 될 수 있다는 논리에까지 미치고 있었다. 예배시간에 정명석의 설교는 더 이상했다. 설교 중에 '개새끼', '미친놈' 등 욕은 예사이고 '대한민국 교수들, 전부 나한테 와서 배우라 그래'라고 하는데, 목사의 설교라고 하기에는 도가 지나쳤다. 한번은 정명석이 설교 중에 '그랜드 캐년'을 '그년도 개년'이라고 하였는데, 신도들이 웃으며 일제히 '아멘!'이라고 외쳐댔다. 김도형은 하도 어이가 없어 주위를 둘러보니 웃지 않는 건 김도형뿐이었다.

1995년 7월경 대전을 방문한 정명석을 직접 만나본 후, 김도형은 그곳이 사이비 종교 집단이라고 확신하게 되었다. 최고급 벤츠 승용차를 타고 온 정명석을 따라 초미니 스커트 차림의 팔등신 미녀들이 줄줄이 내리는데, 정명석은 요사스러운 차림의 여자들에게 둘러싸여, 대전교회의 목사들조차 정명석에게 가까이 가기 힘들 정도였다. 정명석이 KAIST에 와서 한 설교는 더욱 가관이었다. 정명석은 설교 시간에 강대상에서 자신이 에너지 소모 없이 물을 끌어올리는 기계를 발명하여 몇 년 전 대전 EXPO에 출품까지 하려고 했었다는 자랑을 늘어놓았다. 당시 물리학 전공이었던 김도형은 더 이상 참고 들어줄 수가 없었다.

'미친 놈, 지랄 염병하고 자빠졌네!'

김도형은 JMS에서 나가리라 마음먹었다. 그러나 이제 막 시작된 박지현과의 사랑이 마음에 걸렸다. 김도형이야 지금 당장이라도 JMS에 발을 끊으면 그뿐이지만, 저런 무식한 교주에게 전 인생을 걸고 신앙생활을 하는 전도사를 사랑하게 되다니 이 무슨 얄궂은 운명의 장난이란 말인가.

'반드시 그녀와 함께 이놈의 JMS를 나가리라.'

김도형은 그때부터 본격적으로 그녀를 설득하기 시작했다. 그는 그동안 갈고 닦아 온 물리학 지식을 총동원하여 '30개론'의 허구성을 조목조목 지적했고, 한편으로는 진심어린 사랑으로 호소하였다. 그러나 교리에 철저히 세뇌된 그녀의 광적인 확신은 요지부동이었다. 그녀는 자신과 함께 하려면 김도형이 섭리에 남아야 한다며, 오히려 김도형을 설득하려 들었다.

이유는 이러했다. JMS 교리인 30개론에 따르면, 창세기에 나오는 선악과는 여자의 성기를, 생명나무는 남자의 성기를 비유적으로 표현한 것으로, 인류의 원죄, 즉 아담과 하와가 선악과를 따먹은 행위는 아담과 하와가 성 관계를 맺은 것을 의미하고, 그것이 타락이며 인류의 원죄가 되었다는 것이다. 그래서 JMS 신도들은 재림예수인 정명석이 짝지어 주는 JMS 내 신도들끼리만 결혼해야 하며, 정명석이 짝지어 주기 전에는 남녀 간의 순수한 교제마저도 철저히 금기시했다. 신도들은 교주 정명석의 허락 없이 이성과 교제하는 것을 인류의 원죄에 해당할 만큼 큰 죄악으로 생각하고, 이를 어겼다가 들키기라도 하는 날엔 정명석 앞에 불려가서 엄청난 벌을 받게 된다 (그들의 표현을 빌자면 '심판을 받는다'). 고로 김도형이 박지현과 교제하려면 정명석으로부터 허락을 받아야 한다는 얘기였다.

이건 또 무슨 귀신 씨나락 까먹는 얘기인가. 김도형은 속이 터져 미칠 지경이었지만, 그녀 또한 김도형에 대한 사랑과 선생에 대한 믿음 사이에서 고민이 적지 않아 보였다. 김도형이 두 눈 딱 감고 JMS에 남는다면 둘은 계속 만날 수 있겠지만, 정명석에게 들키지 않게 이성교제를 하라? 그러다 들키면 정명석에게 끌려가 혼구멍이 난다? 무엇보다도 박지현과 결혼하려면 저런 인간에게 결혼 안수기도를 받아야 한다니, 이건 김도형이 도저히 타협할 수 있는 얘기가 아니었다.

박지현과의 진전없는 싸움이 몇 달간 이어지자 김도형은 이런 식으로는 해결되지 않겠다고 판단했다. 그녀는 JMS에 10년을 넘게 몸담은 전도사로서 비정상적인 논리로 무장하고 있었다. 그에 비해 김도형은 30개론을 듣기 시작한 지 3개월 남짓한 신입생이다 보니 JMS에 관해 아는 것이 별로 없었다. 그녀를 설득하려면 좀 더 강력하고 객관적인 근거가 필요했다. 김도형은 그때부터 JMS에 관한 자료를 닥치는 대로 모아서 틈틈이 뒤져 보기 시작했다.

그렇게 자료를 뒤지던 중, 김도형은 JMS에 관한 기사에서 생각지도 못한 내용을 발견했다. JMS 교주 정명석에게 성추행을 당한 여성의 폭로 수기였다. 김도형에게는 망치로 얻어맞은 것 같은 충격이었다. 밤을 새워 읽었다. 김도형은 정명석 주변의 초미니 스커트의 팔등신 미녀들이 떠올랐다.

'재림예수는 개뿔, 이런 천하에 못돼 처먹은 놈이 있나.' 김도형은 몸이 부르르 떨렸다.

김도형은 자신 있게 그 수기를 박지현에게 내밀었다. 그러나 그녀는 놀라지 않았다. JMS가 통일교 교리와 비슷해서 음해를 당하는 것일 뿐, 자신이 직접 가까이에서 정명석을 겪어 보았지만 절대 그런 일은 없다는 것이다. 김도형은 어이가 없었다. 김도형이 보고 겪고 찾아낸 자료를 종합하면, JMS는 분명 요상한 집단인데, 그녀야말로 아무 근거 없이 무작정 우기고 있는 것이 아닌가.

그녀와 말이 통하지 않자 김도형은 여태까지 확보해 두었던 JMS 관련 자료를 현대종교라는 이단 사이비 전문 언론사에 넘기기로 작정했다. 김도형이 만난 현대종교의 대표 탁지원 씨는 자신도 JMS를 눈여겨보는 중이었다며 김도형이 넘겨준 자료를 기사화하겠다고 하였다. 이때가 1995년 10월경이었다.

현대종교에 자료를 넘기고 얼마 지나지 않아, 김도형은 탁지원 씨로부터 연락을 받았다. JMS의 2인자인 부총재 안현구 목사를 만나기로 했는데 김도형에게 함께 만나 주겠냐는 것이다. 김도형은 흔쾌히 응했다. 박지현과 싸우는 데 지쳐 있던 김도형은 JMS 부총재 정도면 교주의 일을 따져 묻고 대체 뭐라고 대답을 하는지 들어보고 싶었다.

탁지원 씨와 함께 안현구를 만나기로 약속한 날, 김도형은 약속장소로 가는 길에 박지현으로부터 호출이 와서 박지현과 전화 통화를 하게 되었다. 그녀는 전화통에 대고 어린아이같이 엉엉 울면서 JMS

간부와 만나지 말라고 애원했다. 어림도 없는 소리다. 김도형은 매몰차게 박지현의 전화를 끊고 약속 장소로 향했다. 얼마 후 알게 된 사실이지만, 그 전날 정명석이 월명동 JMS 본부에서 측근들을 모아놓고 온갖 육두문자로 김도형을 욕하며 '종교간첩은 구원을 못 받는다'는 식으로 김도형을 비난했다고 한다.

김도형이 약속장소에 나가 보니, 원래 나오기로 했던 안현구는 나오지 않고, 대신 그를 모시고 있는 사람이라며 양복 차림의 멀쩡한 네 명의 남자들이 나와 있었다. 그들은 2시간에 걸쳐 자신들의 신앙간증을 하며 JMS의 결백을 믿어 달라는 말을 되풀이했다. 정명석의 성추문은 왜곡·과장이라는 것이다. JMS 간부라면 뭔가 속 시원한 이야기를 들을 수 있으리라 기대했던 김도형은 실망스러웠다. 정명석이 결백하다면 당연히 성추문 폭로 수기를 보도한 현대종교를 상대로 고소를 하면 될 것이고, 그러면 수사기관에서 어련히 수사 잘 해서 진실을 밝혀줄 것을, 굳이 만나자고 해서 한다는 소리가 고작 자신들의 신앙고백이라니. 자기들이 은혜를 많이 받았으니 JMS를 믿으라는 것인가. 김도형은 그들이 한심하게 느껴졌다.

JMS 간부들과의 만남이 그렇게 소득 없이 끝나는가 싶었는데, 김도형에게는 기대도 하지 않은 뜻밖의 소득이 있었다. 그토록 요지부동이던 박지현이 김도형의 단호함에 기세가 한풀 꺾이는가 싶더니, 조금씩 변화를 보이기 시작했고, 그해 12월 결국 JMS와 인연을 완전히 끊었다. 김도형의 기쁨은 이루 말할 수 없었다. 박지현만 JMS에서 나오면 둘에게 무슨 걱정이 있겠는가. 이제 훌훌 잊어버리면 그만이다. 둘의 앞날이 밝게 펼쳐져 있었다. 적어도 그때까지는 그랬다.

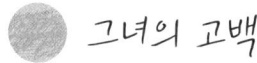 그녀의 고백

1996년 2월 15일, 서울에서 대전으로 내려가던 중부고속도로 이천 근처의 갓길에서였다. 박지현이 선물한 발렌타인데이 기념 초콜릿을 함께 까먹던 중 그녀는 김도형에게 고백할 것이 있다며 우물쭈물대고 있었다.

"도형 씨, 사실 나… 이 말을 해야 할 것 같았어."

"무슨 얘기인데? 얘기해 봐."

박지현은 한참을 망설이다 겨우 입을 뗐다.

"나, 선생님 그 수기에 나온 여자 이야기. 사실 그 일… 내게도 똑같이 있었어."

김도형은 귀를 의심했다. '얘가 지금 무슨 얘길 하는 거야.' 순간 무언가 와장창 박살 나는 소리가 어디 저 먼 데서 들려오는 것 같았다.

"무슨 일? 그 새끼 강간 피해자 수기? 그 일 말하는 거야? 그 새끼가 너한테?"

김도형이 질문을 쏟아내자, 그녀의 고개가 다시 떨어졌다. 그녀의 흐느낌은 고요했다.

그녀는 가만히 고개를 끄덕이며

"너무… 미안해…."

김도형의 질문에 돌아온 그녀의 답이었다.

김도형은 온몸에 기운이 하나도 없었다. 이때부터 정신이 반쯤 나간 헛개비였다. 옆에 와서 툭 치기 전까지는 누가 불러도 들리지 않앉고, 횡단보도에서 신호등도 보지 않고 가고 서고 하였다. 믿기지가 않았다. 정명석은 사이비 교주라고, 이곳에서 나가야 한다고, 김도형이 1년 가까이 어르고 달래고 협박하고 떼를 쓰는 동안, 줄기차게 '우리 선생님은 절대 그럴 분이 아니다, 억울해 죽겠다, 버선목이면 뒤집어라도 보이겠다'고 밤을 새워 가며 김도형을 설득했던 그녀였다. 김도형이 JMS를 비난할 때마다 그런 김도형을 돌이키기 위해 정명석 대변인이나 된 듯이 두둔했던 그녀가, 이미 김도형을 만나기 전부터 교주의 성 행각을 전부 알고 있었을 뿐 아니라, 그녀조차 그 대상이었다니! 아무리 돌이켜 생각을 해봐도, 우리 선생님 결백하다며 펄펄 뛰던 그녀는 정명석의 성 행각을 모르는 사람이었다. 정명석을 멋모르고 순수하게 믿는 사람이어야만 했다. 그런데 그런 그녀가 다 알고 있었다니. 김도형은 완벽하게 속았고, 하마터면 JMS로 돌아갈 뻔하지 않았나. 그러나 김도형 옆에서 박지현은 여전히 맑고, 순하고, 한없이 착하다.

'어디서부터 무엇이 잘못되었을까? 나는 누구에게 분노하고 있는 것인가? 나는 지금 정명석에게 분노하는 것인가, 아니면 그녀에게 분노하고 있는가? 누가 그녀를, 저렇게 선한 사람을 어디를 얼마나 비틀면 그토록 사악하게 변하게 할 수 있나.'

김도형에게 잔인한 시간이 흘러갔다. 휘적휘적 1주일쯤 지나고 김도형은 애써 진정했다. 더 이상 그녀를 추궁하고 싶지 않았다. 다 이해할 수는 없었지만, 그녀를 용서하기로 했다. 그녀에게 들었던 배신감은 김도형의 폐부 깊은 곳에서 정명석에 대한 분노로 화학변화를 일으켰다. 정명석은 박지현의 아버지뻘 되는 인간이다. 어떻게 자기 딸 같은 여자에게 그런 짓을. 그것도 한 둘이 아니지 않은가. 그런 뻔뻔한 인간이, 김도형이 이토록 아파하는 이 순간에도, 아무 방해도 없이 여유롭게 전국을 순회하며 방방곡곡의 최고급 호텔 특실에 들어앉아 재림예수라고 사칭하여 수많은 여성을 유린하고, 전국 대학을 순회하며 교만으로 똘똘 뭉친 헛소리로 젊은 영혼들을 갉아먹고 있다. 얼마나 많은 젊은이들을 아프게 했을까. 어떻게 이런 일이 수십 년간 지속될 수 있었을까. 도무지 믿을 수가 없었다.

"정명석!!! 이 짐승만도 못한 새끼!!! 기다려라. 내가 너 지옥 끝까지라도 쫓아가서 갈기갈기 찢어 죽이고 말 테다."

출사표

그때부터 김도형은 JMS를 무너뜨릴 방법을 고민했다. 그러는 동안 김도형에게 기도 안 막히는 소식이 들려왔다. 김도형이 넘겨준 자료로 1996년 2월부터 5월까지 JMS 특집기사를 내기로 공개 선언하며 광고까지 했던 현대종교가, 무슨 일이 있었는지 3월을 끝으로 기사를 중단하겠다는 것이었다. 정작 4월호부터 정명석의 성 행각을 구체적으로 폭로하기로 되어 있었는데, 그 목전에서 그만둔 것이다. JMS 집단에서는 '하나님이 탁지원의 마음을 변화시켰다'며 간증거리로 이용한다니, 김도형은 화가 치밀어 견딜 수가 없었다. 김도형은 당장 탁지원에게 전화하여 한바탕 싸우고, 자신이 제공한 자료를 모두 돌려달라고 했다. 무슨 사정이 있었든지 간에 현대종교는 그런 자료를 가지고 있을 자격이 없다고 생각했다.

막상 자료를 돌려받고 보니 김도형은 막막했다.

'차라리 잘됐어. 발행 부수도 얼마 안 되는 현대종교에 기사가 나 봐야 누가 얼마나 보겠어. 정명석!! 기사 중단됐다고 지금 좋아하고 있지? 기다려라. 니가 한 짓, 내가 친히 대대적으로 널리 까발려 주마.'

김도형은 무작정 서울지검 특수부를 찾아갔다. 정명석을 처벌받게 하려면 수사기관에 알리는 것부터 시작해야 한다고, 김도형은 생각했다. 김도형은 검찰청으로부터 피해 여성 세 명만 찾아오면 당장 정명석을 구속시키겠다는 대답을 들었다. 피해자를 찾아야 한다. 김도형은 박지현을 생각해 보았지만, 박지현은 이 일에 김도형이 관여하는 걸 극도로 싫어했다. 그녀는 협조는커녕 또 김도형을 말리려 들 것이다. 누가 말린다고 이미 먹은 마음을 번복할 김도형이 아니기에 괜한 힘만 빼게 될 것 같아서, 다른 피해자를 찾기로 했다.

그때 김도형의 머릿속에서 한 여성이 떠올랐다. 김도형이 처음 JMS 교회를 갔을 때 인사했던 충남대학교 영문학과 9X학번 여학생이었다. 단아한 모습의 첫인상이 좋아 보였던 그녀는 김도형이 교회를 다니기 시작한 얼마 후부터 얼굴을 볼 수 없었다. 물어물어 어렵사리 그녀를 만날 수 있었다. 그녀 역시 교주의 성 문제를 알고 있었고, 정명석의 피해자였다. 김도형은 그녀에게 정명석을 처벌할 수 있게 도와달라고 했다. 증인이 되어 달라는 김도형의 부탁에 그녀는, "김도형 씨. 그런 증언을 하면 난 죽어요. 김도형 씨가 내 인생 책임질 수 있어요?"라고 말했다.

맞는 말이다. 김도형이 그녀의 인생을 무슨 수로 책임지겠는가.

JMS 피해자들 수기를 보면 JMS 경호부라는 놈들은 납치며 감금이며 서슴지 않으니, 김도형은 그녀의 인생은커녕 안전조차 장담할 수 없는 일이다.

김도형은 답답했다. 김도형에게는 더 이상 피해자라고 짐작 가는 사람도 없었고, 새로운 피해자를 만난다 해도 설득할 방법이 없었다.

정명석의 성 행각을 알게 된 게 김도형이 처음은 아닐 것이다. 김도형이 남달리 정의로운 사람도 아니었으리라. 다만 모두 이와 같은 벽에 부딪혀 그냥 지나가게 되었을 것이고, 정명석은 그 와중에 악행을 반복하며 조용히 사라져 주는 피해자들을 자양분 삼아 저렇게 강해졌겠구나, 라는 생각이 들자, 김도형은 그냥 모른 척 지나칠 수가 없었다. 정명석은 30개론이라는 얄팍한 속임수에 넘어간 청년들을 자기 마음대로 휘두르고 있다. 전도유망한 청년들을 울타리 삼아 자신만의 왕국을 세우고 여기에 걸려든 어린 여성들을 입맛대로 유린하며 교만하게 거들먹거리는 정명석의 꼬락서니에, 김도형은 오장 육부가 뒤집히고 소름이 끼쳤다. 이미 알아버린 정명석의 범죄행각을 나 몰라라, 맘 편하게 잊어버릴 수 없을 것 같았다. 정명석의 안락한 미래를 생각하면 끔찍했다.

1996년 3월, 김도형은 정명석을 상대로 상습 성추행, JMS 성지인 월명동에 대한 불법형질변경 등의 혐의로 경찰청에 진정을 했다. 도저히 가만히 있을 수가 없어서 뭐라도 해보자 하고 벌인 일이었기 때문에, 결과에 대해 별 기대는 안 했다. 결과는 예상대로였다. 성범죄는 친고죄이기 때문에 김도형의 진정만으로는 수사할 수 없다는 답변이었다. 이 과정에서 경찰은 형식적으로나마 정명석에게 조서를 받았는데, 이때 저들의 반응이 의외였다. 김도형이 내사과정을 지켜보니, 정명석은 겁이 엄청 많았다. 대단할 것도 없는 사건에 JMS 간부들까지 긴장하는 기색이 역력했다. 김도형은, 저런 새가슴이 어떻게 그런 흉악한 짓을 수십 년간 계속해 왔을까 의아할 정도였다.

그로부터 며칠 후, JMS로부터 연락이 왔다. 김도형을 만나고 싶다는 것이다. 김도형을 찾아온 것은 정명석의 경호원이자 운전사였던 조경호라는 사람이었다.

김도형은 조경호에게,

"내가 경찰청에 진정한 내용이 사실이 아니면 나를 무고로 고소를 하시오. 왜 귀찮게 연락을 합니까. 뭐 하자고 만나자고 합니까. 법대로 해요. 법대로!!"라며 당당하게 큰소리를 쳤다. 그러자 조경호는 한동안 땅이 꺼지게 한숨을 푹푹 쉬더니 태도를 바꿨다. 김도형에게 정명석의 성 행각 사실을 인정하며, 자신도 그 일로 고민이라고 털어놓는 것이 아닌가. 이때다 싶어 김도형은 조경호를 더 강하게 밀어붙였다.

"저번에는 절대 그런 일 없다고 하더니 왜 이제는 인정하냐. 그런 식으로 거짓말을 해대니 내가 어떻게 당신들을 믿을 수 있느냐. 내가 정명석을 상대로 진정을 하지 않았다면 당신은 아직도 나에게 거짓말을 하지 않았겠냐." 등의 내용으로 몰아세우면서 "당신 말은 믿을 수 없으니 정명석이나 안현구가 직접 내 앞에 와서 사과해라. 그리고 저번처럼 또 거짓말하지 말고 분명하게 인정하고 사과해라. 그게 순서다."라고 몰아세우자 그는 최선을 다해 보겠다고 약속했고, 실제로 조경호는 JMS 부총재 안현구와 김도형의 만남을 주선하게 되니 그때가 1996년 4월경이었다.

  정명석은 문제의 성범죄를 저지른 장본인이자, JMS 집단의 수장이고, 15만 명의 신도 앞에 재림 예수로 군림하는 자이다. 안현구는 JMS 초창기, 서울대학교 재학 시절에 정명석에게 전도된, 서울대학교 독어독문학과 출신의 엘리트이다. 그는 최종 학력이 초등학교 졸업이고 인물도 지지리 못난 정명석의 병풍 역할을 하는 JMS의 부총재이며, 실제 서열로도 정명석 바로 다음인 2인자이다. 입만 열면 무식의 향내를 폴폴 풍기는 정명석을 보고 신뢰를 못하던 초신자들 앞에 안현구가 나서서 여러 나라 언어들을 섞어 가며, 독문학으로 갈고 닦은 미사여구로 선생에 대한 절절한 신앙고백을 늘어놓으면, 떠나가던 불신자들의 마음을 돌이키기 충분했으니, 작금의 JMS는 안현구가 없었다면 불가능했다고 해도 과언이 아닐 것이다.

  JMS 교회에 3개월밖에 안 다닌 새내기 김도형은 감히 그런 정명석과 안현구를 지목해서 사과를 요구한 것이다. 김도형은 조경호에게 시간을 뺏기는 것이 귀찮아서 어림없는 요구를 던져 본 것뿐인데, 이 말 한마디에 실제로 안현구를 만나게 되었다. 조경호는 강경한 김도형에게 공손한 태도로 최선을 다해 보겠다고 하더니, 결국 안현구가 김도형을 만나러 대전으로 직접 내려오겠다는 것이었다.

안현구와의 만남과 KAIST 학생들의 JMS 탈퇴

　김도형은 안현구와의 만남을 단단히 준비했다. 처음 만나는 안현구가 무슨 이야기를 할지 알 수는 없으나, 이제까지 만난 시시껄렁한 신도들과는 급(JMS 안에서 잘 쓰는 단어)이 다르다. 김도형은 이중 삼중 거짓을 일삼는 집단에 대비하기 위해 일단 안현구와의 대화를 녹음해 둘 필요가 있다고 생각했다. 당시는 녹음 장비도 흔하지 않았고, 얌전히 공부만 하던 김도형이 녹음에 대해서 알 리도 없었다. 김도형은 급한 대로 대전 시내로 나가 전자 상가들을 뒤져서 비싼 값을 치르고 고성능이라는 녹음기와 마이크를 사왔다. 김도형은 상대방 몰래 대화를 녹음을 할 수 있도록 기계 다루는 법을 익혔다. 김도형은 반복해서 연습하고 또 연습했다.

　드디어 안현구를 만나는 날이다. 김도형은 숙소를 나서기 전, 손에 익혀둔 녹음 장비를 마지막으로 점검하고 약속장소로 향했다. 마침내 김도형은 레스토랑 테이블을 사이에 두고 안현구와 마주 앉았다. 처음 만난 안현구의 첫인상은 어딘지 불안정하게 이곳저곳 흘끔거리는 눈빛을 제외하곤, 허우대는 멀쩡했다. 둘은 간단한 통성명으로 인사를 대신했다. 안현구와 친분을 쌓으려고 만난 자리가 아니었기에, 김도형은 자리에 앉자마자 단도직입적으로 정명석의 성 행각에 대해 따져 물었다. 이에 안현구는 당황하지 않고 말을 돌리며 정곡을 잘도 피해 갔다. 성 행각에 대해 긍정도 부정도 아닌 애매한 답변들이었다. 안현구 정도면 그럴 듯한 변명이나 사과를 들을 수 있으리라 기대했던 김도형은 빙빙 겉도는 대화가 길어지자 짜증이 났다.

김도형은 결국 박지현 이야기를 꺼내게 되었고, 그러자 감정이 북받쳐서는, "내 자동차로 정명석 그 새끼 승용차 측면을 전속력으로 들이받아 죽여 버리겠다!!"라는 말도 서슴지 않았다.

그제야 안현구가 태도를 바꿨다. 그는 마음을 정한 듯 정명석의 성 행각을 순순히 인정했다. 그러고는 자신과 함께 목숨을 걸고 이 길을 가기로 맹세했던 고려대 후배도 총재의 성폭행 문제 때문에 JMS를 나갔으며, 양심선언하고 나간 여자 목사도 있다는 등, 김도형이 미처 모르던 사실까지 털어놓았다. 안현구 자신도 그 문제, 바로 선생의 성범죄 때문에 미치겠다는 것이다.

"선생을 믿고 따르는 아무것도 모르는 순진한 젊은이들이 이 문제로 사회적인 직격탄을 맞아 방황할 것을 생각하면 제 눈앞이 아득해집니다. 사실 이건 우리 JMS에도 심각한 문제입니다. 내가 최선을 다해서 이 문제를 해결하겠습니다. 전국의 교역자를 다 불러 모아 면밀히 조사를 하고, 총재를 독대해서 반드시 해결하겠습니다. 김도형 씨, 저를 믿어 주십시오. 아니 오히려 저에게 힘을 실어 주세요."

허여멀건했던 그의 얼굴이 술 마신 사람처럼 벌개져서는 속이 타는지 탁자에 놓였던 찬물을 벌컥벌컥 들이키더니 한숨을 푹푹 쉬었다. 순진한 김도형은 안현구의 이야기를 듣고 보니 그 사람조차 불쌍한 피해자로 보였다. 김도형은 안현구와 정명석의 성범죄를 원만히 해결해 보기로 합의하고 헤어졌다. 안현구는 자리에서 일어서기 전에 김도형에게 한 가지 부탁을 했다. 자신이 최선을 다해서 빠른 시일 안에 반드시 해결을 하겠으니, 당분간은 자신을 믿고 JMS에 대해 공격하지 말고 조금만 기다려 달라는 것이었다. 김도형은 그러겠다고 일단 약속을 했다. 비록 지켜지지는 않았지만.

김도형에게는 참으로 큰 소득이었다. 어디서부터 시작해야 할지 막막했던 김도형이 선제공격을 하니, 안현구가 제 발로 찾아와서는, 김도형이 전혀 몰랐던 정보까지 술술 털어놓은 것이다. 안현구가 말한 고려대 후배가 누구일까? 양심선언하고 나간 여자 목사는 누구일까? 김도형은 추적을 시작했다. 당분간 그들을 공격하지 않겠다고 안현구에게 약속은 했지만, 안현구가 문제 해결을 하지 못할 경우, 김도형은 지체없이 반격할 수 있게끔 자료와 증인을 확보해 두어야 한다고 생각했다.

안현구와의 대화 내용은 처음부터 끝까지 녹음이 잘 되었다. 김도형은 이 녹음테이프를 곧바로 KAIST 내의 JMS 신도들에게 들려주었다. 이를 들은 신도들 대부분이 JMS를 뛰쳐나왔다. 그중 한 후배는 이렇게 말했다.

"나쁜 놈! 나는 지를 위해 온갖 수모를 겪어가면서 그 추운 겨울에 장사까지 해서 돈을 벌어다 주었더니, 지는 뒤에서 그 돈을 가지고 그 짓을 해? 아마 이런 내용이 방송으로 나왔어도 난 믿지 않았을 겁니다. 그러나 안현구의 말을 들어보니 의심의 여지가 없네요. 이건 백프로 사실이에요. JMS는 정말 악랄한 사이비입니다."

그들 또한 피해자였다.

JMS는 신도들에게 불우이웃돕기 명목으로 땅콩, 은반지, 초콜릿 등 잡다한 물건을 길거리나 전철 안에서 팔게 하는, 이른바 '앵벌이'

를 시켜 돈을 벌어다가 교회에 바치게 했고, 이는 세금 한푼 내지 않고 고스란히 정명석의 개인 주머니로 흘러 들어가서, 애첩들에게 화대로 쥐어졌고 정명석의 고급 외제차 구입에 쓰였다. 하나님의 섭리에 사용될 거라는 명분에 불법이라는 점도 감수하고, 부끄러움도 불사하고 모금에 동참해 온 신도들에게 안현구가 육성으로 털어놓은 재림예수의 성 행각은 실로 충격이었고, 그 효력은 막강했다.

 ## 녹음테이프를 빼앗기다

　김도형이 안현구의 해결을 기다리며 조용하게 JMS를 추적하던 중, 작은 문제가 발생했다. 김도형이 들려준 안현구와의 대화 녹음테이프를 들은 KAIST의 JMS 신도들이 모두 탈퇴할 때, 유일하게 "그래도 나는 이 길을 가련다." 하며 JMS에 남은 김 모라는 학생이 화근이 되었다. 그가, 김도형이 안현구와의 대화 내용을 녹음했다는 사실을 JMS 교단에 보고한 것이다. 안현구와의 만남을 주선했던 조경호가 열이 많이 받았는지 김도형의 학교로 다시 찾아왔다. 그러나 이번에는 김도형이 아닌 김도형의 학과 사무실을 찾아가 학과장에게 항의를 하였다. 학과장님은 이미 김도형을 통해 JMS가 사이비라는 사실을 알고 있었기 때문에, 조경호 앞에서 일부러 김도형을 꾸짖으며 주의를 주는 척하여 조경호를 서둘러 돌려보냈다. 그리고 김도형에게 더 이상 다른 사람들에게 테이프를 들려주지 말라고 당부하였다. 광신도가 겁도 없이 학과 사무실까지 쳐들어오자 학과장님은 제자인 김도형이 몹시 걱정스러웠던 것이다.

김도형은 자신을 걱정하는 학과장님 앞에서는 그러겠다고 대답했지만, 그럴 수가 없었다. 광신도가 쳐들어왔다고 물러서면 저들은 김도형을 얕보고 더 강하게 나올지도 모른다. 사이비 광신도 주제에 감히 신성한 상아탑의 학과 사무실을 찾아와서 김도형을 위협하다니, 그 의도가 괘씸했다. 김도형은 곰곰이 생각해 보았다.

'그래, 젊은 놈들이야 광적인 믿음 때문에 그럴 수도 있겠지.'

'내 애인도 그러지 않았는가.'

방법을 바꾸었다. 자식을 키우는 부모들이라면 다를 것이라고 생각했다. 한 가지 떠오르는 인물이 있었다. 대전 유성에서 S 해물탕을 운영한다는 사람. 정명석이 대전에 왔을 시에 극진히 대접을 했으며, 친구가 호텔 회장의 아들이었기에 호텔 측에 주선을 해 정명석의 숙소까지 최고급 특실로 주선을 했다던 인물이다. 그의 이름은 김춘삼. 김도형은 그를 만나러 S 해물탕에 여러 번 갔지만 도무지 사장이라는 인간이 가게에 붙어 있지를 않았다. 그러기를 몇 번, 어느 날 김도형은 룸메이트와 술을 마시며 S 해물탕에 자신의 연락처를 남겨두었다. 혹시나 해서 이름은 '홍길동'이라고 했었다. 그러자 30분 만에 김춘삼으로부터 연락이 왔다. 김도형이 간단히 자신을 소개하자 그는 즉시 만나자며 김도형이 술을 마시고 있는 장소로 직접 찾아왔다. 얼굴 한 번 본 적이 없는 사람이지만, 직접 만나 보니 영락없는 조폭 인상이었다.

김도형은 일단 그와 마주 앉아 간략하게 JMS와 정명석의 실체에 대하여 설명했다. 특히 정명석의 성범죄에 관해 얘기를 해 주었다.

그랬더니 이 인간 왈,

"안 그래도 너 얘기는 이미 들었어. 너 잘 만났다. 너 니 말에 책임을 져. 안 그러면 학교 못 다닐 줄 알아. 니 학교 학과 사무실도 다 뒤집어 엎어버릴 거야. 증명해. 내가 누군지 알아?"

황당했다. 겁이 났다기보다는 뭐 이런 인간이 다 있나 싶었다.

"좋습니다. 내 차로 갑시다. 안현구와의 대화 녹음 테이프를 들려 주겠습니다. 단, 정명석의 만행이 사실이라면 어떻게 하시겠습니까?"

"그거야, 들어 봐야 알지, 인마."

함께 주차장으로 와서 김도형은 차에서 테이프를 들려주었다. 5분쯤 들었을까. 이 놈이 갑자기 태도가 돌변하는 것이었다.

시종 위압적인 자세로 굴던 인간이 계집아이처럼 싹싹해지더니 '내 마누라가 엄청나게 열심히 믿고 있는데 마누라와 함께 꼭 들어야겠다.'며 빌려 달라는 것이다.

순진한 김도형은 이 테이프가 원본이기 때문에 그럴 수는 없다는 말까지 했고, 이에 김춘삼은 더욱 친절하게 그리고 간절히, 애절하게 김도형에게 부탁을 하는 것이었다. 며칠 내로 금방, 꼭 돌려주겠다면서.

술을 마신 탓에 판단력이 둔해진 것일까. 아니 원래 남에게 잘 속는 모자란 면이 있는 인간이기에 그랬으리라. 김도형은 쉽게 놈을 믿고 2개의 테이프 중 첫 번째 것을 빌려주고 말았다. 두 번째 테이프가 더욱 결정적인 증거이지만, 자신의 애인 얘기가 담긴 테이프를 여기저기 들려주기는 싫었기 때문이다. 그리고 그를 돌려보내고 김도형은 룸메이트가 기다리는 술집으로 다시 갔다. 몇 시간 후 술을 마시고 다시 차에 탔는데, 세상에 두 번째 테이프조차 없어진 것이었다. 차를 모조리 뒤졌다. 흔적도 없이 사라져 버렸다. 아무리 찾아도 없었다.

"혹시 내가 술이 취해 제대로 못 찾는 것은 아닐까?"
"내일 아침에 다시 찾아 보자."

다음 날 아침이 되었지만 없어진 테이프가 다시 돌아오지는 않는 법. 김춘삼(S 해물탕 깡패)에게 연락을 했는데, 이놈이 연락이 안 되는 것이었다. 이때가 1996년 11월경이었다. 도무지 연락이 안 되어, 그가 알려 주었던 개인 사무실에 연락을 했더니 해외 출장을 갔단다.

"나 참, 요즘은 깡패새끼도 해외출장 가나?"
"이 자식 마약 장사하는 거 아니야?"

김도형이 김춘삼을 다시 만난 건, 해가 바뀐 1997년 1월이 되어서였다. 이놈 말인즉 동생들이 사고 쳐서 자기가 대신 감방에 갔다 왔단다. 김춘삼이 어딜 다녀왔건 김도형은 관심 없었다. 어서 테이프를 돌려 달라고 말했다.

김춘삼은 "그건 또 뭐하게? 주면 될 거 아냐, 인마. 누가 안 준대?"라며 적반하장이었다. 김도형은 뭐 이런 게 다 있나 싶었지만, 아쉬운 건 김도형이고, 어떻게든 그 테이프를 돌려받아야 했기에 인내심을 가지고 김춘삼을 달래고 있는데, 역시나 이놈은 들려주지도 않았던 두 번째 테이프의 내용, 즉, 김도형이 안현구에게 했던 말, "내 자동차로 정명석 그 새끼 승용차 측면을 전속력으로 들이받아 죽여버리겠다."는 내용까지 모두 알고 있었다. 김도형은 참담했다.

테이프를 돌려받기 위해 간신히 화를 억누르고 있는데, 김춘삼이 다시금 증명을 하란다. 김도형은 테이프에서 다 듣지 않았냐고 따지자, 김춘삼은 직접적인 증거를 내놓으라며 막무가내였다. 그리고 만일 정명석의 성 행각이 사실이면, 자기 동생들을 데리고 월명동에 쳐들어가서 작살을 내버리자는 것이었다. 김도형, 월명동에 함께 쳐들어가자는 김춘삼의 말이 또 솔깃했다.

월명동이 어디인가. 충남 금산군에 정명석의 생가가 있는 JMS의 교단본부이다. 깊은 산 속 촌마을이던 정명석 생가 주변의 땅을 교단에서 닥치는 대로 사들여, 생가 앞을 넓게 밀어 광장을 만들고, 제2의 예루살렘이 될 거라며 한창 개발 중인 곳이다. 월명동에서 전국 행사가 열리면 수백 수천 명의 청년이 모여드는 JMS의 상징적인 장소이다. 그런 월명동에 교주의 성 행각에 반발심을 품은 조직폭력배들이 떼로 쳐들어가 유혈 폭력사태가 벌어진다면, 언론에 크게 보도가 될 것이고 사회적으로 큰 이슈가 될 것이 분명했다.

결국 김도형은 김춘삼이 말하는 '증명'을 위해, 김춘삼을 자신의 애인과 직접 만나게 해 주기로 결심했다. 며칠 후 박지현을 직접 만나 본 김춘삼은 이제 더는 딴 얘기를 할 수 없었는지 김도형에게 조만간 연락을 하겠다고 했다. 월명동을 쳐들어가려면 조직을 정비해야 한다고 했다. 잔머리 지수가 제로에 가까운 김도형은 김춘삼의 계획이 마냥 기뻤다. 김도형은 김춘삼의 이야기에 머릿속에서 이미 월명동에 쳐들어가 있었기 때문에 김춘삼 이야기의 진위 여부를 생각할 겨를이 없었다.

김도형은 김춘삼에게 마지막으로 다짐을 했다. "정명석 그놈은 내가 직접 맡겠다(그놈은 내가 팬다). 건드리지 마라."고. 김도형이 조폭의 일원이 되는 일을 자처하는 희한한 순간이었다.

그렇게 헤어진 후, 그 다음 날부터 김춘삼과 연락이 되질 않았다. 김도형은 수도 없이 삐삐를 쳤지만 연락이 오지 않았고, 어렵게 핸드폰 연결이 되면 김춘삼은 '여보세요. 여보세요'를 두어 번 외치다가 김도형의 말이 들리지 않는 듯 끊어 버렸다(당시는 휴대전화 발신표시 서비스가 없던 시절). 김도형은 자신의 전화에 이상이 있나 싶어 다른 전화로 걸어도 놈의 반응은 마찬가지였다. 김춘삼은 전화를 받았다가도 김도형의 목소리가 들리면, 전화에 이상이 있는 것처럼 "여보세요? 여보세요?"를 외치고는 바로 끊어 버렸다. 놈은 의도적으로 김도형을 피하고 있었다. 나중에 알게 된 일이지만 김춘삼은 그 녹음테이프를 진즉 정명석 측에게 넘긴 것이었다.

이런 빌어먹을!
김도형은 전화를 피하는 김춘삼의 삐삐에 '4446661818'을 수십 차례 남겼다. 절규에 가까웠다. 이젠 김도형도 같이 막나가는 것 외에 이제 별다른 방법이 없었다. 그러다 어렵게 통화가 되었다.
"테이프 언제 돌려줄 겁니까?"
"아, 주면 될 거 아니야. 인마, 너 지금 어디야? 너 어제 새벽에 '4446661818'이라고 니가 남긴 거지?"
"예, 내가 했습니다."

"너 이 새끼 죽었어. 내 지금 당장 간다. 어디야!!"

"학교입니다. 진작 오시지 왜 여태까지 피했습니까? 기다릴게요. 언제 올 겁니까?"

"너 이 새끼 각오해. 내 동생들도 같이 간다."

"글쎄, 언제 오는지 말을 하십시오. 그래야 마중을 갈 거 아닙니까."

"기다려!!!"

"뚜뚜뚜~~~"

이런 젠장, 깡패 새끼 협박에 호기롭게 맞받아치기는 했지만, 겁이 안 날 수가 없다.

그러나 김춘삼은 오지 않았고, 김도형은 다음 날 다시 김춘삼에게 전화를 했다.

"김도형입니다. 왜 어제 안 왔습니까?"

"지금 가는 중이야, 인마. 기다려!"

"아, 그래요? 오실 때 테이프 꼭 가져오십시오."

"뚜뚜뚜~~~"

그러나 해가 지고 날이 바뀌어도 김춘삼은 오지 않았다.

'어쩌다 저런 인간 말종한테 테이프를 빼앗겨 이 고생을 하나.'

김도형은 자신이 한 짓이 한심하게 느껴졌고 그럴수록, 김춘삼에 대한 분노 게이지가 높아졌다. 김도형은 악이 받쳤다. 깡패고 뭐고 겁나는 것도 잊어버렸다. 지금 그가 눈앞에 나타나면 맞장이라도 뜰 수 있을 것 같았다. 김도형은 수도 없이 전화통을 붙잡고 김춘삼과

막말의 강도를 높이며 말싸움을 했고, 그러다 보니 어느새 욕으로는 조폭도 울고 갈 수준에 이르렀고, 물리적인 전투력이야 여전했겠지만, 심적인 전투력만은 눈부신 업그레이드를 거듭했다.

"여보세요." 김춘삼이 오랜만에 김도형의 전화를 받았다.
전화가 끊어지기 전에 김도형이 빠르게 퍼붓는다.
"야 이 새끼야!!! 왜 안 와!!!! 눈 빠지게 기다렸잖아!! 이 씨발놈의 새끼가 사기만 치고 주둥아리만 살아서 나불거리고 있어. 야 이 새끼야, 너 죽을래?!! 엉?!!!!!"
김춘삼이 무성의하게 대답한다. "내일은 꼭 갈 테니까 기다려."
"좋아, 너 내일도 안 오면 너 내 아들이다. 이 씨팔새끼야. 정말이야. 내일도 안 오면 너 진짜 가만 안 둬!!!"
예전에 김춘삼이 김도형을 협박하면서 "내가 니 뱃가죽에 바람이 솔~솔~ 통하게 못하면 내가 니 아들이다 이 새끼야!"라며 협박하던 말을 그대로 되갚아 주었을 뿐, 그런 놈을 트럭으로 준다 한들 아들로 삼고 싶은 마음은 전혀 없다.

다음 날도 김춘삼은 소식이 없다.
김도형은 또 전화했다. 욕도 자꾸 하면 는다. 테이프를 돌려주겠다, 내일 가겠다, 약을 올리는 김춘삼에게 김도형은 온갖 쌍욕을 퍼부어 주었다. '눈깔의 먹물을 쪽쪽 빨아 먹고, 사시미를 뜨고, 뱃가죽에 바람이 솔솔 통하게 구멍을 내주고…' 김춘삼에게 배운 그대로, 가리지 않고 퍼부었다. 조폭에게 이렇게 심한 말을 해도 되는 건가 싶기는 했지만 김도형은 아무리 퍼부어도 분이 풀리지 않았다.

온갖 쌍욕을 해도 소용이 없자, 김도형은 방법을 바꿨다. 김도형의 친척 중에 고위 공직자가 있다며 김춘삼에게 겁을 준 것이다. 국회의원이며, 검사 이름이며 아주 가까운 사람인양 아무 이름이나 막 들먹거렸다. 김춘삼은 그때부터 쌍욕과 겁박이 눈에 띄게 줄고, 태도가 한결 고분고분해졌다.

"도형아, 정말 미안해. 내가 꼭 줄게. 근데 내가 지금 정말 바쁘거든. 내가 진짜 줄게. 응? 쫌만 기다려 줘, 내가 곧 연락할게. 내가 지금은 정말 바빠서 그래… 응?"

거의 애원조였다. 김도형이 아무렇게나 주워섬긴 고위 공직자 이름이 깡패 김춘삼에게 통했다.

그러나 그날 이후 김춘삼은 아예 핸드폰 및 모든 연락처를 바꾸어 김도형과의 연락을 끊어 버렸다. 김도형은 녹음테이프에 대한 미련을 떨칠 수가 없어서 그를 공갈, 협박 등으로 경찰에 진정하였으나, 김춘삼은 이미 26건의 사기 혐의로 수배 중인 인간쓰레기라는 사실을 새삼 확인한 것으로 만족해야 했다. 김도형이 조직폭력배 김춘삼에게 온갖 쌍욕을 퍼붓고도 온전할 수 있었던 것은, 어쩌면 김도형에게 있지도 않은 고위 공직자 친척분의 이름 덕분이었는지도 모른다. 강자 앞에서 약하고 약자 앞에서 강한 김춘삼의 비굴함에 김도형은 씁쓸했다.

JMS를 몰랐다면 옷깃조차 스칠 일 없었을 각종 인간쓰레기 군상들과의 악연이 김도형에게 이렇게 시작되고 있었다.

그룹섹스와 임신중절

안현구의 녹취록을 듣고 탈퇴한 KAIST 내 JMS 신도들은 그간 신주단지 모시듯 차곡차곡 모았던 JMS 내부자료를 김도형에게 몽땅 넘겨주었다. 자료들을 한데 모아 놓으니 그 분량이 어마어마했다. 자료 부자가 된 김도형은 그 자료들을 틈틈이 뒤져보면서 어느덧 JMS 전문가가 되어가고 있었다. 그러던 중 김도형은 안현구가 말한 양심선언을 하고 나간 여자 목사의 이름이 김희선이라는 사실을 알아냈다. 김도형은 김희선을 만나 보고 싶었다. 그녀야말로 JMS의 내부사정에 관해 김도형에게 가감 없이 솔직한 이야기를 들려줄 수 있는 사람이라 생각했다. 하지만 이름이 너무 흔했다.

김도형은 낮에는 본업인 공부를 해야 했기 때문에, 자료들을 침대 옆에 쌓아두고 매일 밤 잠들기 전에 짬을 내서 자료를 뒤졌다. 그렇게 주독야독(?)을 거듭하던 어느 날, 김도형은 자료에서 김희선의 생년월일을 찾아냈다. 김도형은 알아낸 생년월일과 이름으로 지인에게 부탁하여 마침내 김희선이라는 이름을 가진 그 생년월일의 여성은 대한민국에 두 명이 있다는 것을 알아냈다. 한 명은 서울, 한 명은 천안. 마침내 그들의 주소까지 알아냈다. 김도형이 연락했을 때, 그녀는 김도형을 흔쾌히 만나 주었다. 그녀와의 만남을 통해 김도형은 어떤 자료에도 없던 JMS의 놀라운 비밀을 듣게 되었다.

'그룹섹스'와 '임신중절'

이건 성 행각과는 차원이 다른 이야기였다. 김도형은, 그때까지는 정명석을 사람의 범주에 넣어 두고 있었는데, 이건 사람이 아니.

포르노 배우도 아니고, 자칭 재림예수라는 놈이 여자 목사, 전도사, 신도 여러 명과 한 방에서… 입으로는 하나님을 운운하며… 그런 일 절대 없다고 속여 가며… 그룹섹스라니, 낙태라니! 사람이면 그럴 수 없는 일이다. 김도형이 생애 처음으로 살의(殺意)를 느꼈다. 김도형은 김희선을 만나고 돌아오던 길에 실제로 총포상에 들러 산탄총의 가격을 알아보았다.

김희선의 남편은 당시 여당의 모 지구당 위원장이던 변호사였다. Y 변호사는 우연히 JMS에 전도되었다가 JMS 목사였던 김희선과 사랑에 빠졌고, 정명석의 성 행각을 알고 난 뒤 그녀를 설득해 양심선언을 하게 한 후 탈퇴시킨 것이다. 김희선은 JMS 내에서 열두 사도 중 한 명이라고 인정받을 만큼 영향력이 있는 목사였기 때문에, 그녀의 양심선언과 탈퇴로 JMS는 발칵 뒤집혔다고 한다. 정명석의 경호원들이 그녀의 집까지 쳐들어오는 바람에 김희선은 한 달이 넘게 호텔을 전전하며 도피생활을 했단다. 결국 Y 변호사가 직접 나서서 안현구와 담판을 짓고, 서로 터치하지 않는 조건으로 합의하고 무마시켰다고 한다. Y 변호사는 김도형에게 "언젠가는 반드시 이놈들을 손 보겠다."고 하고, 그 후로 김도형에게 적지 않은 도움을 주었다.

 ## 1987년 피보호자 간음 사건

김도형은, 안현구가 말했던 고려대 후배 박 모도 찾아냈다. 그도

JMS 초창기에 전도되어 인생을 걸었던 정명석의 열혈 제자였지만, 선생의 성범죄 사실을 알고는 JMS를 뛰쳐나왔고, 피해자들과 함께 정명석을 강간 혐의로 정식 고소하였다. 정명석의 범죄기록에 '피보호자 간음으로 공소권 없음, 명예훼손 공소기각, 사기 무혐의'라는 한 줄의 내용이 있는데, 이것이 박 모가 1987년에 만든 결과였다. 정명석 처벌에까지 성공한 것은 아니었으나, 그만한 결과도 엄청난 노력으로 얻어냈을 것이 분명했고, 정명석이 오랜 기간 숱하게 저질렀을 범죄들 중, 김도형을 알게 되기 전 유일한 범죄기록이었으니 꽤 의미가 있었다.

정명석의 범죄기록 중에서, '피보호자 간음'이라는 것은 '정명석이 자신의 보호감독 아래 있는 여인을 간음'한 혐의이다. 이 부분이 '무혐의'가 아닌 '공소권 없음' 처분이 되었다는 것은, 친고죄이던 성범죄의 고소인에게 정명석이 돈을 주고 합의하여 고소를 취하시켰다는 말이다. 그리고 이러한 성범죄가 형사 사건화되자 정명석은 예배 때 설교에서 '통일교에서 400억 원을 받기로 하고 나를 모함하는 박 모와 그 일당들이 꾸며낸 모략극이다'라고 거짓 사실로 비방을 했고, 이러한 비방이 '허위사실적시에 의한 명예훼손 혐의'의 범죄로 인정되어 기소되어 재판에 회부된 것이고, 이 또한 피해자와 합의하여 피해자가 고소를 취소하자 '무죄' 선고가 아닌 '공소기각판결'이 선고된 것이다.

박 모는 JMS 탈퇴 후 갖은 고생을 하다가 당시 모 중앙 일간지에 고정칼럼을 낼 정도로 사업적으로 성공하여 사회적인 기반을 잡았다.

김도형이 박 모에게 전화하여 '정명석을 처벌할 수 있도록 도와달라'고 하자, 그는 이렇게 말했다.

"그 당시 마무리 짓지 못한 내 책임이 큽니다. 하지만 전 할 만큼은 다 했습니다. 이제 겨우 기반을 잡았습니다. 그런 일에 다시 휘말리고 싶진 않아요. 김도형 씨에게 한 가지 충고하자면, 이 일의 끝을 보기 위해서는 우선 오락가락 수시로 마음이 변하는 피해자들을 꽉 붙드세요. 나는 정명석을 처벌받게 하려고 온갖 고생을 다했지만, 경호원들의 공갈·협박·폭행에 시달렸고, 결국에는 피해 여성에게조차 이상한 사람 취급을 당하게 되더군요."

고마운 충고였으나, 김도형에게 도움은 되지 않는 말이었다.

성병

김도형은 그 외에도 한 사람을 더 만났다. 정명석에게 강간을 당한 피해자가 고소를 할 당시 검찰에서 참고인 진술을 했던 여성이다. 그녀 이야기를 들으며 김도형이 또 놀란 것은 '성병'이었다. 그녀는 그 사건에서 성병 진단서를 첨부하여 정명석을 고소했던 고소인에 대한 정보를 김도형에게 알려주었다. 그녀는 당시 참고인 조사에 응했다가 JMS의 경호원들에게 납치되어 폭행까지 당했다고 했다.

정명석은 무엇을 상상하든 그 이상이었다. 포장은 종교단체인데, 막상 풀어보면 강간, 납치, 폭행, 사기에다가, 성병, 그룹섹스, 낙태까지, 김도형이 이제까지 확인한 사실만으로도 범죄 종합세트였다. 정명석은 여자들이 자신 때문에 계속 성병에 걸리자 고민 끝에 용하다는 의사를 많이 찾아갔었다고 한다. 정명석이 성병 때문에 고통스러워하자 한 여 신도가 정명석의 성기를 양손으로 붙잡고 정성스레 기도까지 했다는 증언도 있었다.

　김도형은 그 외에도 직간접 피해자들을 여러 명 더 만나게 되었다. 정보가 전무한 상태에서, 그것도 JMS 교회를 겨우 3개월 정도 다닌 김도형이 피해자 한 명을 찾아내서 만난다는 건 보통 어려운 일이 아니다. 수 년 또는 십수 년 전에 JMS에서 피해를 입고 이미 오래전에 탈퇴한 사람들을 찾아내서 만난다는 게, 더구나 김도형이 탐정이나 수사기관도 아니고 이런 경험이 전혀 없던 일개 학생에 불과했으니. 하지만 김도형은 남다른 집중력과 끈기로 그 어려운 일을 하나씩 해 나갔다. 그러는 동안, 오랜 세월 정명석을 뒤덮고 있던 두꺼운 비늘이 한 조각씩 더디게 떨어져 나갔고, 조각조각 드러난 퍼즐이 맞춰지면서, 김도형은 어느덧 정명석의 더럽고 추잡한 실체를 정면으로 마주하고 있었다.

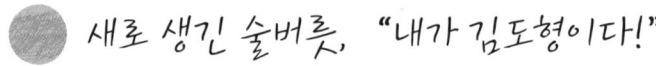 새로 생긴 술버릇, "내가 김도형이다!"

　김도형이 찾아낸 증인들은 대부분 김도형에게 호의적이었다. 이 정도 자료라면 언론에 터트릴 만하다고 판단이 되었다. 김도형은 MBC 'PD수첩'이라는 프로그램의 담당 PD에게 무작정 연락을 했다. 김도형은 전화 연결이 된 PD에게 JMS라는 단체를 설명하고 구체적인 피해사례와 그간 찾아낸 증인, 증거들을 설명했다. 김도형의

이야기를 심각하게 듣던 윤 모 PD는 깊은 관심을 보이며 지금 당장 만나줄 수 있냐고 물었다. 정명석의 실체를 확인해 가면서 혼자 속병을 키워가던 김도형은, 방송국 PD가 공감을 해주고 만나자고 하니 당장 서울로 출발했고 담당 PD를 만난 자리에서 "취재하겠다. 이거 분명히 된다."라는 확약을 받았다. 이때가 1997년 4월경이다.

윤 모 PD는 김도형에게, 김춘삼에게 빼앗긴 녹음테이프를 회수해 줄 것과, 피해자와의 인터뷰를 주선해 달라고 요청했다. 김도형은 피해자들에게 연락하여 방송국과 인터뷰를 하자고 설득했다. 그러나 피해자들은 김도형에게 이런저런 이야기는 자세히 들려주면서도 인터뷰 요청만큼은 하나같이 거절했다. 어렵게 약속이 잡혔다가도 약속 당일에 피해자가 나타나지 않아 펑크가 나기도 했다. 김희선마저 JMS와의 불편한 관계를 이해해 달라며, 김도형에게 미안해했다. 완곡한 거절이었다. 그래서 더욱 절박했던 김춘삼과의 연락은 막말과 쌍욕만 주고받다가 완전히 끊겼고, 도난당한 녹음테이프는 끝내 돌아오지 않았다.

결국 방송은 없던 일이 되고, 김도형은 우스운 사람이 되었다. 김도형은 그래도 포기가 안 돼서 방송국 외에 다른 언론사에도 여러 군데 접촉을 해 보았다. 그들의 반응은 시큰둥했다. 당시 언론사들은 종교문제에 대해서 극도로 예민해하며 몸을 사렸다. 김도형은 다시 혼자가 되었다.

김도형은 지쳤다. 도무지 그가 할 수 있는 일이라고는 없었다. 이 고생길에 들어선 지도 1년 하고도 반이 넘었다. 그동안 김도형은 대학원에서는 웬만해서 받기 힘든 C 학점을 난생 처음으로 받았다.

　김도형이 자료를 뒤지고 피해자들을 만나러 전국 각지를 떠도는 동안, 김도형을 말리던 박지현이 그를 포기했고, 어느 날 일방적으로 결별을 선언하더니 김도형의 곁을 떠났다. 김도형에게는 떠나가는 그녀를 붙잡을 힘조차 없었다. 이제 스스로 무너지는 걸 느꼈다. 자책감, 자괴감만 남은 패배자였다. 김도형의 바로 옆에서 거대한 범죄 집단이 천인공노할 범죄를 조직적으로 저지르고 있는데, 그 마귀들은 겁에 질린 피해자들의 침묵을 자양분 삼아 선한 양의 탈을 쓰고 더욱 악한 짓을 벌이고 있었다. 이에 반해 정명석의 피해자들은 탈퇴 후에 방황하다가 극단적인 선택까지 하고 있다. 김도형이 알게 된 정명석의 성폭행 피해자만도 수도 없이 많은데, 갈아 마셔도 시원치 않을 정명석은 여전히 재림예수랍시고 벤츠 타고 백주대낮을 활보하고 돌아다니며 매일매일 성폭행 피해자를 만들고 있으니… 이 말도 안 되는 현실을 알고도 무기력하게 그 꼴을 지켜봐야 하는 것이 김도형에게는 고문이었다. 김도형은 정명석의 이 더러운 범죄사실을 알아 버린 게 후회스러웠다.

　방송이 불발되고 사랑하는 그녀마저 떠나버리자, 김도형은 술에 만취하는 날이 늘었다. 이때부터 김도형에겐 새로운 취미가 생겼다. 뒤에서 남 욕하는 것을 체질적으로 싫어하던 김도형은 욕을 하더라도 면전에서 해야 한다는 소신대로, 새벽까지 술을 마신 날이면 어김없이 전화기를 들어 JMS 교단 본부의 번호를 눌렀다. 면전에서 욕을 해 주기 위해서. 취미라면 지독한 악취미였다.

"여보세요. 교단 본부입니다."

"야, MS! 정명석 새끼 좀 바꿔봐!"

"누구십니까?"

"어~ 나 거기 다니다가 나온 김도형이라고 해. 니 선생 새끼 좀 바꿔봐!"

"야, 이 새끼야, 니가 뭔데 우리 선생님을 욕하는 거야?"

"너한테는 선생인지 몰라도 나한테는 발정 난 개새끼로밖에 안 보이니까 빨리 바꿔봐! 이 새끼야!"

"야, 이 새끼야, 너 죽을래? 너 인마, 이 전화는 발신자 번호 추적되는 번호야!"

"병신 놀고 있네, 내 연락처? 042-8**-27**야. 추적할 필요도 없으니깐 빨리 바꿔봐!! 이 새끼야, 시간 낭비 말고!"

"이 새끼야, 너 정말 죽을래? 지금이 몇 시야? 넌 잠도 없냐?"

"야 인마, 니 스승은 지금도 그룹섹스 중인데, 제자가 잠을 자냐? 어이고 니네 이제 망할 때가 다 된 모양이네. 야 그 새끼 지금은 어떤 체위로 은혜를 베푸시는 중이냐?"

"뚜뚜뚜~~~"

상대가 전화를 끊으면 김도형은 곧바로 다시 전화를 걸었다.

"여보세요!"

"야 이 자식아, 전화를 그냥 끊으면 어떻게 해? 정명석 그 새끼한테 하던 짓 끝나면 아까 가르쳐 준 번호로 나한테 바로 전화하라고 그래. 알았어?"

"뚜뚜뚜~~~"

엉뚱한 짓이었지만, 김도형은 이렇게라도 하지 않으면 괴로워 미칠 것 같았다. 사람이 가슴에 무언가가 맺히면 병이 된다고 했던가. 그 많은 여성들이 그놈의 조잡한 교리에 세뇌되어, 자신이 성노리개로 전락한 사실도 모르는 채 JMS에서 인생을 허비하다가 그 실체를 깨닫고 탈퇴를 해도 이미 모든 것이 망가진 후였다. 피해자들은 후회해도 소용없고, 돌이키고 싶어도 불가능한 자신을 보았을 때, 극단적인 선택까지 하고 있었다.

어느 성폭행 피해자가 자살을 하였다는 소식이 전해졌을 때 JMS 목사라는 자가 그 피해자의 집에 문상을 가는 체하며 찾아가서는, 죽은 피해자의 일기장을 훔쳐다가 불에 태워서 증거를 없애 버렸다는 증언도 있었다. 피해자가 성 행각 때문에 목숨을 끊었는데도 JMS는 자기들의 만행을 숨기는 데 급급한 것이다.

이뿐인가. JMS는 피해자의 죽음으로 행여 신도들이 동요할까 봐 죽은 사람에게 모진 오명까지 뒤집어씌웠다. '이성권'(정명석의 허락 없이 남자친구를 사귀는 것을 말하는데 이를 JMS 내에서는 '타락했다'라고 함)에 빠져서, 선생의 사명을 부인해서, 믿음의 조건을 못 세워서… 등등 벌을 받아 죽은 거라며, 피해자의 자살을 죽은 사람의 죄 때문이라고 설교하며 오히려 신도들을 위협하는 데 악용한다. 그런 설교를 들은 신도들은 'JMS를 탈퇴하면 죽는다'는 공포감이 부지불식간에 스며들어, 더 악착같이 귀를 닫고 무슨 짓을 시켜도 받아들이고 신앙에 매달리는 것이다. 김도형은 그런 사실을 알수록 속이 터졌다. 몰랐으면 좋았을 것을, 이런 이야기를 죄다 알아버렸으니 김도형은 몰랐을 때로 돌아갈 수가 없었다. 어떻게 참을 수가 있고, 어떻게 잊을 수가 있을까, 정명석의 극악무도한 만행을!!

혼자 공부 잘 하고, 잘 먹고, 잘 살고… 그럴 수가 없었다. 그놈의 극악무도한 만행이 계속되는 한 김도형도 도저히 잊을 수가 없을 것 같았다.

김도형이 지방에서 학회가 있어 지방으로 갈 때는 꼭 수신자 부담으로 서울의 JMS 본부교회로 전화했다.

김도형 : 02-XXX-XXXX 수신자 부담으로 부탁합니다.

교환원 : 거시는 분 성함은요?

김도형 : 정명석입니다.

교환원 : 기다리세요.

잠시 후, 차렷 자세로 공손한 대답이 들려온다.

"네! 선생님!! 저 신촌교회 총무 이 아무개입니다."

(얼마나 영광일까, 정명석 전화를 직접 받다니…)

"나 김도형이야, 이 개새끼야!!!!!"

MBC 방송이 불발되면서, 김도형은 3~4개월을 그렇게 새벽마다 월명동 JMS 본부에 전화해서 때로는 조롱하고, 때로는 김춘삼에게서 배운 온갖 쌍욕을 퍼부으며 정명석에게 안부 인사를 넣었다. 김도형은 이 고약한 취미 덕분에 JMS에서 유명 인사가 되었고, 이때부터 광신도들 사이에서 '왕사탄'이라는 애칭(?)으로 불리게 되었다.

 정명석 경호원의 폭행

그러던 1997년 7월의 어느 날, 학교 식당에서 저녁 식사를 마친 김도형이 차에서 책을 꺼내고 문을 닫으려는 순간, 생전 처음 보는 놈이 멀리서 "김도형 씨!" 하고 외치며 달려왔다.
"김도형 씨 맞죠?"
"네, 그런데요. 누구시죠?"

김도형 주위에는 같은 과 학생들이 많았다. 그래서인지 이놈은 잠시 당황하더니,
"MS 연맹에서 나왔습니다. 얘기 좀 할까요?"라고 한다. 이야기 못할 게 뭐 있나 싶어 김도형은 놈을 데리고 학교 휴게실로 갔다. 자판기에서 차를 한 잔씩 뽑아 자리에 마주 앉았다.

먼저 찾아온 그가 아무 말이 없자 김도형이 먼저 물었다.
"이름이 어떻게 되십니까?"
"……."
"이야기하자면서요. 왜 말씀을 안 하십니까."
"김도형. 네 몸이 성할 것 같으냐?"

다짜고짜 협박이었다. 이에 기가 죽을 김도형이 아니었다.

"네 맘대로 해라. 내가 그따위 협박이 겁났을 것 같으면 시작도 안 했다."

"그렇게 자신만만하다면, 우리는 네 가족을 가만두지 않겠다."

'이건 또 뭐야' 하고 김도형은 울컥 화가 치밀었다.

"당신 맘대로 해!" 하고 자리에서 일어나 나와 버렸다.

그러고 나서 얼마 후 이 인간이 또 연락을 해왔다. 만나자는 것이다. "얘기 다 끝난 것 아니오? 만나서 무슨 얘기를 또 하자는 거요. 난 할 얘기 없소."라고 했지만 막무가내였다. 김도형은 어쩔 수 없이 그를 다시 만났다.

그 광신도는 자기가 정명석의 경호원이고 이름은 전용주라고 자신을 소개하더니, 김도형에게 솔깃한 제안 하나를 했다. 자신이 경호원이라 정명석의 일정을 정확히 알고 있다면서 정명석이 지방 순회를 할 때, 어느 도시, 무슨 호텔의 몇 호실에 묵을 것인지 김도형에게 미리 알려주겠다는 것이다. 그러면 김도형이 미리 그 방에 투숙한 후 소위 '몰래카메라'를 설치하여 정명석이 투숙했을 때의 일을 자기와 함께 감시하자는 것이었다. 그렇게 해서 김도형의 주장이 사실이 아니라는 것이 확인되면, 김도형은 JMS 집회에서 공개 사과하고, 정명석에게 무릎을 꿇고 사과를 하라는 조건이었다. 이것이 정명석과 그 경호원이 미리 짜놓은 각본이라면, 김도형만 고스란히 당하는 것이고 그럴 위험이 크다. 김도형의 상식으로는 거절하고 싶었지만, 그의 제안은 자그마치 '정명석의 섹스비디오'였다. '만에 하나 이 경호원

녀석이 진심이라면?'이라는 생각에 김도형은 흔들렸다. 김도형이 아는 바로는, 정명석은 거의 하루도 빠짐없이, 시도 때도 없이 여자들과 그 짓거리를 한다. 찍을 수만 있다면, 안현구의 녹음테이프와는 비교가 안 되는 초 메가톤급 증거물이 될 것이다. 결국 김도형은 썩은 동아줄인지, 성한 동아줄인지 까짓거 잡아보자 하는 심정으로, 전용주가 내민 손을 잡았다.

　김도형은 곧바로 MBC에 연락했다. 전용주의 제안을 알려주고 촬영을 할 수 있는지 물었다. 하지만 PD는, 그런 기계는 자신들에게도 없다며 난색을 표했다. 김도형은 어쩔 수 없이 백방으로 뛰어다녀서 거금 130만 원을 들여 카메라를 구입했다. 이제 실행에 옮기기만 하면 된다. 그런데 막상 약속한 날이 되자 전용주는 연락이 없었다.

　그때가 1997년 10월경이었다. 김도형은 석사 과정 졸업을 앞두고 있었기 때문에 가을부터는 졸업논문을 준비해야 했다. 정명석 처벌도 중요하지만, 김도형은 졸업을 못해서 JMS에 조롱거리가 되고 싶진 않았다. 김도형은 그간 소홀했던 공부를 만회하기 위해 열심히 공부했다. 오랜만에 공부에 푹 빠져 열중하니 마음이 편해졌고, 한동안 정명석도 그 경호원도 잊고 지냈다. 마침내 김도형은 무사히 석사 학위를 마치고 박사 과정에 입학할 수 있었다.

　석사 학위 졸업식을 며칠 앞둔 어느 날 마음의 여유가 생겨서인지, 방 한켠에 아직 한 번도 사용하지 못한 130만 원짜리 카메라가 생뚱맞게 눈에 들어왔다. 김도형은 저걸로 정명석 섹스비디오 촬영할 생각에 들떠 있던 게 꽤 오래 전 일로 느껴졌다. 김도형은 오랜만에 정명석을 떠올리니 다시 속에서 전투력이 치밀어 올랐지만, 박사 과정에 올라가면 더욱 공부에 매진해야 한다고 스스로 다독였다. 김도형은 일방적으로 연락을 끊었던 전용주에게 마지막으로 연락을 해보고 이제 JMS는 잊어버려야겠다고 결심했다.

김도형은 JMS 경호부로 전화를 하여 전용주의 연락처를 알아냈다. 그렇게 연락이 되어 김도형이 전용주를 만난 건, 1998년 2월 17일, 전용주가 정한 장소에서였다.

김도형은 JMS와의 악연을 끊으려고 만났던 거였기 때문에, 자리에 앉자마자,

"전용주 씨, 당신이 먼저 약속을 어겼으니 앞으로 어디 가서 내 욕하고 돌아다니지 마시오."라고 단도직입적으로 이야기하였다.

그런데 이 말에 전용주의 반응이 느닷없었다.

"야, 김도형이! 니네 부모도 그룹섹스 하고 성병 걸리냐?"

라고 말하는 전용주의 눈빛이 예사롭지가 않다.

"나 참, 이건 또 무슨 소리인가?" 무시하고 자리에서 일어나는 김도형에게 달려든 경호원은 김도형을 강제로 잡아끌며 앉혔다. 그러고는 다짜고짜 탁자 위에 놓여 있던 유리컵을 김도형의 얼굴을 향해 있는 힘껏 집어던졌다. 워낙 순식간에 벌어진 일이라 피할 새도 없었다. 그리고, UDT 출신 JMS 경호부 소속 광신도의 실력이 유감없이 발휘되기 시작했다. 김도형의 안경은 박살이 났고, 입고 있던 외투는 피투성이가 되었으며, 윗도리는 다 찢어졌다. 역시 UDT는 강했고, JMS라는 사교 집단에 세뇌된 인간의 광신은 그 이상의 힘을 발휘

했다. 김도형의 안경이 깨지며 왼쪽 얼굴로 뜨듯한 액체가 흘러 내렸다. 시력이 많이 나쁜 김도형은 안경이 없어지자 맹수에게 붙들린 초식동물처럼 전용주의 손아귀에 맥없이 휘둘렸다. 자칭 평화주의자였던 김도형은 몸싸움이라곤 초등학교 이후로 해 본 적이 없었던 터라, 난생 처음 늘씬하게 얻어터졌다. 레스토랑 안에서는 탁자가 넘어지고, 의자가 부서지고, 화분이 쏟아지고 엉망이 되었다. 폭풍 같은 매질이 계속되자 김도형은 숨쉬기가 힘들었다. 김도형은 이러다 죽겠다 싶은 생각에 레스토랑 책임자로 보이는 자에게 112에 신고 좀 해달라고 부탁했다. 그러나 팔짱 끼고 그 광경을 구경만 하던 매니저는 "당신이 직접 하시오."라고 말하고, 신고하려는 종업원도 말렸다.

'젠장, 여기 JMS 신도가 하는 카페인가 보네.'

여기가 전용주가 정한 장소였다는 게 생각났다. 흠씬 두들겨 맞다가 잠시 놓여난 김도형이 우여곡절 끝에 직접 112에 신고를 했고, 잠시 후 출동한 경찰차를 타고 전용주와 나란히 파출소로 가게 되었다. 파출소에 도착하니 경찰들이 김도형에게 보기 너무 흉하니 화장실에 가서 좀 씻고 오란다.

김도형이 화장실에 가서 얼굴을 씻으며 거울을 본 순간 '맙소사! 이게 누구셔?' 평소 마주하던 꽃미남은 어디 가고 거울 속에는 검붉은 피멍 투성이의 괴물 하나가 눈을 맞추고 있었다. 왼쪽 귀 쪽에서 뭔가 자꾸 흐른다 싶어서 가까이 들여다보니 왼쪽 귀 앞쪽과 뺨에 세로로 길게 벌어진 상처에서 피가 줄줄 새고 있었.

'아이고, 내 팔자야! 2년이 지나도록 정명석 하나 어떻게 못하고 겨우 경호원 새끼한테 이 꼴을 당하다니!'

김도형은 세면을 마친 후 곧바로 병원으로 가서 봉합 수술을 받았다. 깨진 유리컵 파편이 찢어진 상처에 박혔을까 봐 수술은 조심스럽게 행해졌다.

김도형은 전치 3주의 진단서를 발급받았는데, 차마 웃지 못할 일이 벌어졌다. 전용주가 자기도 맞았다며 전치 1주짜리 진단서를 끊어온 것이다. 김도형은 샌드백이 되어 야무지게 얻어맞는 동안, 놈의 머리카락 한 올 건드려 보지 못한 게 억울해 죽겠는데, 쌍방폭행으로 폭력전과까지 달게 될 판이었다. 더군다나 전용주는 경찰 조사에서, 자신은 정명석의 경호원이 아니라 교단 산하의 섭리신학교의 평범한 신학생이라고 주장을 하였다. 기가 막혔다.

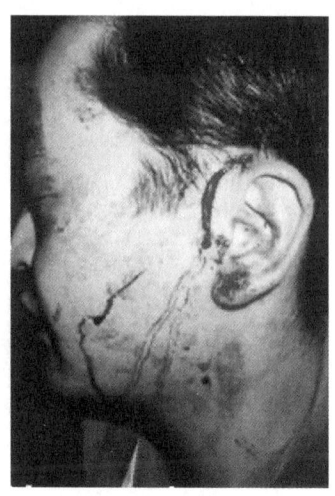

<의사가 촬영한 김도형의 사진, 많이 맞아 얼굴이 부은 상태>

김도형은 전용주와 쌍방폭행으로 형사 입건되었다. 1998년 2월 18일이었다. 김도형은 너무 억울해서 진정서를 작성하여 담당검사에게 제출하였다. 전용주와 합의를 하면 폭력 전과는 면하겠지만, 김도형은 그럴 수 없었다. '합의란 사람하고 하는 것이지, 저런 인면수심인 것들과 협상 따위는 없다.'

석사 논문에 매달리는 동안 오랜만에 공부에 대한 열정이 되살아나서,

JMS를 잊고 학업으로 돌아가려던 김도형은 이렇게 하여 다시 JMS 사건 속으로 휘말려 들어갔다. JMS는 이런 사실을 알기나 할까.

 <교회와 이단> 기사

김도형의 투지는 다시금 불붙었다.
"좋다. 이제 다시 시작이다. 이 개자식들, 한 번 해보자."
김도형은 여태까지 JMS 문제로 여러 번 만나면서 안면을 트고 도움을 받았던 모든 인맥을 총동원했다. 신학교 교수님부터 한국기독교총연합의 이단 사이비대책위원회 관계자들에게도 도움을 요청했고, 검찰 측과도 이야기가 되었다. 이제 피해자 한 명! 피해자 단 한 명만 있어도 정명석은 구속이었다.

그러나 나서겠다는 피해자는 여전히 없었다. 한참을 찾으러 다니다가 문득, 1년 전 <교회와 이단>이라는 잡지사 이대복 씨와의 전화 통화 중 자기 사무실에 있는 직원이 JMS 본부에 있었던 아가씨라고 했던 말이 기억났다. 그 아가씨를 만나면 무언가 실마리를 찾을 수 있을 것 같았다. 김도형은 검사에게 제출했던 진정서를 가지고 이대복 씨를 만나러 갔다.

막상 찾아가 보니 비서는 이미 그만두어 연락이 안 된다고 하였다. 허탈했다. 김도형은 그래도 찾아간 김에 이단 사이비 연구소의 소장을 자처하는 이대복 씨에게 연구자료로 보관하시라고, 자신의 진정서와 예전에 현대종교에 싣지 못했던 피해자의 편지 사본을 전달했다.

그로부터 며칠 후 이대복 씨에게 연락이 왔다. 김도형이 제공한 진정서와 편지를 기사화하겠다는 것이었다. 김도형은 이대복 씨에게 '기사화하는 것은 좋은데, 내 진정서에 언급된 피해자의 이름은 전부 가명으로 하고, 그들의 신원이 조금이라도 드러날 수 있는 내용은 전부 삭제해 달라'고 부탁하고, 덧붙여 자신의 이름만큼은 반드시 실명으로 하고, 주소까지 공개해 달라고 신신당부했다. '나의 이름과 주소를 모두 공개해 놓으면, 앞으로 10년 후라도 나 같은 녀석이 또다시 나타난다면, 나를 찾아올 수도 있겠지.' 하는 생각에 자신의 실명과 주소를 공개하기로 한 것이다.

드디어 1998년 5월 <교회와 이단>에 기사가 나갔고, 피투성이가 된 김도형의 사진도 그대로 실렸다. 좀 창피했지만, 정명석과 JMS의 만행을 고발하기 위해서는 감수해야 했다. <교회와 이단>에 실린 기사를 보며 김도형은 드디어 한 건 했다는 기쁨으로 뿌듯했다. 그런데 <교회와 이단>이라는 책이 발행 부수도 적고, 독자층이 기독교인들 중에서도 극히 일부여서, 김도형은 JMS가 이 사실을 모를 것 같아 걱정이었다.

김도형은 교단본부로 전화를 했다.

"저, 거기 섭리(JMS)죠?"
"네, 그런데요?"
"혹시 이번 달 <교회와 이단> 기사 보셨어요? 선생님이 상습 강간범이라는 글이 실렸던데, 제보자가 실명으로 자기 주소까지 밝혔더라고요? 이게 어떻게 된 거죠?"

"그래요? 어느 책이죠?"

"<교회와 이단>이라고, 5월호예요."

"네, 한 번 알아보겠습니다."

"아니, 여보세요!"

"네?"

"기사 내용이 너무 구체적이라서 정말 사실인 것 같은데, 해명을 좀 해 주시죠?"

"저기 어느 교회의 누구세요?"

"광주 충심교회의 임진*이라고 하는데요."(광주에는 충심교회가 없었고, 임진*은 김도형의 지도교수님 성함이었다.)

"아, 그래요? 알아보고 연락 드릴게요."

"아니, 이것 봐요. 알아보긴 뭘 알아봅니까? 그 새끼 그거 진짜 나쁜 새끼 아니요? 내가 추운 겨울에 온갖 고생을 해가며 돈을 벌어다 주었는데, 그 개새끼가 정말 그럴 수 있어?"

"뚜뚜뚜~~~"

그렇게 김도형은 일부러 JMS 교단으로 전화를 걸어 정명석의 성 행각이 잡지에 보도된 사실을 친히 알려주었다.

"자식들, 내가 논문 쓰느라고 잠시 공격을 안 했더니만, 아주 사람을 우습게 보고 감히 폭행을 해? 맛 좀 봐라 나쁜 놈들!"

이제는 오히려 폭행해 준 것이 고맙기도 하다고 생각하는 김도형. 공격의 빌미를 제공해 주었으니 말이다.

그 후 들리는 소리로는 조경호와 전용주 등 몇 명이 교회와 이단에 가서 행패를 부렸단다. 이놈들 왈, "김도형은 세 번만 만나 보면 정신이 이상한 놈이라는 걸 알게 된다. 기사화된 편지 내용은 김도형이가 여자를 여관에 가둬 놓고 폭행해가며 강제로 쓰게 한 것이다." 이따위 식의 항의를 했다고 한다. 김도형은 또다시 화가 나서 이대복 씨에게 그놈들과 3자 대면을 하게 해 달라고 부탁을 했다. 그런데 이놈들은 오히려 '미친놈(김도형)이랑 얘기하기 싫다'며 한사코 3자 대면을 거부하는 것 아닌가. 화가 나기는 이대복 씨도 마찬가지였다. 기사 내용이 조작이라고 항의하는 놈들이 정작 글 쓴 사람과의 3자 대면을 거부하면서, 무조건 사과문 및 정정보도를 내 달라니 누가 그런 요구를 들어주겠는가. 결국에는 이대복 씨의 기지로 각각 만나는 것처럼 약속을 하여 3자 대면이 이루어졌다.

김도형이 조경호에게 말했다.

"내 글 중 어느 부분이 잘못되었는가 말해 보라."

조경호는 책을 한참 뒤적이더니

"내가 왜 경호원이었어? 나는 총재님 운전으로 모신 것밖에는 없어."

웃기는 거짓말이었다. 그가 경호원이라는 것을 증언해 줄 사람은 서울에서 대전까지 줄을 설 정도였다.

일일이 상대할 가치를 못 느껴

"그 다음에는 뭐가 거짓입니까. 계속 말해 보세요."

조경호, 책을 또 뒤적거리더니 갑자기 벌떡 일어나 이대복 씨에게 삿대질을 하며 고래고래 고함을 치는 것이다.

"당신은 이 쪼끄만 놈한테 완전히 속은 거야!!"

막상 3자 대면을 해서 할 말이 없어지자 막가파 식으로 나오는 것이었다. 한참을 싸우던 중, 김도형이 전용주에게 말했다.

"당신들 그 편지 내용이 조작이라 그러던데, 전용주 너 그 편지 원본 봤어, 안 봤어. 네가 직접 편지 원본을 봤으니 얘기해 봐."

전용주가 갑자기 꿀 먹은 벙어리가 되었다. 조경호가 다시 전용주에게 소리지르는 것이다.

"너 인마. 진짜로 봤어?"

"…네, 봤습니다."

"너 인마, 그 얘기를 왜 이제 하는 거야? 엉? 너 때문에 전부 병신 됐잖아?"

이제는 자기들끼리 싸우는 것이었다. 결국에 그들은 3자 대면에서 거짓말만 들통이 난 채로 서둘러 돌아갔다. 김도형은 헤어질 때 조경호에게 마지막으로 경고했다.

"내 기사에 조금이라도 흠집을 낸다면, 난 다시 중앙 방송으로 갈 거다. 잘 생각해 보고 판단해라."

그러나 그 후 그놈들은 언론중재위원회에 제소를 했고, 결국 반론보도문이 실리게 되었다. 그 과정에서 에피소드도 많지만 지면관계상 생략하자.

한 가지 짚고 넘어갈 것은 언론 중재위원회에서 비록 김도형이 피신청인은 아니지만, 일체의 발언 기회도 김도형에게 주어지지 않는 것이었다. 한 마디로 언론 중재위원회는 '좋은 게 좋은 것 아니냐.'라는 식으로 어떻게든 마무리 지으려는 것에 급급해하는 태도를 보였다. 실제로 억울하게 언론에 의해서 피해를 받는 사람도 있겠지만,

그렇다고 그따위 사이비 종교의 반론보도문을 최소한의 확인 절차 없이 그대로 승인하는 법이 어디 있나? 게다가 직접적인 피해 당사자인 김도형의 발언은 원천적으로 봉쇄를 하고 말이다.

1998년 5월과 6월, 계속해서 JMS관련 특집기사가 <교회와 이단>에 나가게 되었지만, 결국 7월호에 반론보도문이 실리게 되었다. 물론 정정보도가 아니라 반론보도라는 점이 그나마 위안이 되었지만, JMS 측에서는 모든 기사가 거짓이었기에 정정보도가 실렸다는 식으로 사실을 왜곡, 선전하는 것이었다.

전용주 소송

김도형은 이러한 일을 두고볼 수 없었다. 그래서 '좋다, 또 해 보자.'라는 마음에 교주 경호원 전용주에게 손해배상 청구소송을 제기했다. 생전 처음 해보는 소송을 일일이 직접 해야 하는 부담이 있었지만, 공부를 해 가며 대처를 했다. 재판과정에서 전용주는 자신이 경호원이 아니고 '해외 선교사를 꿈꾸며 공부하는 신학교 학생'이라고 주장을 하는 것이었다. 또한 김도형의 애인은 정명석에게 성폭행을 당하지도 않았는데, 김도형이 그녀를 강제로 여관으로 끌고 가서 두드려 패면서 그러한 증언을 억지로 끌어낸 것이란 주장을 하는 것 아닌가?

'이게 뭐 이런 게 다 있어?' 이 집단은 단체로 거짓말 수련회라도 하나 보다(실제로 JMS에서는 '모사'라는 이름으로, 새빨간 거짓말을 '하얀 거짓말' 정도로 왜곡하며, 조직적으로 거짓말을 정당화하고, JMS의 범죄 행각을 은폐하는 데 두루 남용하고 있음).

전용주가 경호원이라는 것을 입증하기 위해 김도형은 JMS 본부로 전화를 했고, 경호부에도 전화를 했다. 전용주의 부모가 있는 시골집으로도 전화를 했다. 김도형이 전용주의 친구인 듯 전화를 하자, 고맙게도 모두가 하나같이 '전용주는 정명석의 경호원이었는데, 무슨 일이 있어서 그만두게 되었다'고 대답하였다. 김도형은 녹취서를 만들어서 재판부에 제출했다.

그 녹취서를 받아든 재판장의 말이 걸작이었다.

"피고!! 피고는 부모도 모르게 신학교를 다니는 모양이지요?"

"……."

그 후에 김도형이 확인해 보니 JMS 측에서는 경호부 전화를 아예 폐쇄시켜 버렸다. 온갖 거짓말을 해대다가 들통이 나면 증거 인멸하기에 급급한 사이비 교단임을 스스로 계속해서 보여 주는 꼴이었다.

김도형은 그런 식으로 전용주의 거짓말을 법정에서 까발리며, 한편으로는 자신이 작성한 진정서의 내용을 실명으로 PC통신에 올렸다. 물론 피해자의 신원이 드러나지 않도록 만전을 기했다. 좀 더 많은 사람들이 JMS의 실체를 알았으면 하는 마음이었고, 운이 좋다면 뜻을 같이하는 사람들을 만날 수도 있겠다는 생각에서였다. 생전 처음 해 본 소송은 생각보다 오래 걸렸다.

 SBS와의 인연

1998년 10월의 어느 날, 김도형은 생각지도 못했던 곳으로부터 전화 한 통을 받게 되었다. 자신은 SBS의 A PD라며 PC통신에 올라온 김도형의 글을 보았다고 이야기했다. 그 PD는 최근에 어떤 여대생이 SBS를 찾아와 정명석에 관해 제보를 하였는데, 그 내용이 하도 터무니없어 그냥 돌려보냈단다. 그 후, 혹시나 하는 마음에 검색하니 김도형 씨가 올린 진정서가 있었고, 내용을 읽어 보니 여대생의 제보 내용과 정확히 일치하여 놀랍다는 얘기였다. 김도형이 들어보니 그 여대생은 완벽하게 공소시효 내에 들어와 있는 정명석의 성폭행 피해자였다.

10월 말 경에는 A PD가 직접 대전으로 내려와 김도형과 만났다. 김도형은 여태까지 본인이 만났던 피해자들의 사례를 자세히 들려주고, JMS가 거짓말과 잡아떼기를 얼마나 잘하는지, 그러한 사이비 집단에 기생하여 이익을 취하는 인간쓰레기 군상들까지 그간 알아낸 사실들을 소상히 들려주었다. 또한 이런 심각한 문제에 무관심한 언론을 성토했다. 김도형은 생전 처음 만난 SBS A PD에게 마구 퍼부었다. 별 기대를 하지 않아서 편하게 다 이야기할 수 있었던 것 같다.

그런데 김도형의 이야기를 듣고 있던 A PD의 표정이 점점 심각해졌다. 그는 진지한 표정으로 김도형에게 말했다.

"김도형 씨, 나 꼭 좀 믿어 줄래요?"

당장 어떤 결과를 얻은 것은 아니었지만, 상당히 의미 있는 만남이었고, 돌이켜보면 그날 김도형과 A PD의 만남이 JMS 봄날의 끝을 예고하고 있었고, JMS의 조종(弔鐘)이 울리는 날의 시작이었던 것이다. 정명석은 꿈에도 모르고 못된 짓거리를 계속해대던 그때에 JMS의 수난시대가 서서히 다가오고 있었다.

김도형은 A PD에게 SBS에 제보했던 피해여성을 잘 설득해서 형사고소를 할 수 있게, 연결을 부탁했다. 하지만, 그 여성으로부터 끝내 연락은 오지 않았다. 그때 바로 고소를 했다면, 정명석을 단 한 번에 감옥에 보낼 수 있었는데, 피해자 한 명이 마음을 열고 용기를 낸다는 게 그만큼 어려운 일이리라. 그때 끝났다면 이후 피해자들은 피해를 면할 수도 있었을 텐데…. 두고두고 아쉬운 지점이다.

SBS PD를 만날 즈음, 김도형에게는 또 다른 소득이 있었다. JMS 측이 언론중재위원회에 제소를 할 때 언론중재신청서에 기재한 정명석의 주민등록번호를 김도형이 입수한 것이었는데, 김도형은 그 주민등록번호를 이용하여, 정명석이 1987년에 '피보호자간음'의 혐의로 피소된 사실이 있다는 것을 알게 된 것이다. 1987년 당시 사건 담당검사는, 전라도 광주에서 변호사로 활동하던 주O수 변호사! 김도형 그 즉시 광주까지 달려가 주 변호사를 만났다. 주 변호사는 1987년의 사건을 기억하고 있었다.

"보통 불구속 사건은 잘 기억을 못 하고 더구나 그 사건은 10년도 더 된 사건이지만 하도 이상해서 기억합니다. 그 사건은 원래 살인미수로 시작이 되었어요. 봉고차로 사람을 끌고 다니며 폭행한 것으로 시작이 되었는데요, 조사를 하다 보니 기도 안 차더군요."

교주가 밤에 여자들만 모아 놓고 기도를 시키다가 갑자기 불을 끄고는 한 여성에게 달려들어 강제로 성폭행을 했다는 내용이었다. 김도형이 기존에 알고 있던 증언들과 일관성 있게 일치하고 있었다. 주O수 변호사와의 만남과 정명석의 범죄 사실 기록은 김도형에게 큰 힘을 실어 주었다. 혹시 정명석이 김도형을 명예훼손으로 고소를 한다고 해도, 정명석의 성 행각은 '분명 존재하는 일'이라는 객관적 증거를 확보하였으니 말이다. 정명석의 피에 굶주린 맹수에게 날개를 달아 준 격이었다. JMS 측은 그것이 어떤 의미를 가져올지도 몰랐겠지만, 그렇게 김도형이 알게 된 정명석의 주민등록번호로, 나중에 방송금지 가처분 소송에서 큰 덕을 볼 수 있었음은 두말 할 여지도 없었다.

황주연 양 납치사건

1999년 1월 초, 황주연은 친구 결혼식에 참석하기 위해 전남 광주를 방문하였다가, 함께 참석했던 친구 이수정과 서울 집으로 올라오는 길이었다. 황주연은 서울로 올라오는 고속버스 안에서 JMS 신도인 친구 K 양의 전화를 받았다. K 양은 황주연을 만나고 싶다고 하였다. 황주연은 JMS교회에서 보고자(교주 정명석의 현지처에 해당하는 성착취 대상)였다가 최근 탈퇴한 상태였다.

황주연은 JMS 교회에 나간 지 얼마 지나지 않아 교주 정명석으로부터 개인 면담이라는 명목 하에 성폭행을 당했다. 그 교단은 정명석을 재림예수라고 가르치며, 30개론이라는 교리로서 교주의 성폭행을 합리화하고 있었다. 30개론을 진리라고 받아들인 황주연은 정명석을 재림예수로 믿었기 때문에, 교주의 성폭행이 하늘의 뜻이라는 속임수에 설득당하여, 성폭행 피해자가 되고 나서도 곧바로 탈퇴하지 못했다. 황주연이 정명석의 성폭행을 하늘의 뜻으로 받아들이

자, 보고자로 임명하고는, 그 후부터 황주연에 대한 교주의 성폭행이 상습적으로 행해졌다. 그 교단 내에서는 교주의 성 행각이 천기에 해당하기 때문에, 누구에게도 함부로 발설할 수 없었다. 그러므로 외부 사람들은 물론, JMS에 입교하기 위해 성경공부를 하는 신입생들이나 오래된 신도들 중에서도 이에 관해 전혀 알지 못하는 사람이 대부분이었다. 하지만 황주연이 보고자가 되고 보니, 정명석 주변에 섹스 파트너인 여자들이 너무 많았다. 황주연이 재림예수라는 작자의 행태에 의심을 하던 중, 그곳에서 가르치는 교리가 잘못되었다는 사실을 깨닫고, 마침내 황주연은 탈퇴를 하고 발길을 완전히 끊은 것이다.

K 양은 탈퇴한 황주연을 JMS로 돌아오게 하려고 만나자고 하는 것이었으나, 황주연은 거꾸로 친한 친구였던 K 양을 JMS에서 탈퇴시켜야겠다고 생각하고 K 양이 만나자는 요청에 응했던 것이다.

K 양은 황주연이 순순히 만나겠다고 대답하자, "삼식 오빠랑 같이 갈까?"라고 물었다. 황주연은 "나는 너랑만 만날 거니까 날 만나고 싶으면 너 혼자 와. 절대 다른 사람은 데려오지 마!"라고 단호하게 말했다.

1999년 1월 6일, 중앙대학교 근처 카페에서 황주연은 친구 이수정과 함께 나가서 K 양을 만났다. 황주연은 K 양을 만난 자리에서, K 양을 JMS에서 탈퇴시키기 위해 가족의 소중함, 친구의 가치 등을 일깨우는 이야기를 꺼냈다. JMS의 교리는, 하늘의 섭리를 성취해 드린다는 거창한 가치관으로 신도들을 세뇌시켜서, 일상적인 것들을 하찮게 여기게 만들기 때문이었다. K 양은 황주연과의 대화 도중 전화할 데가 있다며 밖으로 나가더니 어딘가 한참을 통화하고 들어왔다. 마침 저녁 때가 되어 황주연은 친구들과 밥을 먹기로 하고 이동하게 되었다. 그 와중에도 K 양의 전화기가 계속해서 여러 차례 울렸다.

일행이 저녁 식사를 마친 후 식당에서 황주연과 K 양의 대화가 다시 시작되자, 이수정이, "난 옆 카페에서 기다리고 있을게. 둘이 편하게 이야기 나눠."라며 자리를 비켜주었다. 이수정이 자리를 비우자, 황주연은 K 양에게 자기 집에서 자고 가라고 했다. 이미 시간이 늦었고, 황주연은 K 양과 좀 더 편하게 많은 얘기를 나누고 싶었다. 그러나 K 양은 그럴 수 없다며 이제 가봐야 한다고 했다.

황주연이, "이 늦은 시간에 먼 길을 어떻게 간다는 거야? 그냥 오늘은 우리 집에서 자고 내일 내려가."라고 하자, K 양은, "실은 내가 너 데려오겠다고 선생님께 말씀드리니까, 나 혼자서는 힘들 거라면서, 남자들하고 함께 가라고 하셔서, 삼식 오빠랑 남자애들이랑 같이 왔어."라고 하였다. 황주연은 깜짝 놀랐다. 자신을 만나려면 반드시 혼자 와야 한다고 K 양에게 그토록 단단히 일렀건만, K 양은 혼자가 아니었다.

그때, 밖에서 여태 기다렸는지, 김삼식이 식당 안으로 들어왔다. 김삼식과 안면이 있는 황주연은 애써 태연한 척했지만, 놀란 마음에 옆 카페에서 기다리던 이수정에게 서둘러 전화를 했다. 황주연이, 황주연의 전화를 받고 식당으로 온 이수정과 함께 밖으로 나가 보니, 김삼식 외에도 두 명의 남자가 더 있었다. 황주연을 통해 JMS의 내막을 잘 알던 이수정은 곧바로 분위기를 파악하고는, 불청객 남자들을 향해 자신이 차 한 잔 대접하겠다고 차분하게 말하여 일행 모두는 그 옆 카페로 들어갔다.

카페에 자리 잡자, 김삼식은 황주연에게 따로 할 얘기가 있다고 하여, 두 사람만 다른 테이블로 자리를 옮겼다.

김삼식은 황주연에게, "선생님이 너 보고 싶대, 너 꼭 데리고 오라셔."라며 부드러운 어조로 구슬렸다. 이미 JMS가 사이비 집단임을 깨달은 황주연은, "난 그 사람 볼 일 없다."고 단호하게 거절했다. 황주연이 재림예수를 '그 사람'이라고 부르자, 김삼식은 기분이 몹시 언짢아졌다. 그는 황주연에게 '니가 정말 제 정신이 아니구나. 얘가 완전 미쳤네.'라며 흥분하여, 자기 차로 가서 얘기 좀 더 하자고 말했다. 황주연은 내키지는 않았으나 김삼식의 요청을 거부할 수가 없어서 옆 테이블의 이수정에게 가서, "나, 저 오빠랑 차에 가서 이야기 좀 하고 올게."라고 말하였다. 이수정은 심상치 않은 분위기에 놀라서는, "니가 그 차엔 뭐 하러 타. 그냥 지금 우리 집으로 가자."라고 했다. 황주연은, 그 패거리들이 자신을 쉽사리 놓아 주지 않을 것을 알았기 때문에, 김삼식에게 "제 친구 수정이가 몸이 안 좋다고 하니 먼저 택시 좀 태워 주고 돌아올게요."라고 둘러대고는, 이수정과 함께 밖으로 나왔다.

그렇게 해서 밖으로 나온 두 사람이 초조한 마음으로 택시를 기다리는데, 그날따라 빈 택시가 쉽게 잡히질 않았다. 속이 바싹 타들어가던 중 고맙게도 여자 기사가 운전하는 택시 한 대가 다가와 그녀들 앞에 멈춰 섰다. 황주연은 이수정부터 택시 안으로 밀어 넣고는 자신도 서둘러 택시에 타려던 참이었는데, 어느새 쫓아 온 김삼식에게 어깨를 붙잡히고 말았다. 황주연은 있는 힘을 다 해 김삼식의 손길을 뿌리치고, 동시에 이수정은 차 안에서 황주연의 팔을 힘껏 잡아당겨, 가까스로 택시에 타서 차 문을 닫는 데 성공했다. 황주연이 택시에 타버리자 당황한 김삼식이 K 양에게 "야, 너도 타!!"라고 외쳤고, K 양은 잽싸게 택시 앞좌석에 탔다. 황주연은 K 양이 친구라 별 걱정하지 않고, 김삼식과 패거리들을 피해 속히 택시를 출발시켰다.

이수정의 집 근처(김영삼 전 대통령의 집 인근 골목으로, 24시간 의경이 경비를 서고 있었다.)에 도착해서 세 사람은 택시에서 내렸다. 이수정은 집 쪽으로 횡단보도를 건너면서, K 양에게 말했다.

"지금은 주연이가 몸이 좀 안 좋고 밤도 늦었으니까, 다음에 데려가. 어차피 나는 3월이면 뉴질랜드로 가니까, 그때 주연이를 데려 가는 게 어때."라며 그냥 돌아가 줄 것을 부탁했다. K 양은, 황주연이 이수정 때문에 사탄에 씌어 JMS를 탈퇴한 것이라고 믿고 있었다. 그런 사실을 알고 있던 이수정이 좋은 말로 K 양을 구슬린 것이다. 이수정의 부탁에 K 양은 알겠다며 자기는 가겠다고 말했다.

이 이야기를 들은 황주연은 밤늦은 시간에 혼자 돌아갈 친구 K 양이 걱정됐다.

"너 서울 지리도 잘 모르는데, 아까 그 자리 다시 찾아갈 수 있겠어?"라고 묻자, K 양이 고개로 한 쪽 방향을 가리켰다. K 양이 가리킨 곳에는 김삼식이 타고 왔던 봉고차가 서 있었다. 황주연은 그 차를 발견하고는 등골이 오싹했다. 김삼식 패거리들은 황주연 일행의 택시를 미행하여 여기까지 따라온 것이다. 몹시 놀란 황주연은 K 양에게 잘 가라는 인사를 어색하게 한 후 등을 돌리자마자 이수정에게 "뛰어!!"라고 외치고는 동시에 무작정 뛰었다.

두 사람은 뒤도 돌아보지 않고 이수정의 집까지 있는 힘껏 달렸다. 현관문 앞에 도달하자, 이수정은 열쇠를 꺼내기 위해 가방 속을 급히 뒤졌다. 너무 긴장하여 손이 덜덜 떨린 탓에 열쇠는 좀처럼 손에 잡히질 않았다. 이수정이 허둥대는 사이, 건물 밖에서 쫓아오는 남자들의 발소리가 들려왔다. 황주연과 이수정, 두 사람이 냅다 달리기 시작하자, 패거리 중 한 명은 봉고차를 천천히 운전을 하고, 나머지는 뛰어서 둘을 쫓아온 것이다. 사실, K 양은 황주연을 만나러 오기 전, 이수정의 집부터 미리 알아두었었다.

문을 미처 열지 못한 그녀들은 황급히 문 옆의 틈에 몸을 숨겼다. 틈이라고 해 봐야 계단을 내려오면 훤히 보이는 자리였다. 반지하 현관 문 앞에는 숨을 곳도, 피할 곳도 없었다. 두 사람은 너무 두려워서 별 생각이 다 들었다. 가슴은 두방망이질을 했고, 숨이 컥컥 넘어갔다.

'핸드폰이라도 울리면 어쩌지. 들고 있던 쇼핑백 때문에 소리가 나지 않을까' 온갖 걱정으로 겁에 질린 채, 그들이 부디 못 보고 그냥 지나쳐 주기만을 바랐다. 그러나 그들이 이수정의 집을 알고 있는 거라면, 그럴 가능성은 거의 희박하다. 둘은 몸이 버젓이 드러난 좁은 틈에서 벌벌 떨고 있었다. 그때 갑자기 이수정이 건물 밖으로 뛰어나갔다. 황주연은 못 들었지만, 나중에 알고 보니 이때 이수정은 밖에서 K 양이 남자들에게 수정의 집을 가르쳐 주는 소리를 들은 것이다.
 밖으로 나간 친구 이수정은 그들에게, "주연이는 아까 저랑 헤어져서 갔어요."라고 말했다. 그러자 김삼식은 "어디 갔는데?"라고 물었다. 이에 이수정은 "몰라요. 아무튼 갔어요. 여긴 제 집이고 주연이는 가고 없으니까 이젠 돌아가 주세요."라고 말했다.
 그때라도 황주연이 집 안으로 들어갈 수 있었다면 안전했을 텐데, 황주연은 너무나 겁이 나고 떨려서 꼼짝도 할 수가 없었다.

 잠깐 정적이 흐른 뒤, 김삼식이 수정의 말을 확인해 보려는 듯, 수정의 집 쪽으로 계단을 걸어 내려왔다. 황주연은 벽으로 파고들 것처럼 찰싹 붙었다. 김삼식은 계단을 내려오면서 황주연을 못 보고 그냥 지나쳤지만, 뒤돌아서는 순간 황주연과 정면으로 마주쳤다. 김삼식은 황주연을 보고는 회심의 미소를 지었다.
 "너 왜 이렇게 사람 힘들게 하니? 순순히 같이 가지." 부드러운 어조였지만, 위협적이었다. 황주연이 가고 싶지 않다고 버티자, 그는 황주연의 손목을 강하게 잡아당겼다. 이를 황주연이 뿌리치자 황주연이 들고 있던 쇼핑백이 찢어지며 내용물이 사방에 흩어졌다. 김삼식은 더욱 격하게 황주연을 잡아끌었다. 황주연은 끌려가지 않기 위해 옆에 있던 도시가스 관을 붙잡고 필사적으로 매달렸다. 이때부터 김삼식은 황주연을 사정없이 때리기 시작했다. 힘 센 남자로부터 무자비한 폭행을 당하자 황주연은 간신히 붙들고 있던 가스관도 놓치고 계단으로 질질 끌려올라갔다.
 1층 계단 끝에 이르렀을 때 황주연은 다시금 정신이 들었다. '여기서 지면 끝이다'라는 생각에 젖 먹던 힘을 쥐어짜서 계단의 난간을 붙잡고 소리를 질렀다.

"사람 살려요. 누가 경찰 좀 불러줘요. 여기 사람 죽어요. 제발 좀 살려줘요!"

그러나 늦은 시간, 빌라 건물에서 밖을 나와 보는 사람은 한 명도 없었다. 김삼식은 계단 난간을 붙잡고 있는 황주연의 손을 주먹으로 내려찍고, 몸을 발로 걷어찼다. 황주연이 계속해서 소리 지르며 발악을 하자, 김삼식은 건물 밖에 있던 나머지 패거리들에게, "야! 이 새끼들아 뭐 해? 빨리 안 와?"라며 그들을 불러들였다. 두 명이 들어와서 김삼식과 함께 황주연을 난간에서 뜯어냈다. 황주연이 안간힘을 쓸수록 구타는 더욱 거세졌다.

황주연은 결국 세 남자에게 번쩍 들린 채 봉고차로 끌려갔다. 황주연의 눈앞에 문 열린 봉고차가 보였다. 순간, 황주연은 '저기 들어가면 나는 죽는다.'라는 생각이 들었다. 황주연은 외마디 비명으로 친구 수정의 이름을 절박하게 부르며 발악을 했다. 그들은 황주연의 입을 틀어막았다. 황주연이 필사적으로 몸부림을 치자, 패거리들은 황주연을 놓쳐서 땅바닥에 떨어뜨렸다. 황주연은 저 봉고차에 태워져서 교주에게 끌려가느니 차라리 봉고차 밑에 깔려 죽는 것이 낫다는 생각을 하고, 있는 힘을 다해 봉고차 밑으로 기어들어가려 했다. 그러나 여자 홀로 남자 셋을 당할 수는 없었다.

결국 황주연은 짐짝처럼 봉고차 안으로 구겨져 실렸다. 계속해서 차에서 내리려고 몸부림치는 황주연 앞을 가로막은 것은 친구 K 양이었다. K 양은 차 출입문 쪽을 막고 앉았다. 친구라고 생각했던 K 양에게 도주로를 차단당한 황주연은 그때부터 차 바닥에 내동댕이쳐져 이동하는 내내 김삼식의 발길에 무참히 채였다. 차 문 쪽이 막히자 황주연은 차 창문으로라도 뛰어내리려 했으나, 창문이 조금밖에 열리지 않아 그마저도 불가능했다. 운전석 바로 뒤에 탄 김삼식은 운전을 지시하며 황주연이 탈출하기 위해 몸부림칠 때마다 뒷발질로 황주연의 배며 허리를 사정없이 짓이겼다. 교통사고 후유증으로 가뜩이나 허리가 좋지 않았던 황주연은 배와 허리를 걷어 채일 때마다 견딜 수 없는 통증에 정신을 잃을 지경이었다.

달리던 도중 "쾅!" 하는 소리와 함께 차에 꽤 큰 충격이 있었다. 이수정의 신고를 받은 경찰이 쫓아와 달리는 봉고차에게 정지할 것을 명령한 것이다. 봉고차는 이에 불응하고 달아나다가 전봇대를 들이받아 충격이 있었지만 이내 핸들을 틀어 다시 달아났.

김삼식의 구타는 더욱 심해졌다. 황주연은 탈출을 포기할 수는 없었다. 이대로 끌려갈 수는 없었다. 하지만 심해진 구타에 '이러다 죽겠다.' 싶은 생각이 들어 일단 반항을 멈췄다. 격렬하게 몸부림치던 황주연이 얌전해지자 다행히 구타도 멈췄다.

황주연이 한동안 잠잠히 있자, 김삼식이 자리를 옮겨 운전대를 잡았다. 황주연은 어떻게든 탈출할 기회를 엿보기 위해 주변을 살폈다. 바로 옆에 이불이 보였다. 황주연은 이불을 뒤집어쓰고 창문을 깨고 뛰어내리는 상상을 해 보았다. 가능만 하다면 당장이라도 그렇게 하고 싶었지만, 창문이 쉽사리 깨질 것 같지 않았다. 달리는 차에서 뛰어내리면 죽을 수도 있다. 그만큼 교주에게는 끌려가고 싶지 않았다. 일단 차를 세워야겠다고 생각한 황주연은 화장실이 급하다고 휴게

소에 세워 달라고 했다. 그런데 김삼식은 이를 무시하고 첫 번째 휴게소를 그냥 지나쳤다. 황주연이 계속 화장실이 급하다고 하자, 김삼식은 황주연에게 신문지를 깔고 봉고차 안에서 볼일을 보라며 계속 차를 몰았다. 그렇게 더 달리더니 이번엔 김삼식이 화장실에 가고 싶었는지 차를 세웠다. 황주연이 창밖을 내다보니 자동차만 다니는 늦은 밤의 고속도로 갓길이었다. 여전히 위험했지만, 황주연은 마지막일지도 모르는 기회를 놓칠 수 없었기에, 화장실이 급하다고 통사정을 하였다. 결국 황주연은 K 양과 함께 차에서 내릴 수 있었다. K 양은 봉고차 뒷문에 선 채로 황주연을 감시하고, 황주연은 갓길 옆의 난간을 넘어가 비탈길에서 용변을 보았다. 볼일을 보고 올라오던 황주연은 곧바로 봉고차 뒤를 지나쳐서 고속도로의 중앙 분리대 쪽으로 달려들었다. 늦은 밤, 한참 동안 모진 구타를 당한 몸으로 자동차가 쌩쌩 달리던 고속도로를 건너기로 결심한 것이다. 목숨을 건 결심이었다. 죽으면 죽을 것이고, 반대쪽으로 건너가면 살 수도 있을 것 같았다. 황주연은 가까스로 중앙분리대를 넘어 반대편으로 떨어졌다. 순간, 황주연 위로 몸을 날려 덮친 것은 김삼식이었다. 그는 땅에 넘어져 있는 황주연을 다시금 거칠게 폭행하며 씩씩거렸다. 황주연은 제 발로 걸을 수 없을 만큼 구타를 당한 후 중앙분리대 반대쪽으로 다시 던져졌다. 김삼식 손아귀에 붙들린 황주연은 질질 끌려서 다시 봉고차에 실렸다. 마지막 희망이 꺾인 것이다. 황주연은 이제 반항은커녕 스스로 일어설 힘조차 남아 있지 않았다.

황주연은 사투를 벌였던 도주에 실패하여 결국 금산군 진산면 석

막리 월명동 교주의 생가까지 끌려갔다. 교주 앞에 끌려가는 것이 죽기보다 싫었던 황주연은,

"너희 집에서 오늘만 자게 해 줘. 내일 선생님께 정말 갈게."라고 부탁했다.

K 양과 김삼식은, "일단 선생님(교주 정명석)을 먼저 만나. 선생님이 너 가라고 허락하시면 우린 두말 않고 보내 줄 거야."라고 말했다.

결국 황주연은 K 양에게 붙들려 교주의 방 앞에 도착했다. 늦은 밤 교주의 방 앞 댓돌에는 신발 수십 켤레가 쭉 놓여 있었고, 방문이 닫혀 있었다.

그날도 교주가 여 신도들과 집단으로 성관계를 갖는 날인 것이다. K 양 혼자서 교주의 방으로 먼저 들어갔다. 예상대로 정명석은 이미 그날 함께 섹스할 20여 명의 여 신도에 둘러싸여 있었기 때문에, 흠씬 두들겨 맞고 끌려온 황주연을 만날 상황이 아니었다. 방에서 바로 나온 K 양은 황주연에게 내일 아침에 다시 와야겠다며, 스스로 걷지 못하는 황주연을 부축해 다시 봉고차에 태웠다.

봉고차가 교주의 월명동 생가에서 막 내려오는데 경찰차가 앞을 가로막았다. 봉고차가 멈추자, 경찰은 차 문을 열고 대뜸 김삼식을 찾았다. 김삼식이 차에서 내리자, 경찰이 차 안을 훑어보았다. 황주연은 통상적인 검문일지도 모른다는 생각에 경찰관을 향해 고개를 쳐들고 온갖 인상을 써가며 구조의 사인을 보냈다. 그때 경찰이 "황주연 씨?"라며 이름을 정확히 불렀다.

황주연이 강제로 질질 끌려서 봉고차에 실려 떠나는 것을 모두 목격한 친구 이수정이 경찰에 곧바로 신고한 것이고 112 상황실은

차적 조회를 통해 납치범들의 주소지가 충남 금산군 진산면 석막리 월명동인 것을 확인하고, 충남경찰청에 범인 검거의 지령을 내린 것이다.

마침내, 봉고차 문이 열리고, 황주연은 경찰에 구조되었다. '아, 나 살았구나. 나 정말 살았구나.' 긴장감이 풀리자 황주연은 정신을 잃었다.

무참히 폭행을 당하며 납치되어 여러 차례 죽을 고비를 넘겼던 황주연은, 이렇게 친구 이수정의 신고로 극적으로 구출되었다. 이 사건은 다음 날 새벽 뉴스에 대대적으로 보도되면서, 구중궁궐 JMS의 비밀인 정명석의 성 행각이 세상에 널리 알려지게 되었다.

대 전 지 방 법 원
제4형사부
판 결

사건 99고합25
    가. 감금치상
    나. 도로교통법 위반

피고인 1. 가. 김 삼 X, 무용수
        주거 충남 금산군 진산면 (이하 생략)
        본적 (생략)

    2. 가. 배 X X
        주거 충남 금산군 진산면 (이하 생략)
        본적 (생략)

    3. 가. K
        주거 광주 서구 금호동 (이하 생략)
        본적 (생략)

    4. 가. 나. 이 □ □
        주거 인천 남구 주안4동 (이하 생략)
        본적 (생략)

(중략)

주 문

피고인 김삼X, 배XX를 각 징역 2년에, 피고인 K, 이□□을 각 징역 1년에 처한다.

이 판결선고 전의 구금일수 중 피고인 김삼X, 배XX에 대하여 112일을, 피고인 K, 이□□에 대하여 50일을 위 각 형에 각 산입한다.

다만, 피고인 K에 대하여 이 판결 확정일로부터 2년간 각 위 형의 집행을 유예한다.

피고인 K에 대하여 2년간의 보호관찰 및 정신, 심리치료강의 50시간의 수강을 명한다.

이 유

피고인 김삼X은 무용수, 피고인 배XX는 작곡가, 피고인 이□□은 무직, 피고인 K는 무직으로 모두 충남 금산군 진산면 석막리 151 소재 동서크리스찬연합이라는 종교단체 신도들인 바,

1. 피고인들은 공모 공동하여, 같은 신도이며 예술단 단원이었던 피해자 황OO(여, 27세)이 위 종교단체에 회의를 느껴 1998. 8. 경부터 전혀 예배에 참석하지 않자 그녀의 소재를 찾고 있던 중 때마침 피고인 K가 피해자에게 연락하여 서울 동작구 흑석동 소재 중앙대학교 앞 OO라는 커피숍에서 피해자를 만나기로 한 것을 기화로 위 동서크리스찬연합 본부로 끌고 오기로 하여,

1999. 1. 6. 21:30 경 서울 동작구 상도1동 651의 X 소재 위 피해자의 친구인 공소외 김수X의 집 앞길에서 피해자를 발견하고 그녀가 도망가려 하자 피고인 김삼X은 주먹으로 피해자의 안면부 등을 수 회 때리고, 피고인 배XX, 피고인 김삼X은 양쪽에서 피해자의 팔을 붙잡고 강제로 미리 대기 중인 피고인 이□□ 운전의 충남73가 26**호 은색 토픽 승합차에 태운 후 경부고속도로를 이용하여 위 동서크리스찬연합본부가 있는 충남 금산군 진산면 석막리로 내려가던 중 피해자가 용변이 마렵다고 하여 고속도로 갓길에 잠시 승합차를 세우고 피해자를 내려주자 그녀가 중앙분리대를 넘어 반대차로로 도주하는 것을 발견하고 피고인 김삼X, 피고인 배XX는 피해자를 뒤쫓아가 그녀를 붙잡아 다시 위 승합차에 태운 후 위 동서크리스찬연합본부를 경유하여 충남 금산군 진산면 부암리 앞길에서 위 김수X의 신고를 받고 출동한 경찰에게 검거될 때까지 피해자를 위 승합차에 약 4시간 10분간 감금하고 그로 인하여 피해자에게 약 21일간의 치료를 요하는 좌대퇴부, 우하지좌상 등을 입게 하고,

2. 피고인 이□□은 당국의 자동차 운전면허 없이,
1999. 1. 6. 21:30 경 서울 동작구 상도1동 651의 X 소재 위 김수X의 집 앞길에서 위 대전 73가 26**호 승합차를 운전하였다.

(하략)

1심에서 전원 실형을 선고받은 납치범들은 피해자 황 양에게 5,000만 원을 합의금으로 제공하고 고등법원에서 집행유예로 풀려났다.

2장

황주연 납치와
특수강도 사건

황주연 납치사건 발생 다음 날인 1999년 1월 7일. 김도형이 새해 기념으로 이제는 공부 좀 해야겠다고 결심한 지 딱 3일째 되는 날, 같은 연구실 선배가 막 출근하는 김도형을 기다렸다는 듯 불러 세웠다.

"도형아, 너 뉴스 들었니?"

"네? 무슨 뉴스요?"

"아까 라디오 뉴스에서 납치사건이 어쩌고, 성폭행 어쩌고 하는데, 본부가 금산에 있다는 걸로 봐서 니가 말하던 JMS 같던데?"

"잉? 진짜요?"

김도형은 눈이 뒤집혔다. 그게 사실인가? 얼른 인터넷을 뒤지기 시작했다. 채 5분도 되지 않아 연합통신에서 그 뉴스를 확인할 수 있었다. 검거된 납치범들의 주소지가 '충남 금산군 진산면 석막리'라는 것을 확인하는 순간, 김도형은 심장이 멎어버리는 줄 알았다.

'드디어 터졌구나! 이 개자식들, 니들이 드디어 큰 사고를 쳤구나.'

뉴스를 확인하니, 정명석이 자신의 섹스 파트너였던 여 신도가 탈퇴하자, 데리고 오라며 납치를 지시한 사건이라는 걸 단박에 알 수 있었다. 김도형은 이미 이와 유사한 피해사례를 여러 건 알고 있었다.

사실을 확인한 이상 더 이상 지체할 수가 없었다. 김도형은 당장 금산경찰서로 전화하여 범인들이 JMS라는 사실을 다시 확인했다. 그리고 곧바로 SBS A PD에게 삐삐를 쳤다. 다급한 마음에 '8282 8282'를 연달아 남겼다. A PD에게 연락이 왔고, 김도형은 납치사건 발생 사실을 알려주었다.

"그래요, 김도형 씨? 진짜예요? 알았어요. 내가 회사 가서 한 번 확인해 보고 전화 드릴게요."

김도형이 전화를 끊고 나서 생각하니, 이미 언론에 터지긴 했지만 교활한 JMS 일당들이 금산경찰서에 어떤 수를 쓸지 몰랐다. 또한 그들이 피해여성을 고이 놔둘 리가 없다는 생각에 김도형은 급히 금산경찰서로 출발했다.

금산경찰서로 가는 중에 5시 라디오 뉴스에서 납치사건 뉴스가 흘러나왔다. 뉴스는 대략 "황 모 양이 종교집단에 납치되어 끌려가던 중 경찰에 구출되었다…. 구출된 황 모 양의 진술에 따르면 수년간 교주에게 성폭행을 당했고, 자신과 같은 성폭행 피해자가 수백 명에 이른다고 진술했다. 경찰은 수사를 확대하고 있다."는 내용이었다.

김도형은 자신도 모르게 눈물이 주르르 흘러내렸다. 이런 일이 일어난다는 사실을 알고 김도형이 얼마나 분노했으며, 지난 4년간 세상에 알리려고 얼마나 고군분투했던가. 아무리 애를 써도 무심하기만 했던 언론과 수사기관이 드디어 움직이기 시작한 것이다.

이제 칼자루는 김도형의 손에 넘어왔다. 이번 사건이 흐지부지 묻히지 않도록, 김도형이 그동안 차곡차곡 쌓아 온 자료와 정보로 그들이 얼마나 악한 놈들인지 반드시, 제대로 터뜨려야 한다.

김도형은 금산경찰서로 가면서 MBC로 전화를 하여 납치사건을 보도한 기자를 찾아서 통화를 했다. 김도형은 연결된 안 기자에게 자신이 알고 있던 JMS에 관한 정보를 자세히 설명해 주고, 자신의 연락처도 남겼다. 안 기자는 "안 그래도 그 단체를 취재해 보니, 장난이 아닌 놈들인 것 같다. 이 새끼들, 아주 조져 버려야 되겠다."며 열의를 보였다. 안 기자의 반응에 김도형은 가슴이 벅찼다. '그렇지, 바로 이거지.' 김도형은 묵은 체증이 내려가는 것 같았다.

MBC 기자와의 전화를 끊자마자 SBS A PD에게서 다시 전화가 왔다.

"김도형 씨, 알아보니 그런 사건이 있기는 한 것 같은데요, JMS가 한 짓이라는 증거가 없는데요?"

방송국 PD의 굼뜬 정보력에 김도형이 짜증이 났다.

"아니 A PD님. 제가 직접 금산경찰서에 확인을 했어요! 틀림없다니까요!"

"그래요? 알았어요. 내가 10분 후에 다시 전화할게요."

김도형은 급하게 돌아가는 상황에 긴장되어 가슴이 두근거렸다. 정확히 10분 후, A PD로부터 다시 전화가 왔다. 이젠 A PD도 김도형 못지않게 흥분하고 있었다.

"김도형 씨, 저희 지금 당장 대전으로 내려갈게요. 저희를 그 월명동까지 안내해 주실 수 있어요?"

A PD의 긴장한 기색이 전화 통화로도 역력히 전해졌다.

"그야 당연하죠. 빨리 오세요."

금산경찰서로 달려가던 김도형은 일단 A PD를 만나기 위해 대전으로 차를 돌렸다. 김도형이 떨리는 가슴을 달래며 잠시 식당에 들러 저녁을 먹고 있는데, 식당에 켜져 있던 TV의 저녁 뉴스에서 그 잘난 월명동이 나오고 있었다.

'어라? 저게 누구야?' TV에는 JMS 교단총무 정기만이 인터뷰를 하고 있었다. 그는 성폭행은 있을 수 없는 일이라고, "그런 집단적 기만이 가능합니까?"라고 반문하며 열심히 부인하고 있었다.

"아이고, 저 인간! 내 앞에서는 다 인정한 일을 카메라 앞에서는 또 잡아떼네?"

서울대학교 출신 정기만과의 만남은 김도형이 만취한 새벽마다 월명동 본부로 전화해서 안부인사(?)를 하던 시절, 김도형이 남긴 연락처로 정기만이 전화하여 한번 만나자고 해서 이루어진 적이 있다. 이 사람도 김도형을 처음 만났을 때 정명석의 성 행각을 전부 인정했고, 그 뒤로 몇 번 더 만났을 때는 자기 같은 사람이 개혁을 해야 한다며 김도형에게 아예 하소연을 하다시피 했었다.

김도형이 저녁식사 중, MBC 안 기자가 김도형에게 다시 전화를 해서는 이것저것 물어보았다.

"정명석이라는 사람이 어떤 사람이죠?"

"한 마디로 발정 난 수캐 새끼지요. 그 새끼는 사람 새끼가 아닙니다."

순화되지 않은 김도형의 설명에 안 기자가 약간 당황하는 기색이 느껴졌다. '아하! 녹취하고 있구나.' 그 다음부터는 조금 점잖게 말을 해주었다.

통화가 끝나자마자 다시 SBS A PD에게 전화가 와서,

"이것저것 준비하다 보니 시간이 늦어졌네요. 저희 금산경찰서로 바로 갈게요. 김도형 씨 금산경찰서에서 만납시다."라고 하였다. 김도형이 전화를 끊자마자 부리나케 금산경찰서로 달려가는데, MBC 9시 뉴스에서 JMS 관련 보도가 나왔다. 약 두 시간 전, 김도형이 안 기자와 통화한 내용이 고스란히 방송을 타고 있었다.

<1999년 1월 7일 MBC 뉴스데스크>

김도형이 지난 4년간 대나무 숲에서라도 외치고 싶었던 정명석의 행각이 천하에 드러나고 있었다. 김도형은 액셀을 더욱 밟아 금산경찰서를 향해 달렸다.

김도형이 SBS의 A PD와 박 모 기자를 금산경찰서에서 만난 것은, 1월 7일 밤 10시가 다 되어서였다. 그때부터 김도형과 취재진은 밤을 새웠다. 김도형은 미리 챙겨온 산더미 같은 비디오테이프를 취재진에게 제공하고, 일일이 테이프를 확인해 가며 내일 방송을 위하여 편집하기 좋게 정리해 주었다. 새벽 3시, 김도형의 인터뷰가 시작됐다. 김도형은 인터뷰에 앞서 한 가지 조건을 달았다. 내 인터뷰는 절대로 모자이크 처리도 하지 말고, 음성변조도 하지 말라는 것이었다. 내가 정명석 네놈에게 엿먹인다는 사실을 분명히 알려주겠다는 심사였다.

방송을 위한 모든 준비를 마치고 금산경찰서 근처 여관에서 잠자리에 든 건 새벽 5시경이었다. 김도형은 무척 피곤했지만 잠이 오질 않았다. 3~4년간 창고에 틀어박혀 먼지를 뒤집어쓰고 있던 JMS 내부 자료가 드디어 빛을 보게 되는 순간이자, 정명석에게 멋지게 한 방 날릴 역사적인 순간이 다가오고 있었.

잠을 한 숨도 못 이룬 김도형은 아침 일찍 SBS 취재팀과 정명석의 생가가 있는 월명동으로 가서 취재를 하고, 그들과 함께 천안으로 가서 김희선과의 인터뷰도 주선했다. 납치사건이 터져 이미 언론의 보도가 나와서일까, 김희선은 지난번 인터뷰를 요청했을 때와는 달리 반가운 표정으로 선선히 인터뷰에 응해 주었다.

오후 4시, 김희선의 인터뷰를 마치고 또 한 명의 인터뷰를 주선하려 했지만, SBS 8시 뉴스에 보도하려면 시간이 너무 촉박했다. 결국 추가 인터뷰를 포기하고 SBS 취재진은 급히 서울로 출발했다.

김도형은 흐뭇한 마음으로 종일 꺼두었던 핸드폰을 켰다. 핸드폰을 켜자마자 음성메시지 알림이 숨넘어가게 울렸다. MBC 안 기자가 메시지를 다섯 통이나 남긴 것이다. 김도형이 안 기자에게 전화를 거니, 안 기자가 JMS 취재차 방문하는 곳마다 '김도형에게 물어보면 아주 잘 안다.'는 대답을 들었다며 대전에서 기다릴 테니 바로 만나자는 것이었다. 김도형은 당시로서는 거금인 8만 원을 들여 천안에서 택시를 잡아타고 대전으로 달려가, 안 기자를 만났다. 김도형은 정명석의 사진첩 등 가지고 있는 JMS 자료를 넘겨주고 또다시 인터뷰에 응했다. 김도형이 일정을 모두 마쳤을 때는 저녁 7시가 지나 있었다.

1999년 1월 8일, 희대의 사이비 JMS의 자칭 재림예수, 색마교주가 전 국민에게 첫 선을 보이는 역사적인 날이었다. 저녁 8시, SBS 뉴스에서 정명석의 만행이 충격적으로 보도되었고, 잠시 후 9시에는 MBC 뉴스에서 전날 보도와는 비교할 수 없을 만큼 굵직한 사건으로 비중 있게 다뤄졌다.

TV 화면에 대문짝만 하게 나오는 정명석의 얼굴을 본 김도형은 이루 말로 할 수 없이 흐뭇하고 통쾌했다. 지난 4년 여에 걸쳐 이어 온 싸움에서 드디어 한 방을 제대로 날린 것이다. 그동안 김도형이 홀로 계란으로 바위치기를 해 온 거라면, 오늘 그 바위는 뼈아픈 한

방으로 커다란 스크래치 정도는 났다고 할 수 있다.

<1999년 1월 8일 MBC 뉴스데스크>
-협박 전화는 JMS 신도가 김도형의 삐삐에 남긴 저주 메시지

뉴스가 끝나고 불과 몇 분 후, 김도형의 흥분이 채 가라앉기도 전에, 아버지로부터 전화가 걸려왔다.
"너 어디야? 공부하라고 보냈더니, 너 도대체 무슨 짓을 하고 다니는 거냐?"
공중파 방송의 위력은 역시 대단했다. SBS와의 인터뷰에서 김도형이 모자이크와 음성변조를 하지 말라고 요구했기 때문에, 방송에는 김도형의 코 아래쪽 얼굴과 음성변조 없는 목소리가 고스란히 나왔다. 이 방송이 나가자, 대구에 계신 김도형의 외삼촌이 단번에 김도형을 알아보셨고, 즉시 김도형의 어머니에게 전화를 하신 것이다. 아버지의 눈을 피하여 외삼촌의 전화를 받는 어머니의 모습을 수상하게 여긴 아버지가 어머니를 추궁하여, 아버지까지 모든 사태를 파악하게 된 것이다.

 아버지는 김도형과의 전화를 끊고 곧바로 분당 집에서 대전으로 차를 몰고 달려오셨다. 눈이 많이 내리던 날이고 늦은 밤 시간이었지만, '까딱하다간 내 새끼 죽게 생겼다'고 생각하신 아버지는 먼 길을 마다않고 곧장 달려오셨다. 김도형은 아버지 손에 붙들려 유성의 한 호텔로 들어갔다. 아버지는 호텔이 그나마 안전하다고 생각하신 것이다.

 "이 순진한 녀석아. 쓰레기를 치우면 쓰레기 냄새가 나는 것이고, 똥을 치우면 똥물이 튀는 법이야. 그런 것들은 그들만의 세계가 있는 거야. 그런 똥시궁창에 뒹구는 것들을 니가 왜 상관을 해. 정의? 좋지. 그러나 누가 알아주냐? 칭찬은 고사하고 치우는 놈까지 비슷한 놈이라고 손가락질 안 하면 다행인 거야. 괜히 못된 것들에게 해코지나 당하면 어쩌려고. 이 아비는 니가 제발 이 일에 관여하지 말았으면 좋겠다. 니가 뭐가 아쉬워서 너랑 상관도 없는 진흙탕 싸움에 껴. 넌 학자가 될 거잖아. 그걸로 충분히 훌륭해. 속 한번 안 썩이던 녀석이 이게 다 무슨 일이냐."

 "아버지, 죄송합니다. 어차피 사건은 터졌습니다. 이제 더는 안 해요, 맹세합니다. 이미 3사 공중파 방송에 보도가 된 이상 놈들은 저를 함부로 건드리지 못할 거에요. 염려하지 마세요. 진짜 여기까지만 할게요. 이제 방송에 나왔으니 더는 안 할게요."

김도형은 최대한 여유 있는 표정과 몸짓으로 아버지를 안심시켜 드렸다. 사실 뭘 잘못했는지는 잘 몰랐지만, 김도형은 아버지께 밤새 손이 발이 되도록 빌었다.

아버지는 김도형의 노력으로 마음이 좀 놓이셨는지 다음 날 분당 집으로 올라가셨다. 그러나 JMS에 관한 대대적인 보도로 김도형은 정명석 못지않게 유명 인사가 되어 버렸다.

 ## JMS 신도 현직 검사의 협박

아버지의 염려는 현실이 되었다. 시골에서 벌어진 개인적인 납치사건으로 조용히 마무리될 수도 있었던 JMS의 사건은, 김도형의 적극적인 개입으로 인해, 한 사이비 종교단체에 의해 조직적으로 반복되어 온 범죄행각의 일부임이 드러나면서 그 파장은 한층 증폭되었다.

방송이 나간 후로,

"JMS 신도 중에 김도형을 모르는 놈이 없다.", "정말 위험하다. 몸조심해야 한다."는 소식이 곳곳에서 김도형에게 날아들었다.

그 와중에 김도형에게 몸조심하라고 친히 전화를 걸어 준 이가 있었으니, 광주지방검찰청의 현직 검사 이세하였다. 그는 김도형에게 자신의 소속과 신분까지 정확히 밝히며, 이렇게 말했다.

"야, 김도형. 너 명예훼손으로 처벌받고 싶어? 인생 망가지고 싶어?

인생 종 치고 싶지 않으면 조심해." 대한민국 검사시라니 제법 묵직한 협박이었다.

그러나 김도형은 '이게 검사씩이나 돼서 어디 감히 누구한테 협박질이야, 이 새끼가…' 하는 생각이 들어, 얼굴 한 번 본 적 없는 이세하라는 현직 검사를 한 번 손 봐줘야겠다는 생각이 들었다.

며칠 후, 김도형은 대전MBC 안 기자의 안내로, MBC 방송국 내의 스튜디오에서 이세하 검사에게 전화를 걸었다. 그리고, "인생 망가지기 싫으면 조심해라."라는 폭언에 대하여 엄중 항의하였다. 방송국 스튜디오의 장비가 좋다 보니, 통화 내용은 잡음 하나 없이 깨끗하게 녹음되었다. 김도형은 이세하 검사의 협박을 실명 그대로 인터넷에 공개해 버렸다.

후에 김도형이 들은 바로는 이로 인해 이세하 검사가 꽤나 고생을 했다고 한다. 그 소식을 들은 김도형은, 당시에는 아주 조금 미안한 생각도 들었지만, 현직 검사가 일개 사이비 종교 교주의 하수인 노릇이나 하다니, 용납할 수 있는 일이 아니었다. 더욱 용서가 안 되는 것은, 납치사건 보도 직후 JMS에서 구성된 대책위원회의 법률팀에 광주지검의 이세하 검사와 서울지검 남부지청의 김 모 검사가 포함되어 있다는 것이다. 당시 대책회의가 열린 날, 이세하 검사는 연가를 내고 검찰청에 출근하지 않은 것이 확인되었다.

한편, 정명석은 황주연 납치사건이 터지자마자 월명동 뒷산을 넘어 서울로 피신했다. 그걸로도 부족하다 싶었는지, 납치사건 바로 다음 날인 1월 8일에는 허겁지겁 홍콩행 비행기에 올랐다. 8일 저녁, TV 뉴스마다 대문짝만 하게 나온 제 낯짝을 홍콩에서 보긴 보았을까.

 ## JMS의 전화 테러와 방송국의 후퇴

김도형의 제보로 방송된 1월 8일의 JMS 후속 보도 이후 JMS 신도들은 SBS 보도국으로 집중적으로 전화 테러를 가하기 시작했다. SBS 직원 중 JMS 신도인 자가 외부인들은 알 수 없는 사내 전화번호를 교단에 넘겨준 것이다. JMS 교단은 SBS 내부전화번호를 신도들에게 돌리고 일시에 보도국으로 항의 전화를 하도록 지시하였다. 방송국 내의 모든 전화가 1, 2분 간격으로 쉴 새 없이 일제히 울려대자, SBS 보도국은 정상적인 업무가 불가능했다. 광신도들의 인해전술로 SBS 보도국은 사상 초유의 사태를 맞았다.

SBS가 전화 테러로 기가 질릴 즈음, JMS 간부들(부총재 안현구와 그 일당들)이 SBS로 항의 방문을 하였다. 김도형 앞에서, '총재의 성범죄 문제를 내가 해결하겠다. 나를 믿고 잠시만 공격을 자제해 달라'던 안현구가 방송국에 항의하러 온다니, 김도형은 괘씸한 마음에 그들과의 대질을 요청했다. 하지만, SBS 측은 JMS와의 공식적인 만남이기에 그럴 수는 없다고 김도형의 요청을 거절했다.

당시 JMS는 전화 테러를 중지하고 소송도 걸지 않는 대신, 더 이상의 방송을 중단할 것을 SBS에 요구했고, 전화 테러로 업무가 마비된 SBS 보도국장은 그들에게 무릎을 꿇었다. '후속 방송은 하지 않겠으니, 전화 테러를 하지 말아 달라'며 그들과 구두로 합의한 것이다.

밤을 꼬박 새워 취재를 도왔던 김도형은 이와 같은 협상 결과에 기가 막혔다.

'뭐 이런 경우가 다 있나! 제보자가 무슨 지들 껌인 줄 아나?'

전화 테러는 해명도 변명도 아닌 일종의 폭력인데 공중파 방송사가 일개 사이비 종교집단의 폭력행사에 바로 백기를 들다니, 김도형으로선 이해할 수가 없는 일이었다.

 KAIST 비상대책위원회 결성

이세하 검사의 협박에 관한 물증으로 녹취록은 확보하였지만, 아무리 물불 안 가리는 김도형이라도 겁이 안 날 수가 없었다. SBS는 JMS와 합의하였고, JMS는 전화 테러에 방송국까지 방문할 정도니 그리 큰 타격을 입은 것 같지도 않고, 애꿎게도 김도형만 유명해진 것이다. 김도형이 인터넷에 올리는 글은 JMS 신도들의 집중적인 항의로 하루를 넘기지 못하고 삭제 처리되었다. 지난번 경호원의 폭행도 김도형의 자동차번호로 추적하여 찾아와서 벌어진 일이다 보니, 김도형은 당분간 피신하기로 했다. 쓸데없이 설치다가 해 놓은 일도 없이 그놈들에게 린치를 당하기는 싫었다. '린치를 당할 때 당하더라도, 할 일은 해놓고 당해야지.'라고 생각한 김도형은 며칠을 집에도 못 가고 여관을 전전하며 도피생활을 하게 되었다.

그러던 중, 예전에 김도형이 PC통신에 올렸던 진정서를 누군가

KAIST 교내 PC통신망에 올리면서, 이것이 학생들 사이에 이슈로 번지기 시작했다. 그러자 KAIST 내의 JMS 신도들이 이번에는 교내 여론의 관심사를 엉뚱한 곳으로 바꿔 보려고 나름 애를 썼다. 하지만, 이들의 IP 주소를 추적한 한 학생이 'JMS 신도들이 교내 여론을 조작하려고 시도하고 있다.'라고 폭로하며 그 증거를 제시하자, JMS 신도들의 꼼수가 드러나면서 KAIST의 여론은 불난 데 기름을 부은 것처럼 본격적으로 타올랐다.

결국, KAIST 총학생회와 동아리 연합회의 주도로 '김도형 학우 돕기 비상대책위원회'가 결성되었고 후원금이 모금되었다. 김도형은 이런 학생들의 움직임에 힘을 얻어, 정명석에 대한 수사 촉구 서명운동을 벌여 달라고 호소했다. 1999년 2월 초, KAIST 교내 모든 식당에서 대대적으로 JMS에 대한 수사 촉구 서명운동이 벌어졌다. 얼마 후 김도형은 그 서명지를 모아 황주연 납치사건 담당 재판부에 탄원서를 제출하였다. 탄원서 덕분이었는지 불구속 상태에서 재판을 받던 황주연 납치사건의 나머지 두 명의 피고인이 탄원서 접수 바로 다음 기일에 법정 구속되었다.

생각지 못했던 학생들의 성원으로 서명운동은 대성공이었고, SBS와 MBC에서도 취재를 해갔다. 김도형은, 언론이 몸을 사린다면 다른 방향으로라도 보도될 건수를 만들어 줘야겠다고 생각하고, KAIST 총학생회장과 함께 인권운동 사랑방, 천주교정의구현사제단 등 각종 사회단체를 발이 부르트도록 찾아다녔다.

방송금지가처분 소송

　김도형이 후속 보도를 위해 다방면으로 노력하고 있을 때, SBS의 A PD가 보도국에서 '그것이 알고 싶다'로 부서이동을 했다. A PD는 부서를 옮기자마자, JMS 취재에 본격적으로 뛰어들었다. 1월에 처음 납치사건이 보도된 직후 김도형의 주선으로 피해자 인터뷰가 이루어졌고, 그 내용이 SBS 뉴스에 보도되자 방송을 본 피해자들의 추가제보가 SBS로 이어진 것이다. 그 제보들을 바탕으로 A PD가 본격적으로 JMS를 취재하자, JMS가 다시 발악하기 시작했다. 1월 뉴스 보도 직후 전화 테러를 가해서 SBS로부터 더 이상의 방송을 내지 않겠다는 구두 약속을 받았는데, A PD가 다시 취재에 열을 올리자 JMS는 초비상이 걸렸다.

　JMS 측은 A PD의 취재를 막기 위해 법원에 방송금지가처분 소송을 제기했다. 여기서 웃지 못할 해프닝이 있었는데, JMS 측은 방송금지 가처분 신청을 하면서 소송 상대방에 SBS와 더불어 김도형을 함께 넣은 것이다. 그들은 SBS의 취재를 김도형이 뒤에서 조종하는 것이라고 생각한 것이다. 김도형은 그들의 오해가 그다지 기분 나쁘지 않았다. 지난번에는 JMS 지도부들과 SBS의 협상 때 함께 대질을 원했지만, JMS와 SBS와의 공식석상이라는 이유로 배제되어, SBS가 JMS의 전화 테러에 항복하는 합의 결과를 손 놓고 지켜보며 분통을 터뜨려야 했다. 그런데 이번에는 JMS 측에서 김도형을 소송 상대방에 넣어 주었으니, 이는 공식 테이블에 손수 김도형의 좌석을 마련해

준 셈이었다. 김도형은 그 소식에 몸이 근질근질했다. 법정에서 한 방 제대로 먹일 기회가 주어졌다는 생각에 기쁘기까지 했다. 하지도 않은 일로 소송에 휘말리는 것, 사이비 종교집단이 시비 걸어 주는 것을 기뻐하는 게 정상이라고 할 수는 없을 것이다.

그렇게 김도형은 자신도 모르게 JMS 전문 킬러로 전업하고 있었다. 그러나, 재판은 생각보다 길어졌고 자연히 방송도 계속 지연되었다. 방송국의 간부들을 의식한 A PD는 갈수록 초조해졌다. 재판부는 자세한 심리를 위해 증인신문을 하기로 했다. SBS 측 증인은 김도형과 A PD였고, JMS 쪽은 이처녀라는 보고자 한 명과 맹위증이라는 JMS 여자 목사가 나섰다. 보고자란, 전국 각지에 흩어져 있는 정명석의 섹스 파트너를 말한다. 증인으로 나선 보고자는 납치사건의 피해자 황주연이 자신과 함께 그룹섹스를 했다고 지목했던 여성이었다.

그녀들은 증인신문에서 자신들은 절대로 정명석과 성관계를 가진 적이 없으며, 오랫동안 정명석 총재님을 모셔 보았지만 결코 그런 일은 없었다고 주장했다. 당연히 새빨간 거짓말이었다. 정명석의 그룹 섹스는 거의 매일 벌어지는, JMS 내에서는 매우 흔한 일이다. 정명석은 여자들이 모인 침실에서 음담패설 퀴즈를 자주 내는데, 증인으로 나온 맹위증은 그 퀴즈를 가장 잘 맞히는 것으로 유명했다. 김도형은 탈퇴 신도들의 증언으로 그 실상을 훤히 잘 알고 있었다.

두 명의 JMS 여 간부들이 증언을 마치고 이어서 A PD의 증언이 있었다. 그리고 마지막으로 김도형의 차례가 되었다. 김도형은 증인석에 앉는 순간 회심의 미소를 흘렸다. '오냐. 내가 이날을 얼마나 기다렸던가. 한 판 제대로 해보자!'

막 신문을 시작하려 할 때, 재판장이 제동을 걸었다. 시간이 많이 지났다며, 양측 변호사들에게 좀 빨리 끝내자는 이야기를 한 것이다. 그 순간, 김도형에게 도움을 준 것은 JMS 측 변호사였다. JMS 측 안 모 변호사는 재판장에게,

"아닙니다, 재판장님!! 이 사람이 가~자~앙~ 중요한 증인입니다!!!"

라고 외치며 빨리 끝내자는 판사를 만류한 것이다. 안 모 변호사는 눈에 쌍심지를 켜고 작심한 듯 김도형과의 전의를 불태웠다. 이는 김도형이 매우 바라던 바였다.

'오냐, 또 내가 다 조작했다 이거지? 그래, 어디 한 번 해 보자!'

이 병신 같은 JMS 지도부 놈들은 정명석 성추문 관련 뉴스보도 직후 'KAIST 김도형이라는 놈이 전부 조작한 것'이라고 신도들에게 세뇌교육을 시켰었다. 그 때문에 김도형은 더 유명해졌고, 뜻있는 신도들은 개별적으로 김도형을 찾아왔고 진실을 확인한 후 탈퇴하여 김도형을 얼마나 많이 도와주었던가. 어쩌면 김도형의 최대 후원자는 거짓말 잘하는 JMS 간부들 그 자신들이었다!!

예상대로 증인신문을 시작한 지 5분도 채 지나지 않아서 안 모 변호사는 온갖 험악한 인상을 지으며 김도형에게 언성을 높였다.

탈퇴한 JMS 여 목사 김희선의 남편 Y 변호사가 몇 년생이냐는 질문에 "아마 1954, 1955년생쯤 될 겁니다." 답했더니 안 모 변호사는 험악한 인상으로 김도형을 노려보며 "1954년생이잖아요!" 하고 소리를 버럭 지르는 것 아닌가. "아~ 그런가요? 아이구~ 감사합니다. 그런 걸 다 가르쳐 주시고."

자기가 소리를 지르고 윽박지르면 김도형이 좀 위축될 줄 알았던

모양이지만, 천만의 말씀이다. 김도형은 그런 종류의 인격체가 아니다. 안 모 변호사의 증인신문은 제보자 하나하나에 대해 누구는 언제, 어디서, 어떻게, 무슨 체위로 정명석과 성관계를 가졌느냐고 김도형에게 묻는 식이었다. 제보자의 신원을 파악하려는 수작이겠지만, 김도형이 무슨 변태인가? 담당검사도 수사관도 아닌 김도형이 무슨 자격으로, 무슨 이유로 피해자들의 아픈 곳을 꼬치꼬치 물으며 후벼파겠는가.

안 모 변호사의 말도 안 되는 질문에 김도형은 슬슬 짜증이 치밀었지만 참고 있었다. 그런데 어느 순간 안 모 변호사가 김도형의 과거 여자친구인 박지현이 썼다는 확인서를 들이밀었다. 정명석과의 성관계는 사실이 아니라는 내용의 확인서였고 문서의 말미에는 헤어진 애인인 박지현의 이름이 자필로 적혀 있었다.

"여기 이 확인서 이름 보이죠? 이거 당신 애인 필체 맞죠?" JMS의 꼬붕들이 박지현을 찾아가 협박해서 거짓 확인서에 강제로 서명을 받은 것이 분명했다. 그걸 본 김도형은 겨우겨우 눌러 참고 있던 분노가 폭발했다.

"네, 맞네요. 그런데 무슨 놈의 확인서가 온통 워드프로세서로 작성되어 있고 이름과 주민번호만 자필입니까?!!"

"이것 보세요! 주민등록 등본도 있어요!"

"아, 그까짓 등본이야 30원이면 떼는 겁니다!!!"

내용인즉 이랬다.

전날 밤, 김도형이 방송금지 가처분 소송 사건의 증언을 위해 서울로 올라오던 중, 김희선으로부터 다급한 전화가 걸려왔다. JMS 측에서 김희선에게 확인서에 서명을 하라며, 지금 천안으로 내려오고 있다는 것이다. '확인서에 서명을 하지 않으면 너도 법정에 세워 버릴 것이고, 고소할 것이다. 애들도 둘이나 낳고 살면서 괜히 고생할 필요없지 않느냐'는 식의 협박 반, 회유 반이었다.

이 전화를 받은 김도형은 서울로 달리던 차를 즉시 돌려 천안으로 향했다. 학교에 있는 비대위의 친구들에게도 급히 연락했다. 김도형의 전화를 받은 친구들은 기꺼이 천안으로 달려와 주었다. 김도형과 KAIST 친구들은 김희선의 집 근처 카페부터 샅샅이 뒤졌다. 행여 경호원 놈들이 김희선에게 협박을 한다면 죽기 살기로 작살을 내기로 다짐을 하였다. 한참을 뒤지고 다니는데, 김희선으로부터 다시 연락이 왔다. '죽어도 서명 못한다'고 버텨 놈들을 돌려보냈다고 하였다. 너무 고마웠다.

바로 전날 그런 일이 있었는데, 이 못돼 처먹은 것들이 김도형의 헤어진 여자친구에게까지 똑같은 짓을 한 것이다. 이건 김도형이 상상도 못했던 일이다. 감히 박지현을 찾아가 협박을 하고 그따위 거짓 확인서에 서명을 받아오다니.

김도형은 어젯밤 김희선에게 벌어졌던 일을 재판장에게 전부 말했다. 재판장도 사태를 눈치챘는지, 김도형에게 알았다고 고개를 끄덕이며 눈짓으로 표시했다.

신문이 이어졌다. 김도형은 이제 완전히 열이 받은 상태였다.

"박 모 씨는 언제, 어디서, 몇 번이나 어떻게 성관계를 가졌지요?"

"내가 무슨 변탭니까? 피해자에게 그런 걸 물어보게? 설사 피해자에게 이야기를 들었다 한들, 그런 걸 왜 외우고 다닙니까? 변호사님은 그런 변태 짓거리에 관심 많으신가 본데요, 난 그런 거에 관심이 없어서요, 체위까지는 안 물어봤습니다!!"

"증인은 카메라 기자를 몰래 끌고 가서 김희선 씨와 만나 김희선 씨도 모르게 촬영을 했지요?"

"어떤 새끼가 그따위 소리를 합디까? 예?"

이때부터는 증언이 아니었다. JMS 측 안 모 변호사와 김도형이 서로 얼굴이 벌개진 채로 고래고래 소리 지르는 싸움이었다.

오죽하면 상대측 변호사가

"나를 쳐다보지 말고 저쪽(재판장)을 보고 답변하세요."

"변호사님 얼굴이 무슨 용안이라도 됩니까?"

이런 식이었다.

김도형과 JMS 측 변호사가 당장이라도 서로 달려들어 육탄전을 벌일 만큼 살벌하게 설전을 벌이니, SBS 측 여자 변호사는 주눅이 들어 끼어들 엄두도 못 내고 고개만 푹 수그리고 앉아 있었다. 증언을 마친 김도형은 열이 덜 식어 증인석을 내려오고도 한동안 씩씩거렸지만 속이 시원했다. JMS 측 안 모 변호사는 "이 사람이 가장 중요한 증인입니다."라고 했던 만큼 김도형을 정신 못 차릴 정도로 공격하여, 그의 증언에 신빙성이 없음을 입증해 보이고 싶었을 것이다. 그러나 김도형은 진실이고, 안 모 변호사는 어떻게든 김도형이 꾸민 일처럼 몰고 가려고 알량한 거짓말을 하는 것이었으니, 자승자박이 된 것이다. 그 변호사는 김도형 때문에 엄청난 성공보수를 날렸을 것이다. 알려진 바로는 1999년 당시 안 모 변호사의 착수금만 5,000만 원이었다고 한다.

 악다구니 시장 싸움 같았던 증인신문이 끝나고, 1주일쯤 후 판결 선고가 났다. 법원은 정명석의 성추문 관련 SBS의 보도에 대하여, JMS 측의 주장이 전부 이유 없다는 취지로 방송금지 가처분 사건의 JMS 신청을 기각했다. JMS의 완벽한 패소였다. 김도형의 진실이 이긴 것이다.

 당시 같은 재판부에서는 만민중앙교회에 관한 방송금지가처분 소송도 함께 진행되고 있었다. 만민교회 역시 사이비 종교로 교주 이재록이 정명석과 똑같은 짓을 하고 있었기 때문에, 두 방송의 내용도 매우 유사했다. 그러나, 그 재판에서는 교주 이재록의 성추문에 관한 내용은 일체 방송에 내보낼 수 없는 '일부 승소' 판결이 났다.

 그 소식을 접한 김도형은, 정명석에 관해서 그와 같은 판결이 나지 않은 것이 다행스러워 가슴을 쓸어내리는 한편, 자신의 증언이 SBS의 '전부 승소'라는 결과에 일조한 것 같아 뿌듯했던 것이 사실이다. SBS는 JMS의 범죄 규모와 전말을 누구보다 잘 알고 있던 김도형의 열정적인 증언에 힘입어, 정명석의 성 행각을 포함하여 취재한 방송 내용을 어떠한 제재도 없이 전부 내보낼 수 있게 되었다.

 SBS는 판결 선고가 나자마자 JMS 관련 '그것이 알고 싶다' 방송의 예고편을 대대적으로 내보내기 시작했다. SBS도 그간 JMS의 전화테러로 맺힌 게 많았는지 'JMS 너희 한 번 당해 봐라' 하는 듯, 하루에 자그마치 30편의 예고를 내보냈으니 그야말로 도배를 하는 셈이었다. 황금시간대에도 희대의 색마교주 정명석의 얼굴이 쉴 새 없이 방송을 탔다. 더불어 SBS 노조는 성명을 발표하였는데 그 제목은 이랬다.

"궤멸의 늪에 빠진 사이비 교단이 녹슨 창을 꼬나들었다. 오호 통재라."

김도형은 온몸의 말초신경까지 짜릿해지는 희열을 느꼈다.

 '그것이 알고 싶다' 방영

SBS '그것이 알고 싶다'에 '구원의 문인가, 타락의 덫인가-JMS' 편이 방송되던 1999년 3월 21일! 방송이 나오기까지 여러모로 함께 해준 친구들은 김도형에게 축배를 들며 방송을 함께 보자고 했지만, 김도형은 그럴 수가 없었다. 김도형은 예고편을 보면서 이미 울어버렸기에. 김도형은 친구들의 청을 사양하고, 맥주를 한 박스 사들고 여관으로 들어가 혼자 축배를 들며 방송을 즐겼다. 하루에 30번, 도배를 하다시피 자극적인 예고편을 며칠 동안 내보낸 덕에 '그것이 알고 싶다-구원의 문인가 타락의 덫인가, JMS' 방송은 기록적인 시청률을 기록했다.

이날 방송에서는 최근 뉴스에 보도되었던 납치사건의 피해자를 비롯하여 JMS를 탈퇴한 여 신도들의 인터뷰를 통해 정명석의 성문제를 자세히 다뤘다. 그리고 대학 동아리를 중심으로 한 포교활동과 교주의 신격화 문제, 교리의 특성과 앵벌이 문제 등 JMS의 정체

와 그곳을 둘러싼 다양한 문제들을 심도 있게 파헤쳤다.

이렇게 SBS의 '그것이 알고 싶다'를 통해 1999년 3월, JMS의 악행이 일부나마 세상에 폭로되었고, JMS는 꽤 치명적인 타격을 입게 되었다. 하지만 방송은 JMS의 실상에 비하면 10분의 1도 밝히지 못했다. 그것은 방송국이나 PD의 능력 탓이 아니다. 김도형이 확인한 JMS의 실상은 방송에서 차마 다루지 못할 정도로 변태스럽고 엽기적이다. JMS에는 이 지면을 통해서도 차마 다룰 수 없을 만큼 더럽고 추잡한 일들이 비일비재했다. 일반인이 들으면 그야말로 기절초풍할 일들이다.

김도형의 적극적인 협조로 SBS 방송은 무사히 방영되었으나, 김도형은 이 방송 직후, 정명석으로부터 1억 원의 손해배상 소송을 당하였다. 김도형의 허위사실적시에 의해 정명석의 명예가 훼손되었다는 것이다. 김도형은 새해 벽두에 터진 황 양 납치사건 이후, 급박하게 돌아가는 주변 상황에 대처하기 위하여 생계수단이던 과외를 모두 그만두었다. 아니, 정확히 말하면 잘렸다는 표현이 옳다. 그리고 몸이 열 개라도 부족할 만큼 서울, 대전, 대구, 부산 등등 정명석의 피해자가 존재하는 전국방방곡곡을 돌아다니느라 생활비가 부족해 현금서비스를 받아 근근이 생활하는 처지였는데 억대 소송을 당한 것이다.

김도형은 당장 변호사 비용을 마련할 일이 막막했다. 그렇다고 그들이 걸어 온 소송에 대응을 안 할 수도 없었다. 김도형은 1,000만 원짜리 마이너스 통장을 만든 후, 전남 광주의 주O수 변호사를 찾아갔다. 주O수 변호사는 사건을 맡아 달라는 김도형의 부탁에 "이 나이에 그런 위험한 일을 해야 하나." 하며 망설였지만, 결국엔 수락하였다.

SBS '그것이 알고 싶다'의 담당 A PD는 방송 후 회사에서 포상으로 보내준 해외여행을 다녀오고, 연말에는 PD연합회로부터 '올해의 PD상'까지 받았다. 그런데 김도형은 그 방송에 도움을 주었다는 이유로 소송을 당해서, 돈 걱정을 하며 변호사를 구하러 다니는 처지가 되었으니, 세상사 참 얄궂다. 그러나 김도형이 무슨 상을 바라고 '타도 정명석'을 외친 것이 아니었으니 후회는 없었다.

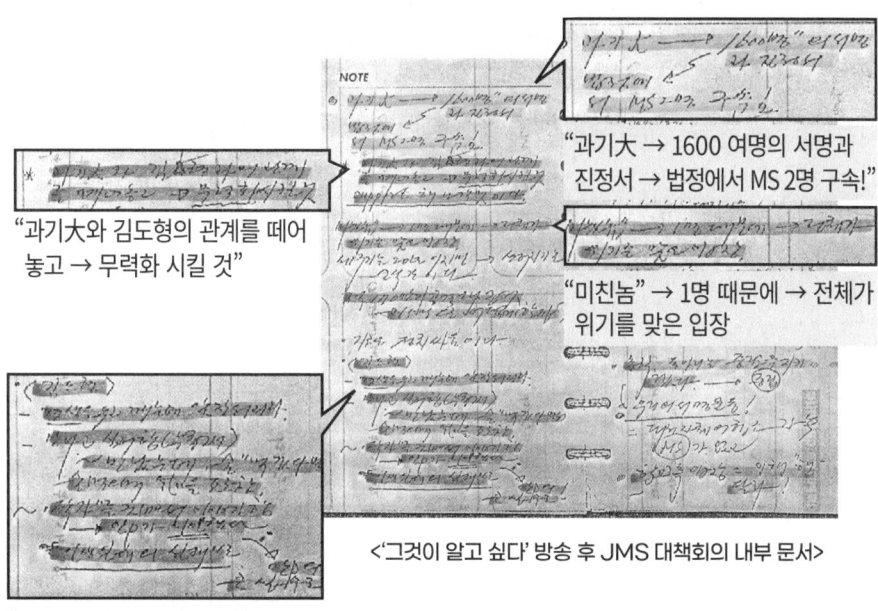

<그것이 알고 싶다' 방송 후 JMS 대책회의 내부 문서>

"<김도형>
- 평생을 두고 깨는데 앞장서리라
- 탁자를 치면서 이야기함 → 안P 가 시인함 →
  안P의 큰 실수! (안P는 안현구 목사를 말함)"

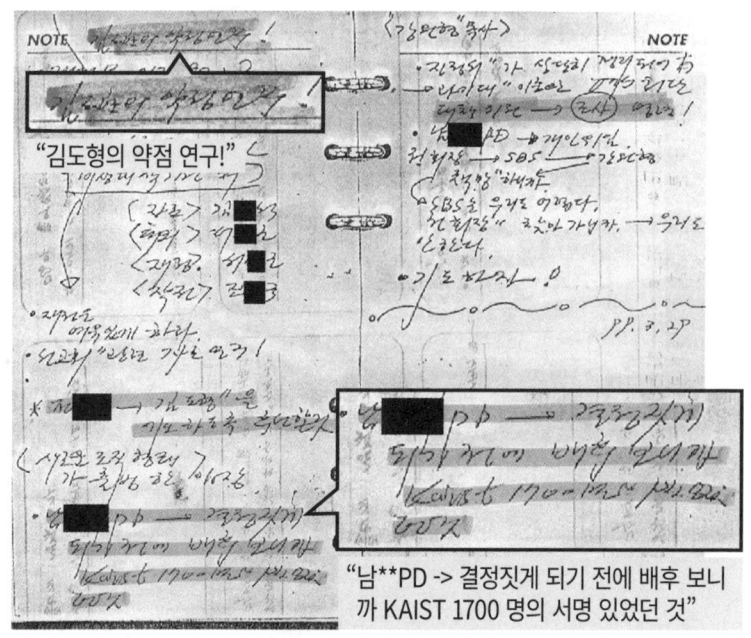

<‘그것이 알고 싶다’ 방송 후 JMS 대책회의 내부 문서>

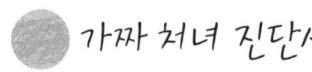 가짜 처녀 진단서

방송금지가처분 소송에서 JMS 측 증인으로 나왔던 보고자 이처녀와 여자 목사 맹위증은 정명석의 성 행각을 부인하기 위해 당연히 위증을 했는데, 그 뒷이야기가 참으로 기가 막힌다. JMS의 추잡한 실체가 드러나면서 두 여자는 김도형이 운영하는 반JMS 사이트의 게시판에서 유명해졌다.

경찰 출동으로 납치현장에서 극적으로 구조된 황주연도 JMS의 보고자였다. 그녀는 수사과정에서 JMS의 구중궁궐 비밀이었던 정명석의 성 행각을 그대로 폭로하였으니, JMS 신도가 아닌 수사관들에게는 실로 충격이었다. 황주연의 진술 내용이 너무 엽기적이어서, 이를 믿기 어려웠던 수사관은 황주연에게 정명석의 성폭행에 관한 증인이 있느냐고 물었다. 통상적인 성범죄는 증인이 있을 수 없지만, 정명석은 그룹섹스를 주로 즐겼기 때문에 증인이 존재했다. 이때 황주연이 지목한 그룹섹스 동료가 바로 이처녀이다.

이처녀가 금산경찰서로 불려나왔다. 그녀는 황주연의 진술이 거짓말이라며, 자신은 그룹섹스는커녕 남자와의 성관계 경험이 전혀 없는 '숫처녀'라고 억울함을 호소했다. 그녀는 자신의 처녀성을 입증하겠다며, 경희대학교 부속 병원의 산부인과 과장 이 모 교수로부터 발급받은 '처녀진단서'를 증거로 제출하였다. 그러나 그 진단서는 당연히 가짜였다.

이름도 해괴한 '처녀진단서'가 만들어진 경위는 이랬다.

언론에 불거진 정명석 성추문을 어떻게든 덮어야 하는 JMS의 간부들은, 논의 끝에 피해자 황주연으로부터 그룹섹스 동료로 지목받은 이처녀의 찢어진 처녀막을 재생하기로 공모했다. 이처녀는 간부들의 추천에 따라 서울 영등포의 **병원 산부인과 과장 진 모로부터 비밀리에 처녀막 재생수술을 받았다. 산부인과 전문의인 진 모는 평소 정명석과의 성관계로 임신한 여 신도들의 낙태 및 성병 치료를 도맡아 하던 JMS 신도였다.

이렇게 재생한 처녀막을 장착한 이처녀는 이 사건과 무관한 경희

대학교 병원을 찾아가서 산부인과 의사에게 애원했다.

"막무가내로 저를 쫓아다니는 스토커에게 시달리고 있어요. 좋은 남자를 만나서 결혼하려고 하는데, 시댁으로부터 그 스토커와의 관계를 의심받고 있어요. 이건 제 인생이 걸린 문제예요. 저의 온전한 처녀막을 한 번만 봐 주세요."라고 울며불며 사정하였다. 이 사정을 딱하게 여긴 의사는 '처녀막이 온전히 관찰되는 것으로 보아 처녀(Virgin)로 사료됨'이라는 소견이 담긴, 이름하여 '처녀진단서'를 발급해 준 것이다.

그녀는 그렇게 발급받은 진단서를 들고 경찰서에 출두하여 신나게 지껄여대기 시작했다.

"이 진단서를 보아라~ 나는 숫처녀다. 고로 납치 피해자 황주연의 '이처녀와 그룹섹스를 했다.'라는 진술은 새빨간 거짓이다."라고 주장을 하며 그 증거로 진단서를 제출했을 뿐 아니라, 방송금지가처분소송의 재판부에도 증거로 제출하고, 가처분 소송의 증인으로까지 출석하였다. 물론, 진단서를 발급한 의사는 그 서류가 이렇게 사용되리라고는 상상조차 못했을 것이다.

그게 다가 아니었다. JMS는 그 낯부끄러운 처녀진단서를 가지고 SBS를 상대로 10억, 납치 피해자 황주연을 상대로 10억, 김도형을 상대로 1억 원의 손해배상청구소송에까지 알뜰하게도 써먹었다. 그러나 후에 처녀진단서가 거짓으로 들통나면서 손해배상 소송은 모두 취하되었다. 이것이 JMS 교단과 신도들의 이중적인 실체이다.

두 번째 위증자인 맹위증은 이화여자대학교 **학과 90년대 학번이다. 맹위증은 흔히 말하는 청순가련형의 참한 외모를 가진 여성이었는데, JMS 광신도로서 그녀의 모습은 반전, 그 자체였다. 그녀는 여고시절 JMS에 전도되었다가 정명석의 성추문을 알고 탈퇴를 했다고 알려져 있다. 그러나 대학에 입학하면서 무슨 사연인지 다시 JMS에 들어가 오히려 믿음이 강해졌고, 아버지뻘 되는 정명석의 적극적인 섹스 파트너가 되어, 그룹섹스를 할 때 다른 사람들에게 시범을 보이는 일명 '섹스조교'가 된 것이다.

'그것이 알고 싶다'에서 JMS에 관해 방송이 나가자, 그간 말 못할 상처를 가슴에 품고 숨어 살던 JMS 탈퇴 신도들이 김도형에게 연락을 해왔다. 그중에는 맹위증과 그룹섹스에 동참했던 여성들도 여럿 있었다. 서울대 출신의 탈퇴 신도였던 한 목격자는, 너무 참해 보이는 맹위증이 정명석의 배 위에 올라가 섹스하는 장면을 보고는 "세상에서 말하는 '낮에는 요조숙녀, 밤에는 요부'란 바로 저런 애를 두고 하는 말이구나." 하고 감탄했다며 맹위증의 유두가 함몰유두라는 사실까지도 증언하였다. 한 모라는 또 다른 여성도 맹위증이 정명석과 섹스하는 것을 자기 눈으로 직접 보았다고 증언하였다. 맹위증 본인은 정명석과 그런 일이 절대 없다고 증언하였으나, 그녀가 정명석과 성관계를 갖는 모습을 직접 목격한 증인들이 속속 나타나자 얼마 후 맹위증의 증언이 거짓임이 법원 판결로 드러나게 된다.

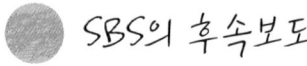 SBS의 후속보도

황주연 납치사건이 발생하고 바로 다음 날, 정명석은 홍콩으로 도피했고, 뒤에 남은 그의 심복들은 대책위원회를 만들어 사태 수습 및 반격에 나섰다. 대책위의 수장은 JMS 부총재 안현구였다.

교주가 해외로 도피했는데도, SBS의 방송이 계속 터지고 사태가 좀처럼 진정될 기미가 안 보이자, 정명석의 친형제들이 교단 내부의 일에 관여하기 시작했다. 궁지에 몰린 정명석은 어려울 때 믿을 것은 피를 나눈 형제뿐이라고 생각했는지, 직접 심복들에게 전화를 걸어서, 자기 큰 형인 정I석을 중심으로 이 난관을 극복하라고 지시를 내렸다. 정I석은 JMS와 상관없는 일반 교회에서 목회를 하던 목사이다. 대책위의 핵심 수장으로 골머리를 앓아가며 사태 수습에 앞장서 온 안현구는, 갑자기 등장한 정명석의 형제들과 갈등을 빚게 되었고, 이러한 정명석의 조치에 배신감을 느끼게 되었다.

JMS의 2인자로 20년간 정명석의 온갖 뒤치다꺼리에 청춘을 바쳤던 안현구는 정명석의 형제들이 실세로 떠오르자, 정명석과의 결별을 결심하고는 우습게도 김도형에게 연락을 해오게 되니, 김도형이 팔자에도 없던 특수강도가 되는 사연은 이렇게 시작이 된다.

1999년 7월, 김도형은 안현구 측의 요청을 받고, 안현구의 아내이자 JMS 목사인 김희태와 만나게 되었다. 김희태는 김도형에게, 안현구가 양심선언을 하고 JMS를 탈퇴할 것이라면서, 정명석의 실체를 알리는 언론보도가 다시 한 번 나갈 수 있도록 도와달라고 요청했다. 언론이 한 번만 더 터지면 그것을 빌미로 양심선언을 하고 JMS를 탈퇴하겠다는 것이었다. 그러나, 김도형은 안현구를 신뢰하지 않고 있었기에 김희태에게 안현구 명의의 각서를 요구했다. 그녀는 그런 김도형에게 안현구의 결심이 확고하다는 것을 보여 주기 위하여 정명석을 처벌해 달라는 JMS 교역자 7명과 자신의 서명이 담긴 진정서를 건네주었다. 그 진정서에는 평소 정명석이 '내 목표는 1만 명 강간'이라고 심복들에게 말했다는 내용이 포함되어 있었으니 무덤 속의 의자왕이 통곡을 할 일이다. 또한 김희태는 정명석이 현재 홍콩의 한 호텔에 머물고 있다는 정보도 김도형에게 전해주었다.

SBS 취재진은 그날 당장 카메라를 들고 홍콩으로 날아가 정명석이 묵고 있다는 호텔을 찾아갔다. SBS 취재진은 그 호텔 커피숍에 앉아 있는 정명석을 어렵지 않게 발견했다. 취재진이 다짜고짜 카메라를 들이밀자, 깜짝 놀란 정명석은 "아, 인터뷰 나중에 해 줄게." 하더니 방송국 카메라를 손으로 밀치고는 자리에서 일어나 냅다 도망치기 시작했다. 그 모습이 고스란히 카메라에 잡혀 1999년 7월에 SBS '그것이 알고 싶다-JMS 그 후'라는 제목의 후속편 방송이 나갔으니, JMS는 또다시 직격탄을 맞게 된다.

김희태가 전해준 정명석의 위치 정보는 사실이었으나, 이번에도 안현구가 약속했던 양심선언이나 탈퇴는 없었다. 나중에 알고 보니 안현구가 김도형에게 정명석에 대한 정보를 넘겨준 것은, JMS 내에서 불안했던 자신의 입지를 다지고, 세를 규합하기 위함이었다. 안현구는 또다시 신뢰를 저버린 것이다. 김도형은 안현구가 약속을 어기자 기다렸다는 듯이 '안현구, 너도 이제 엿 맛나게 처먹어 봐라'는 심정으로 김희태에게서 받은 JMS 교역자들의 진정서를 망설임 없이 인터넷에 올렸다. JMS 부총재인 안현구의 처 그리고 심복들의 명의로 "정명석을 처벌해 달라. 정명석은 '1만 명 강간이 목표'라고 말해 왔다."는 내용의 진정서가 김도형이 운영하는 반JMS 사이트에 오르자, JMS 광신도들은 안현구의 집으로 쳐들어가는 등 소동을 벌여, 안현구가 JMS 신도들에게 호되게 시달렸다는 후문이 들려왔다. 이제 김도형은 안현구에게 눈곱만큼도 미안하거나, 그가 불쌍하게 느껴지지 않았으며 "엿 맛나게 처드세요."라는 심정으로 마냥 통쾌하기만 했다.

JMS와의 합의

1999년 9월. JMS와 김도형이 맞고소로 제대로 한 판 붙었다. JMS 신도 20여 명이 김도형 및 반JMS 활동을 함께 하던 네티즌 20여 명을 명예훼손 등의 혐의로 형사고소를 한 것이다. 이에 김도형도 정명석과 6명의 JMS 신도를 협박, 사문서 위조, 명예훼손 등의 혐의로 즉각 형사고소를 했다. 이후 김도형은 신도들의 크고 작은 명예훼손 고소로 수없이 시달렸지만, 그런 것들은 일상적인 국지전이라 치고, 몇 년 후 다시 붙은 대대적인 맞고소 사건과 구분하기 위해 이번 소송을 '1차대전'이라고 부르기로 한다.

JMS 측은 '그것이 알고 싶다'의 방송 열기가 한풀 꺾였는데도, 김도형의 반JMS 사이트 때문에 언론이 끊임없이 떠들어 대고 있으니,

김도형을 상대로 형사고소를 해서 반JMS 사이트를 폐쇄시키면 잠잠해질 것이라고 생각하고 싸움을 걸어온 것이었다. 그러나 그들이 원하는 대로 흘러가도록 구경만 할 김도형이 아니었으니, 이에 맞고소로 대응하면서 1차대전이 발발하게 된다.

김도형은 그들이 고소한 사건으로 조사를 받을 때마다 이런 식이었다.

형사 : 김도형 씨, 당신이 '정명석은 수많은 여성을 강간하는 사이비 교주', '미친놈', '때려 죽여도 시원찮을 놈', '개새끼', '색마새끼'라는 내용을 포함한 글을 작성하여 인터넷에 올렸나요?(형사는 이렇게 질문하며 김도형이 쓴 글을 김도형 앞에 내밀며 보여 준다.)

김도형 : 글쎄요, 쓴 것 같기도 하고, 아닌 것 같기도 하고… 기억이 나지 않습니다만… 정명석과 대질을 하면 기억이 날 것 같습니다.

형사 : 김도형 씨, 당신이 '정명석의 친동생 정B석도 여 신도를 성폭행한다'는 취지의 글을 작성하여 인터넷에 올렸나요?

김도형 : 글쎄요, 그게 제가 쓴 글인 것 같기도 하고 아닌 것 같기도 하고… 그런데 정명석하고 대질을 하면 기억이 날 것 같습니다.

형사 : 김도형 씨, 당신이 '정명석은 여 신도들과 집단적으로 성관계를 가지며 자매들과 동시에 그룹섹스를 한다', '정명석은 성병 환자이다'라는 취지의 글을 올렸나요?

김도형 : 기억이 날 동 말 동 합니다만, 정명석과의 대질이 저의 기억을 일깨워줄 것 같습니다.

이런 식으로 조사를 받은 김도형은 같이 고소를 당한 사람들에게도 동일하게 대응하라고 선동했다. 당사자인 정명석이 이미 해외로 도피하고 없는 마당에, 제3자인 변호사를 내세워 "나는 그룹섹스한 적 없다.", "나는 강간한 적 없다."는 취지로 고소를 해대고 있으니, 김도형은 맞서 싸울 가치도 없다고 판단했다. 이런 식으로 진행되던 명예훼손 사건의 수사가 '사실적시'냐, '허위사실적시'냐의 문제로 진전되어갈 때쯤 JMS 측 고소대리인 정기만과 김도형의 대질 신문이 있었다. 김도형은 결정적인 한 방을 위해 그동안 수집된 증거들을 아끼고 있었다. 김도형은 정기만과의 대질 신문 때 그 한방을 한꺼번에 터뜨렸다.

그중 하나는 명예훼손 사건의 고소인 중 한 명인 JMS 여자 목사가 신도들과 나눈 대화를 녹음한 녹취록이었다. 그 여자 목사는 "우리 선생님은 결백하고, 우린 그룹섹스한 적 없다. 전부 김도형이 지어 낸 모함이다."라고 김도형을 고소한 사건에서 고소인 조사까지 마친 고소인 중 한 명이었다. 그런데 김도형이 제출한 녹취록에서 그 여자 목사는 "우리 선생님(정명석)이 을순이랑 섹스를 했어. (중략) 우리도 처녀막 재생 수술을 하자. (중략) 정B석(정명석의 동생) 목사님이 샤워하면서 미국 여 신도들도 건드렸대."라는 등 JMS의 고급 비밀을 자기들끼리 적나라하게 이야기하고 있었으니, 그녀가 당했다는 명예훼손은 최소한 '허위사실적시'가 아닌 '사실적시'임이 명백해진 것이다. 그들은 김도형이 이러한 녹취록을 가지고 있을 줄은 상상도 하지 못했다.

그 밖에도 김도형은 안현구의 처 김희태가 김도형에게 넘겼던 '정명석은 1만 명 강간이 목표'라고 했다는 진정서와 '황주연 납치사건'

당시 JMS대책회의 회의록까지 증거로 제출하였다. 김도형이 이러한 증거들을 들이대자, 정기만은 얼굴이 벌개져서는 아무런 대꾸도 하지 못했다.

한편 정B석은 "정명석의 친동생 정B석 또한 여 신도를 농락한다."는 취지의 글을 올린 김도형에 대해 "나는 여 신도를 농락한 적이 없다."라며 '허위사실적시 명예훼손'으로 고소하였다. 하지만, 김도형이 제출한 녹취서에는 JMS 간부인 여자가 "언니, 정B석 목사님은 선생님(정명석)이 여 신도들과의 성관계를 허락하신 거야?", "미국 여 신도인 메리를 정B석 목사님이 건드렸대. 같이 목욕까지 했다는 거야.", "그리고 병순이, 정순이, 무순이도 건드렸대. 아유 정말~"이라고 말하는 내용이 있었다. JMS 교리 상 성 행각은 재림예수 고유 권한이고, 재림예수의 동생까지는 설명이 되지 않는 일이다 보니, 정명석의 섹스파트너인 여자 목사들은 자기들끼리 의문투성이인 정B석의 성 행각에 관해 답 없는 질문들을 주거니 받거니 하고 있었다.

또한 '나는 정명석과 성관계를 한 적이 없는데, 김도형 때문에 명예가 훼손되었다'며 김도형을 고소한 JMS 여자 간부는 녹취서에서 "대한항공 스튜어디스인 기순이 알지? 걔는 하와이에서 선생님과 의자에서 앉은 체위로 섹스를 하더라."라고 구체적으로 수군대고 있었다. 이러한 녹취서의 내용을 밝히는 김도형으로 인해서 JMS의 이중적 실체가 고스란히 드러나자, 정기만은 귀밑까지 빨개지며 할 말을 잃었다.

김도형은 기세등등하게 이렇게 말했다.

"이 쌍년들, 그리고 정명석의 동생 정B석을 전부 불러서 다시 조사해 주십시오. 정명석과 성관계한 적이 없다고 나를 고소까지 한 계집들이 왜 자기들끼리 있을 때는 이따위 말을 주고받는지, 그 이유를 밝혀주시기 바랍니다. 고문을 해서라도~!!"

대질 신문 며칠 후, 마침내 그들은 백기를 들었다. 김도형에게 돈을 줄 테니 합의를 하자고 제안하는 것이었다. 김도형 때문에 자신들의 거짓말이 모두 들통났고, 결국 정명석과 그의 동생 정B석이 강간범이라는 사실이 만천하에 드러나게 생겼으니, 자신들이 고소를 취하하겠다고 먼저 제안한 것이다.

정명석의 친형 정I석 목사가 김도형에게 만나자고 연락을 해왔다. 그는 정통교단에서 안수를 받은 목사인데, 동생의 문제가 갈수록 심각해지자 해결을 하려고 연락한 것이다.

김도형과 만난 자리에서, 그는 정중하게 말했다.

"김도형 군이 좋은 뜻으로 이 활동을 시작한 것으로 알고 있습니다. 그러나 내가 보기에는 김도형 군이 너무 많은 피해를 입었어요. 여기 이것 좀 보세요. 이게 정명석의 반성문입니다. 내가 유럽까지 가서 정명석에게 직접 받아온 반성문입니다. 내가 목사의 양심을 걸고 JMS를 뜯어 고치겠습니다. 김도형 군이 입은 피해를 생각하면, 내 마음이 아파요. 그리고 김도형 군이 돈을 목적으로 한 것이 아니라는 것을 누구보다 잘 압니다. 다만 내가 마음이 아파 권하는 것이니, 피해배상을 받아줘요. 결심이 서면 연락을 주세요."

당시는 SBS 방송으로 세간의 관심이 몰린 상황이라 김도형이 인터넷에 폭로한 글을 읽고 정명석의 성 행각에 분개한 일반 사람들, 정명석의 실체를 깨닫고 JMS를 탈퇴한 신도들, 그리고 탈퇴한 지 오래되고도 실체를 제대로 몰라 오락가락 하던 탈퇴 신도들까지 꽤 많은 사람들이 모여들어 '엑소더스'라는 이름으로 단체가 형성되는 중이었다. 그중에서 JMS 탈퇴 신도인 변호사 C를 중심으로 몇몇 사람들이 모여 정명석과 JMS를 상대로 민·형사상 소송을 제기하기 위해 극비리에 준비 중이었다. 이런 사실을 전혀 몰랐던 JMS 측은 김도형만 막으면 될 것으로 알고 이런 합의를 제안한 것이다.

김도형은 정I석의 제안에 관해서 엑소더스 회원들과 상의했다. 정명석은 해외 도피 중이라 국내에 없었고, JMS가 방송으로 타격을 입긴 했지만, 대중은 금방 잊을 것이고, 아직 JMS는 건재했다. 김도형은 정명석이 처벌받기 전에는 절대 그만 둘 수 없다는 생각에 변함이 없었다. 그런 김도형에게 C 변호사는 말했다.

"김도형 씨, 지금까지 홀로 고생해서 JMS 문제가 이렇게까지 공론화됐습니다. 그동안 김도형 씨가 정말 고생이 많았습니다. 이제는 저것들을 법적으로 처단해야 할 단계에 왔습니다. 그건 제가 하겠습니다. 김도형 씨는 합의를 보세요. 정명석을 상대로 피해자들이 민사 소송을 하는 것은 시간이 오래 걸리고 돈도 꽤 많이 필요합니다. 김도형 씨는 합의금을 받아서 우리 소송에 경제적인 지원을 해 주십시오. 그리고 합의금은 최대한 많이 받아내세요. 당신이 받는 돈이 이후 다른 피해자들의 피해배상액의 기준이 될 테니까요. 정명석의 법적 처벌은 이제 변호사인 제가 마무리 짓겠습니다."

김도형은 고민했다. 지난 수년간 한이 맺힐 정도로 싸운 집단으로부터 돈을 받고 싸움을 그만둔다는 것이 전혀 내키지 않았다. 그런데 C 변호사의 말에 일리가 있었다. 그는 법률전문가로서 합의를 권하고 있고, 본격적으로 소송이 시작된다면 비전문가인 김도형이 쫓아다니기엔 역부족일 것이다. C 변호사 말대로 소송 비용도 필요했다.

그러던 어느 날, 합의를 하지 않고 미루는 김도형에게 C 변호사는 "김도형 씨, 나는 소송 준비가 다 끝났습니다. 당신의 합의가 늦어지니 소장 접수를 못하고 있어요. 빨리 합의를 보고 마무리하세요."라고 재촉하였다.

C 변호사의 설득으로 결국 김도형은 JMS와 합의를 결심하게 되었다. JMS로부터 1억 4천만 원을 받고 상호간에 제기된 모든 민형사상의 소송을 취하하고, 더 이상 서로 일체의 문제를 제기하지 말자는 데 합의했다.

김도형은 JMS로부터 받은 합의금으로 정명석을 상대로 벌이는 소송에 필요한 자금을 지원하기로 했다. 그리고 당시 KAIST 내 서버에 세들어 있던 반JMS 사이트를 독립적으로 운영하기 위해 서버를 구입해서 사이트를 새로 단장하였다. 본격적인 소송이 시작되면 사람들이 더 많이 접속할 것이므로 넉넉한 용량이 필요했고, 누구의 간섭이나 제재 없이 엑소더스 단체가 주체적으로 관리할 수 있게 재정비하였다. 정명석의 돈으로 정명석의 목을 치는 격이었다. 또한, 김도형은 C 변호사와 피해자들이 활동할 수 있는 공간으로 오피스텔의 임대비용도 지불하기로 했고, 그렇게 정명석을 처단하기 위한 활동은 계속되었다.

한편, 합의 과정에서 JMS 측은 자신들이 작성해 온 '반성문'이라는 제목의 서류를 공증해 달라고 김도형에게 요청했다. JMS는 김도형을 고소했던 사건이 무고로 걸리게 되었다며, 이를 무마하려면 김도형의 반성문이 반드시 필요하다고 하였다. 김도형은 C 변호사로부터 법률 조언을 구해서, "김도형이 공증한 반성문은 김도형 관련된 사건을 무마하는 데에만 사용하며, 그 외에는 다른 어떠한 용도로도 사용하지 않겠다."는 내용의 서약서를 작성해서, JMS 측 대표 두 사람으로부터 자필 서명을 받았다.

'내가 어머니의 아들이 아니고 하늘에서 떨어진 놈이라는 내용의 진술서를 공증한다고 해서 내가 재림예수가 되는 것이 아니니 무슨 의미가 있겠는가. 어차피 합의 후에는 C 변호사를 중심으로 법적 대응에 들어갈 것이고, 내가 전면에 나설 일이 없으니 문제 될 게 없다'라는 판단에서였다.

그렇게 김도형과 JMS 사이에 합의가 성사되었고, 합의 직후 계획한 대로 C 변호사와 2명의 여성이 정식으로 정명석을 성폭행의 혐의로 형사고소를 하며, 민사소송도 함께 제기하였다. 이러한 고소 내용이 1999년 12월 'SBS 그것이 알고 싶다 연말특집' 방송으로 나갔으니, JMS는 김도형과의 합의로 해결될 일이 아니었음을 깨닫고 통탄했을 것이다. 김도형이 소송에 자금을 대고 여전히 깊숙이 개입하고 있었지만, 소송의 전면에는 C 변호사가 나서서 진행하였으므로, 김도형의 합의 조건에는 문제 될 것이 없었다.

다시 깃발을 들다

　소송을 시작한 지 몇 달도 되지 않아 소송을 맡았던 C 변호사에게 문제가 생겼다. C 변호사 개인적인 문제로 도저히 소송을 진행할 수 없는 상황에 처하고 만 것이다. 몇 달 동안 진행해 온 소송이 전부 무위로 돌아갈 위기에 처했다. 김도형의 합의 중 가장 중요한 조건 중 하나가 김도형과 JMS 상호간의 적대적 관계 청산이었기 때문에, 김도형은 JMS를 상대로 하는 싸움에서는 손발이 묶인 셈이었다.

　김도형은 또다시 선택의 기로에 서게 되었다. 정명석을 처벌받게 하려면 합의 조건을 무시하고 김도형이 나서서 소송을 이어 가야 하고, 그게 아니면 JMS가 기사회생하는 꼴을 두 손 놓고 지켜봐야 한다. 어느 쪽도 쉬운 결정은 아니었지만, 김도형은 고민을 오래하는 성격이 아니다. 선택의 여지가 없었다. 합의는 백보 전진을 위한 일보 후퇴였을 뿐, 임전무퇴의 정신은 변함이 없다. 극악무도한 JMS의 그 누구도 아무런 처벌을 받지 않았다. 김도형은 무슨 일이 있더라도 JMS가 다시 기가 살아 나대는 꼴을 두고 볼 수는 없었다.

　짧은 고민이 끝나자, 김도형은 아예 작정을 하고 곧바로 행동에 옮겼다. JMS로부터 1억 4천만 원을 받은 사실을 스스로 인터넷에 공개하고 수표번호까지 올렸다. 김도형은 다시 전면에 나서서 JMS와의 전쟁을 선포했고, 그 신호탄으로 반JMS 단체인 '엑소더스'의 회장에 취임하였다. 합의서에 잉크도 마르기 전에 김도형이 반JMS 단체의 회장으로 나서자 JMS는 발칵 뒤집혔다. JMS는 김도형을 흠집 내기 위해 '반성문'을 공개하기 시작했다. 그들도 서약을 깬 것이다.

JMS는 '김도형이 돈을 목적으로 JMS를 모함하는 것이다'라고 공격해 왔다. 김도형은 눈도 깜짝하지 않았다. 그는 떳떳했다. 김도형이 돈이 탐나서 합의한 게 아니라는 건, 반성문을 무기 삼아 공격하는 JMS 핵심부가 더 잘 아는 사실이었다. 애초부터 누구에게 칭찬받으려고 시작한 일이 아니었고, 사랑하는 부모님께조차 이해받기 어려운 싸움이었기에, 김도형은 JMS의 비방 따위는 안중에 없었다. 오직 '정명석 처벌'만 생각하기로 스스로 결의를 다졌다.

C 변호사의 좌초로 모든 일은 처음부터 다시 시작이다. 다행스러운 것은 이제 김도형은 혼자가 아니었다. 김도형의 폭로가 사실이 아니면 김도형을 죽여 버리겠다고, 실제로 칼을 품고 김도형을 찾아왔던 JMS 신도들이 사실을 확인한 후 탈퇴해서 김도형과 의형제가 되었고, 그렇게 만나게 된 사람들이 엑소더스라는 단체로 모여 김도형의 곁을 든든하게 지켜주고 있었다.

 새끼 교주 김석태의 등장

김도형이 김석태를 처음 알게 된 것은 1999년 6월경이다. 정명석은 홍콩으로 도주한 후 일처리가 지지부진하고 생각대로 수습이 되지 않자, 자신의 친형제들을 끌어들여 교단 핵심부에 앉혀 사태 수습을 맡겼다. JMS의 2인자로서 도피한 교주를 대신하여 교단을 진두지휘하던 안현구는 정명석의 처분에 큰 배신감을 느꼈다. 안현구는 전기세, 수도세 걱정을 하던 교단 초창기부터 크고 작은 교주의 성문제가 터질 때마다 그 뒤치다꺼리에 청춘을 바친 사람이다. 주도권을 잃어버린 안현구는 정명석과 결별하기로 결심하고는 김도형에게 연락을 해왔다. 그때 다리 역할을 한 인물이 김석태이다.

김석태는 김도형과의 첫 통화에서 자신을 이렇게 소개했다.

"나는 안현구와 함께 일하고 있는 사람이며, 여자들을 많이 전도해서 정명석에게 연결했기 때문에 피해 여성들을 누구보다도 많이 알고 있습니다. 내가 '명동전도단'을 이끌면서 직접 전도하여 성상납한 여 신도만 300명이 넘어요. 안현구 목사님은 누가 뭐래도 정말 양심적인 인물입니다. 안현구 목사님이 힘든 결심을 하셨습니다. 결국 이 모든 일의 원흉은 정명석입니다. 저와 김도형 씨가 힘을 모아 정명석을 구속시킵시다. 이것이 안현구 목사님의 뜻입니다."

이 통화 후 얼마 지나지 않아 김도형은 김석태의 주선으로 안현구의 처 김희태를 만나게 되었다. 이런 인연으로 김도형은 김석태라는 사람을 처음 알게 되었는데, 당시 김도형은 김석태를 안현구의 수많은 똘마니 중 하나로 생각했다.

얼마 후 김석태는 자기가 전도했던 피해 여성들을 김도형에게 소개해 주고, 자신과 함께 정명석을 형사처벌 받게 하자고 했다. 김석태는, 김도형이 그렇게 간절히 찾아다니던 정명석의 피해자를 수도 없이 많이 알고 있었다. 김도형은, 김석태가 정명석의 성 행각을 알고 분노해서 김도형을 찾아온 줄 알고, 아무 의심 없이 피해 여성들의 형사고소를 준비했다. 그러나 형사고소는 제대로 시작도 하기 전에 무산되었다. 김도형이 새로 선임한 변호사의 도움을 받아 피해자들의 고소장을 준비하는 동안, 김석태는 JMS에 돈을 요구하고, 피해자들과 김도형 사이를 이간질시켜서 모두 연락이 끊겨 버렸다.

김도형은 김석태가 JMS로부터 피해 여성들의 피해배상금으로 2억 1천만 원을 받아냈다는 이야기를 나중에서야 들은 후, 김석태가 고의로 형사고소를 무산시켜 버렸다는 사실을 알게 되었다. 당시 아무 영문을 몰랐던 김도형은 열심히 준비하던 형사고소가 무산된 일로 김석태에 대한 인상이 좋지 않게 남아 있다.

엑소더스 회장이 된 김도형은 정명석의 형사고소를 다시 시작하기 위해 피해자를 찾던 중 최연희라는 여성을 만나게 되었다. 김석태에게서 들었던 피해 여성의 이름을 어렵게 찾아 만난 것이다. 김도형이 연락했을 때 최연희는 이미 김석태와는 연락이 끊긴 상태였다. 그녀는 김석태가 이끌었다는 JMS 내의 '명동전도단' 출신이었다.

'명동전도단'은 김석태가 이끌던, 명동 길거리를 거점으로 노방전도를 하는 몇몇 사람의 모임이었다. 김석태가 전도해서 정명석에게 직접 연결한 여자의 수가 김석태의 말대로 300명이 넘는다고 했다. 김석태가 갖다 바친 여자들의 양과 질에 매우 흡족했던 정명석이 김석태를 교단 내에 두루 추켜세워 칭찬하며, '명동전도단'이라는 공식명칭을 직접 하사한 것이다.

김도형은 최연희를 통해 김석태가 JMS로부터 받은 2억 1천만 원의 돈이 정작 피해 여성들에게는 한 푼도 돌아가지 않았다는 사실도 알게 되었다. 최연희는 돈을 받기는커녕, 김석태가 돈을 받았다는 사실조차 모르고 있었다.

그제서야 김도형은 김석태가 어떤 놈인지 파악이 되었다. 김석태는, 김도형이 반JMS 활동을 하면서 알게 된 인간쓰레기 중에서도 최악의 부류였다. 김석태는 애초부터 정명석의 성 행각을 알고, 성상납에 열을 올려 정명석에게 총애를 받은 것만으로도 당장 때려죽여도 시원치 않을 나쁜놈이다. 그런데 이놈은 정명석이 홍콩으로 도망가고 곤경에 처하자, 이번에는 자신이 알고 있는 정명석의 성 행각을 약점 삼아 JMS로부터 돈을 뜯어낸 것이다. 그 목적을 이루기 위해 김도형에게, 마치 성 행각을 처음 알게 되어 분노한 양 김도형을 속이고, '나와 힘을 합해 함께 정명석을 형사처벌시키자'라고 김도형을 꼬인 것이다. 김도형은 정명석의 형사처벌이 간절했고, 정명석을 고소할 피해여성 한 명을 찾기가 너무 어려웠다. 그런 김도형 앞에 피해 여성 300명을 알고 있다며 나타났으니, 순진한 김도형은 김석태의 손을 덥석 잡은 것이다. 아무것도 모르는 김도형은 변호사를 새로 선임하여 열심히 형사고소를 준비하고 있었으니, 이 사실은 김석태가 JMS를 위협하는 데 더없이 강력한 뒷배가 되었을 것이다.

김석태는 김도형 모르게 JMS로부터 2억 1천만 원이라는 돈을 받아 챙기고, 김도형이 준비하던 형사고소에는 분탕질을 하여 피해여성들을 뿔뿔이 흩어지게 하고 연락이 끊기도록 만들었다. 결국 김도형은 김석태에게 철저히 농락당한 것이다. 그러나, 김석태의 나쁜 짓은 그게 전부가 아니었다. 김도형은 최연희를 통해 더 많은 피해자들을 만나게 되면서, 김석태를 통해 전도된 여성들 중 최연희뿐 아니라 수십 명의 여성이 정명석뿐 아니라 김석태에게도 강간을 당했다는 충격적인 사실을 알게 되었다. 김석태는 자기가 정명석에게 성상납하여 성폭행 피해자가 된 여성들을 믿음을 시험하겠다며 수시로 성폭행을 일삼았다고 한다.

"고등학생, 유부남, 택시기사 가릴 것 없이 유혹하여 세 달 내로 100명의 남자와 닥치는 대로 관계를 가져라. 그리고 어떠한 체위로 관계를 했는지 나에게 보고를 해라. 싫으면 나와 성관계를 해야 된다. 내 말을 듣지 않으면 니네 집에 니가 당한 일을 폭로해 버리겠다."라고 집요하게 여성들을 괴롭히고, 여관으로 끌고 가서 성폭행하고, 돈을 빼앗았다. 그중 한 여성은 "너와 정명석의 관계를 너희 집에 알리겠다."는 김석태의 협박에 못 이겨 직장까지 그만두고 24시간 집에서 전화만 붙들고 두려움에 떨다 노이로제에 걸렸다고 한다.

김석태는 자신이 정명석에게 갖다 바쳐서 정명석의 성피해자가 된 여성들을 다시 그것으로 약점을 잡아 더욱 혹독하게 괴롭혔다. 그놈은 정명석이 건재할 때도 성문제를 일으켜 정명석에게 불려가 죽도록 얻어맞은 적이 있었는데, 정명석은 김석태가 예쁜 여자를 너무 잘 데려와서 바쳤기 때문에 '명동전도단'을 없애지는 않았다고 한다. 그놈은 정명석 밑에서 정명석에게 배운 대로, 명동전도단이라는 울타리 안에서 새끼 메시아로 군림한 것이다.

이러한 사실을 전부 알게 된 김도형은 기가 차서 머리가 돌아버릴 것 같았다. 김석태, 이 짐승만도 못한 놈을 지금 당장 달려가서 반쯤 패 죽이고 싶었다. 김도형은 JMS의 갖가지 인간군상들을 겪다 보니 어지간한 인간쓰레기에는 놀랍지도 않았다. 하지만, 김석태만큼은 도저히 그냥 넘어갈 수 없었다. 김도형은 김석태, 이 천하에 나쁜 놈을 단단히 혼을 내주리라 결심하고, 엑소더스 회원들과 함께 치밀하게 준비하였다.

　이것이 KAIST 박사 과정에 있던 김도형이 늦은 밤 남산 중턱 주택가에서 성북경찰서 강력반 형사들에게 체포되어, 특수강도라는 죄명으로 두 겹 수갑을 차고 감옥까지 간 사건의 발단이었다.

　김도형은 김석태에게 정말 오랜만에 전화를 했다. 김도형은 "나 조만간 미국에 가는데, 가기 전에 식사나 하자."라고 김석태를 불러냈다. 김도형은 김석태에게 술을 권했다. 술도 한잔 마셨겠다, 김도형이 웬일로 기분까지 적당히 맞춰 주니, 김석태는 속에 있는 이야기를 술술 털어놓기 시작했다.

　"JMS로부터 2억 1천만 원을 받아서 피해자들한테 한 치도 어긋남이 없이 다 나눠줬지. 난 예수님처럼 살려는 사람이거든. 난 원래부터 돈 욕심이 없어."

　김도형은 순간 주먹에 불끈 힘이 들어갔지만, 꾹 눌러 참았다. 대화 내용을 녹음하던 중이었기 때문이다.

　"그럼, 석태 씨 정의로운 거는 내가 처음부터 알아봤지. 당신 정말 훌륭해."

　김도형이 맞장구를 쳐주었다. 기분이 좋아진 김석태는 돈 자랑을 시작했다. 곧 결혼할 여자에게 결혼 예물로 3천만 원짜리 로렉스 시계를 사주었다고 했다. 결혼한다는 여자도 JMS 간부였고, 극히 악질적으로 성 상납을 하던 여자다. 김석태가 옆에 있던 약혼녀에게, "그거 좀 보여줘 봐."라고 하자, 여자는 신나게 핸드백을 열어 김도형 앞에 예물 시계를 꺼내 보였다.

"그래, 김석태 씨 당신 정말 의롭게 살았으니깐, 이런 좋은 날도 오는 거지. 나 미국 가기 전에 집들이 꼭 해. 내가 꼭 축하해 주고 싶네."

"어, 그래? 내일 당장 우리 집으로 와. ○○야, 내일 갈비찜도 해놓고 정성 좀 들여라."

"네, 오빠."

둘은 그렇게 화기애애하게 헤어졌다. 너무나도 화기애애하게.

 김석태의 집으로

다음 날이 되었다. 거사를 위하여 김도형, 엑소더스 회원 10여 명, 그리고 최연희가 한자리에 모였다. 최연희는 미리 김석태에게 전화를 걸어 강간 사실을 확인할 수 있는 녹취를 해두었다. 준비는 끝났다. 다 함께 김석태의 집으로 이동했다.

집을 찾기는 쉬웠다. 당시는 네비게이션이라는 기계 자체가 없던 시절이었지만, 전날 김석태가 약도를 너무도 상세히 잘 그려주었기 때문이다. 아파트 입구에 도착해 쳐들어가기 직전, 김석태로부터 전화가 걸려왔다.

"도형 씨 왜 안 와? 어디야?"

"응, 다 왔어. 빈손으로 갈 수가 있나. 아주 좋은 선물 들고 가니까 기다려."

회원들이 김석태의 집 문 앞에 도착했다. 현관 벨소리에 김도형인 줄 알고 반갑게 문을 열었던 김석태는 기겁을 했다. 생판 처음 보는 남정네 10여 명이 구둣발로 들이닥친 것이다. 먼저 들어간 회원들은 김석태를 차고 때리고 데굴데굴 굴려가며 연신 두들겨팼다. 10여 분 후, 김도형과 최연희가 김석태의 집에 들어갔을 땐, 한바탕 얻어맞은 김석태가 마룻바닥에 무릎을 꿇은 채 무언가를 열심히 쓰고 있었다. 뺨을 얼마나 많이 맞았는지 김석태의 얼굴이 벌겋다.

김석태가 뭘 쓰고 있는 거냐고 김도형이 한 회원에게 물으니, 그동안 강간한 여자들의 명단을 쓰는 중이란다. 강간한 여자들의 명단을 쓸 정도라니 김석태도 어지간하다. 그래도 정명석보다는 나은 걸까. 정명석은 20년 동안 강간한 여자가 너무 많아서, 명단 작성은 불가능할 것이다. JMS는 머리 끝에서 부은 구정물이 발뒤꿈치까지 흘러내리고 있었으니, 더하고 덜하고를 가늠하는 게 무의미하겠다.

김도형은 무릎 꿇고 명단을 작성하던 김석태를 다그쳤다.

"너 이 개새끼야! 너 어제 대화 내용 전부 녹음됐어! 뭐? 니가 예수님처럼 살아? 돈을 다 나눠줘? 근데 왜 저 아가씨는 돈을 받은 적이 없다는 거야. 이 씨발놈아, 죽을래? 뭐? 술집에 나가서 접대부를 해라? 택시기사, 고등학생 가리지 말고 성관계를 가져라? 성관계 후에는 자세히 보고를 해라? 그게 싫으면 너랑 섹스를 해야 된다? 니가 뭔데 남의 집 귀한 딸을 술집에 나가라는 거야? 이 쌍놈의 새끼야!!"

김도형은 김석태의 집에 있던 전화기를 김석태에게 집어던지며 말했다.

"이런 갈아 먹어도 시원찮을 새끼! 너 지금 당장 112에 신고해. 나 폭력으로 들어가고, 너 강간으로 들어가자. 빨리 신고해, 이 개

새끼야!"

김석태는 더욱 깊이 고개를 조아리며, "잘못했습니다. 죄송합니다. 한 번만 용서해 주십시오."라고 읍소하며 두 손 모아 싹싹 빌기 시작했다.

미리 계획한 대로 회원들은 놈의 집을 뒤졌다. 피해 여성들은 김석태에게 맡겼던 정명석 고소장과 진술서를 모두 돌려받기 원했기 때문에, 그놈의 집에 있던 서류란 서류는 모조리 챙겼다. 고소장과 진술서에는 피해 여성들의 이름과 주민번호, 주소, 연락처, 그리고 성폭행 사실이 적나라하게 적혀 있어서, 당사자들에게는 치명적인 내용들이었다. 김석태가 여자들을 강간하면서 사진을 찍거나 비디오카메라로 촬영했을 가능성이 있었기 때문에 앨범, 파일, 메모리 등도 싹 챙겼다. 비디오테이프와 녹음테이프도 몽땅 가지고 나왔다. 혹시라도 컴퓨터에 파일로 저장해 놓았을까 싶어 컴퓨터도 통째로 들고 나왔다(가져온 물건들은 엑소더스 회원들과 함께 검열을 마친 후 모두 돌려주었음).

김석태는 받은 돈을 피해자들에게 모두 돌려줄 테니, 제발 고소만 하지 말아 달라고 싹싹 빌었다. 다음 날 주식을 다 팔겠다고 하였다. 나머지 돈은 6월 초에 전세금 빼서 주겠다며 각서까지 써 주었다. 며칠 후 김석태는 피해 여성의 통장으로 배상금 일부를 직접 송금했다.

그렇게 김석태의 약속이 지켜지는가 싶었는데, 6월이 되자 연락이 두절되었다. 김도형이 다시 김석태의 아파트에 찾아갔을 땐, 이미 이사를 가버린 후였다. 경비실에 물어보니, 엊그제 새벽 2시에 놈이 몰래 이삿짐을 싸 가지고 도망가는 걸 붙잡아 미납 관리비 15만 원을 겨우 받았다는 말을 들었다. 말로만 듣던 야반도주였다.

다음 날 김도형은 112에 신고를 했다. 그리고 김도형은 김석태를 공갈, 협박, 사기, 배임 등의 혐의로 서울지검에 고발하였다.

 KAIST 박사, 특수강도 되다

김석태가 야반도주한 지 며칠이 지났다. 김석태의 행방이 오리무중인 가운데 생각지도 못했던 일이 벌어졌다. 김도형과 함께 김석태의 집에 쳐들어갔던 회원 중 하나가 오전에 자기 집 앞에서 체포되어 경찰에 연행된 것이다. 특수강도 혐의였다. 제발 고소만 하지 말아 달라며 싹싹 빌던 김석태가 야반도주를 한 후, 김석태의 집에 쳐들어갔던 김도형과 최연희를 비롯한 엑소더스 회원들을 강도 혐의로 고소한 것이다. 회원 한 명이 연행되었다는 소식으로 엑소더스의 분위기는 침통했다. 김도형은 당장 김석태를 찾아 더 패주고 싶었지만, 김석태가 어디로 도망갔는지 알 길이 없었다. 김도형은 김석태의 집에 함께 쳐들어갔던 회원들이 염려되어 마음이 편치 않았다. 회원들이 모여 이야기를 나누어 보아도 뾰족한 수가 생각나지 않았다. 밤이 늦어 회원들은 일단 각자 집으로 돌아가기로 하고 헤어졌다.

밤 10시경, 김도형은 최연희가 걱정되어 집까지 바래다주었다. 최연희의 집은 남산 중턱의 주택가에 있었다. 드문드문 가로등 빛이 골목을 간신히 밝히고 있었다. 김도형은 최연희가 안전하게 집에 들어가고 대문이 닫히는 것까지 지켜본 뒤, 골목에 세워 둔 자신의 차로 걸어갔다. 터덜터덜 걸으며 자신의 처지가 한심하다고 생각했다. 김석태에게 이용당한 것도 다 갚아주질 못했는데, 이제는 그놈 때문에 특수강도로 몰리게 생겼다. 돌이켜 생각을 해 보아도 김석태를 혼내준 일은 후회가 없었다. 그러나 동료들까지 특수강도가 되게 생겼으니, 이 상황이 장차 어찌 돌아갈지 김도형은 마음이 무거웠다. 김도형이 집으로 돌아가기 위해 차에 타서 시동을 걸었을 때, 낯선 남자두 명이 김도형의 차로 다가와 운전석 창을 두드렸다. 최연희의 집앞에 형사들이 잠복하고 있었던 것이다. 김도형은 그대로 형사들에게 붙잡혀 수갑이 채워졌고, 성북경찰서로 연행되었다. 김도형은 특수강도로 체포되었다.

특수강도. 야간에 두 사람 이상이 합동하여 타인의 주거지에 침입하여 폭력을 행사하고 재물을 가지고 나왔다는 혐의이다. 상황이 이렇게 되자, 그간 참고 있던 김석태의 강간 피해자 다섯 명 중 세 명이 김석태를 강간 혐의로 고소했다.

그렇게 붙잡혔던 김도형은 구치소에 갇힌 지 3주 후, 서울중앙지방법원의 구속적부심사를 통해서 석방 명령을 받았다. 불구속 상태에서 수사를 받을 수 있게 된 것이다. 법원의 석방 명령이 내려진 후, 이런저런 절차를 마치고 김도형은 밤 12시쯤 서울구치소 정문을 나설 수 있었다. 정문 앞에는 부모님이 기다리고 계셨다. 부모님께서는 김 씨 집안에서 유례가 없던 특수강도라는 감투를 쓴 아들의 석방소식에, 직접 차를 몰고 구치소 앞까지 아들을 데리러 오셨다. 아들을 기다리던 아버지의 손에는 검정 비닐봉지가 들려 있었다. 아버지는 구치소에서 나온 아들에게 말없이 비닐봉지를 건네 주셨다. 안을 들여다보니 하얀 두부 한 모가 담겨 있었다. 밤 늦은 시간임에도, 두부에는 온기가 남아 있었다. 김도형은 아버지가 운전하시는 차 안에서 속도 없이 두부를 맛있게 먹고, 집으로 돌아가 부모님께 호되게 혼났다. 그날 밤, 김도형은 오랜만에 편안하고 정갈한 침대에 누웠지만 잠을 한숨도 잘 수 없었다.

날이 밝자마자 김도형은 중부경찰서로 달려가서 김석태 사건의 고발인 조사를 마쳤다. 이어서 김석태가 저지른 강간 사건의 피해 여성들도 조사를 받았다.

김도형이 나왔으니 이제 김석태 차례였다. 김도형이 석방된 바로 다음 날, 김석태는 수갑을 차고 감옥으로 들어갔다. 그러나 김도형이 3주 만에 나온 그곳에서 김석태가 나오는 데는 2년이 더 걸렸다.

김도형의 고발로 김석태가 구속되자, 여기에도 JMS가 끼어들었다. 이때다 싶었는지 JMS 측은 김도형을 공갈로 고소했다. JMS로부터 돈을 받은 김석태가 공갈로 구속되었으니, 합의금을 받은 김도형도 같은 혐의로 구속시킬 수 있을 거라는 헛된 희망을 품은 모양이다.

JMS 측은, 김도형이 "돈을 안 내놓으면 끝장을 보겠다며 JMS를 협박했고, 인터넷 사이트를 협박의 도구로 삼았다."고 주장했다. 김도형이 구속적부심에서 석방되긴 했지만, 특수강도 사건이 종결된 것은 아니기 때문에, 여기에 또 다른 혐의까지 얹어진다면 김도형의 인생은 회생불능, 그야말로 끝장이었다. JMS는 이참에 눈엣가시이던 김도형에게 옷깃을 엮어서 완전히 골로 보내버리려고 작정을 한 것이다.

김도형은 JMS가 고소한 공갈 혐의로 대전지검 특수부에 여러 차례 불려가 혹독하게 조사를 받아야 했다. 그러나 결과는 '혐의 없음'이었다. JMS 측에서 김도형에게 돈을 주려고 달려든 증거는 셀 수 없이 많았지만, 김도형이 돈을 뜯어내려고 JMS를 협박한 증거는 어디에도 없었다. 김도형은, 정명석의 친형인 정I석이 김도형에게 합의하자며 전화를 했을 때, 정I석과의 통화 내용을 녹음했었다. 정I석은 녹취록에서, 김도형이 돈을 바라고 하는 일이 아닌 것을 자신이 잘 알고 있지만, 그동안 자기 동생(정명석) 일로 김도형이 입은 피해가 너무 많으니, 그 배상 차원에서 합의금을 꼭 받아 달라고 간곡히 부탁하고 있었다. 녹음을 할 당시 김도형은 이렇게 쓰이리라고는 미처 생각지 못했으나, 그 녹취록은 김도형이 JMS를 협박한 일이 없다는 사실을 입증하는 데 결정적인 증거가 되어 주었다. 혹시나 하는 마음에 해 두었던 녹음이지만, 그 대화를 녹음한 것, 그 녹음이 삭제되지 않고 그때까지 보존된 것은, 정말이지 하늘이 도운 것이다.

반면, JMS 측에서 김도형이 협박했다며 내놓은 증거라고는 JMS 측의 증언뿐이었으나, 그나마도 당연히 거짓말이었기 때문에 앞뒤가 통 맞질 않았다. 녹취록만으로도 김도형의 무혐의를 입증하는 데 전혀 어려움이 없었지만, 대전지검 특수부는 이 명백한 사건을 인지수사하듯이 1년 가까이 끌며 김도형을 수 차례 불러다가 집요하게 조사했다. JMS 측이 대전지검 차장 출신 이 모 변호사를 선임한 덕택에, 김도형은 대전지검 특수부에서 1년 동안 불려 다니며 시달려야 했다. 김도형을 조사하던 수사관은 마지막 조사에서 김도형에게 이렇게 말했다.

"처음 저쪽 얘기 들었을 때는 김도형 씨가 아주 나쁜 사람인 줄 알았지 뭐야. 근데 조사해 보니 아니구먼."

"이거 고소장도 이 모 변호사가 직접 들고 와서 접수한 거야."

수사관은 이렇게 말했지만, 특수부 검사는 어떻게든 김도형을 걸어넣으려고 사건을 1년을 끌었다. 특수부가 이런 짓 하라고 만든 부서인가. 생각해 보자. 김석태를 공갈의 혐의로 고발하여 감방에 처넣은 사람이 바로 김도형이다. 김도형이 JMS를 상대로 공갈을 했다면, 김도형이 자신의 죄가 들어날까 두려워 감히 김석태를 공갈로 고발을 할 수 있었을까. 대전지검 특수부 검사는 어떻게든 김도형을 엮어 넣으려고 시간을 끌었으나, 결백을 증명할 명백한 물증을 갖고 있던 김도형은 결국 무사할 수 있었다.

사망의 음침한 골짜기를 지날지라도, 진실은 승리하는 법이다. 그러나, 전관예우 변호사의 입김은 막강하여, 그 후에도 대전지검 관할로 들어간 JMS 관련 사건마다 말도 안 되는 처분이 내려지곤 했다.

 특수강도 재판

2000년 10월, 김도형은 특수강도 사건으로 불구속 기소되었다. 13명의 공범 중 10명이 기소유예이고, 김도형을 포함한 3명만이 기소되었다. 공범 13명 중 10명이 기소유예된 사건에서 3명을 굳이 기소한 것은 김도형을 골로 보내려고 JMS가 힘을 보탠 덕분이다. 적의 적은 동지라고, JMS는 김도형을 죽이기 위해 김석태와 같은 편에 서서 김도형을 공격하는 것이었다.

김도형의 특수강도 재판이 한창 진행 중일 때, 김석태는 공갈 혐의로 징역 2년이 확정되어 의정부 교도소에서 복역 중이었다. 김도형의 특수강도 재판에서 사건의 피해자인 김석태를 증인으로 불렀다. 그러나 김석태는 재판부의 출석 요구에 계속 거부하고 불출석하였다. 결국 김석태는 법원으로부터 구인영장을 받고 나서야 강제로 끌려나왔다.

김석태가 증인으로 출석한 날의 재판은 좀 드라마틱했다. 특수강도 사건의 피고인 김도형은 넥타이를 맨 말끔한 정장차림으로 피고인석에 앉아 있고, 고소인이자 피해자인 김석태는 푸른색 수의를 입고 증인석에서 고개를 푹 수그리고 앉아 있었으니 누가 특수강도이고 누가 피해자인지 방청객들도 헷갈려하는 분위기였다. 검사와 변호인의 신문이 끝난 후, 김도형은 재판장의 허가를 얻어 증인 김석태를 직접 신문할 수 있었다.

"증인, 증인은 6,300만 원을 강도당했다고 우리를 고소했는데, 증인의 공갈 사건에서는 피해 여성들에게 그나마 6,300만 원의 피해배상을 했으니 선처해 달라고 하더군요. 대체 어느 게 맞는 겁니까? 6,300만 원을 강도당한 겁니까, 피해배상한 겁니까?"

"……"

"증인은 시사저널 김은남 기자와의 인터뷰에서 증인이 JMS 교주 정명석에게 성상납한 여자가 300명이 넘는다고 진술하였고, 이 내용이 시사저널에 기사화되기도 했지요?"

"……."

"증인은 300명이 넘는 여성을 정명석에게 성상납했고, 그 피해자 중 상당수를 증인이 다시 성추행하고, 그것도 모자라 돈을 뜯어내고, 강간하기까지 했지요?"

"……."

"증인은 피해자들에게 고등학생, 유부남, 택시기사 등 닥치는 대로 남자들과 관계를 갖고, 어떤 체위로 했는지 증인에게 보고하라고 괴롭혔죠?"

"……."

"말을 듣지 않는 여성들에게는 '니가 결혼할 수 있을 것 같냐? 내가 얼마나 무서운 사람인지 보여 주겠다'고 협박하며 강제로 여관으로 끌고 가서 강간한 일이 있죠?"

"……."

"그리고도 그들을 이용해 JMS에서 받은 돈 2억 1천만 원을 혼자 착복했죠?"

"……."

"여보세요, 증인! 답변 좀 하세요!!"

"……."

"증인! 본 사건 공소장에 우리가 증인을 폭행한 사실이 기술되어 있는데, 사실 공소장에 나온 것보다 훨씬 더 심하게 때린 거 인정합니다. 무릎 꿇린 채로 따귀는 셀 수도 없이 때렸고, 구둣발로 배를 걷어차기도 했습니다. 그런데, 우리가 돈 내놓으라고 때렸습니까, 아니면 증인이 이렇게 하도 못된 짓을 해서 팬 겁니까!"

"……."

"아, 얘기 좀 하라니까!"

"……."

특수강도혐의의 피고인 김도형이 10여 개의 질문을 피해자 김석태에게 무차별적으로 퍼붓고 있는 중에, 얼굴이 벌개진 피해자는 고개를 푹 수그린 채 찍소리도 못하고 있었으니, 김도형을 그저 그런 '강도'로 생각했던 재판장은 이 낯설고 희한한 광경을 넋을 잃고 쳐다보고 있었고, 검사도 할 말을 잃었으며, 방청석은 찬물이라도 끼얹은 듯 조용했다.

슬기로운
감방 생활

　　김도형이 성북경찰서 유치장에서 이틀을 보낸 날, 영장실질심사를 위해 서울중앙지방법원으로 호송되던 날이었다. 처음 유치장에 갇혔던 모습처럼 김도형의 손목에는 수갑 두 개가 채워지고 그 위로 포승줄이 매어져 경찰차에 올랐다. 김도형이 유치장에 갇힌 후 첫 외출이었다. 김도형은 난생 처음 경험한 느닷없는 수감생활로 며칠 간 면도조차 못해 몰골이 말이 아니었지만, 영장실질심사를 앞두고 자신의 외모를 챙길 형편이 아니었다.

　영장실질심사를 마친 후, 법원에서 성북경찰서로 돌아오는 길이었다. 신호에 걸린 경찰차가 횡단보도 앞에 잠시 정차를 하게 되었을 때, 무심코 고개를 들어 차창 밖을 보게 되었다. 횡단보도 앞에서 길을 건너기 위해 엄마 옆에 나란히 서 있던 꼬마와 우연히 눈이 마주쳤다. 꼬마는 김도형과 눈이 마주치자 이내 엄마 치맛자락을 잡으며 뒤로 숨더니 얼굴만 빼꼼이 내밀어 김도형을 다시 보았다. 건너편 신호를 바라보던 엄마도 아이의 기색에 아이의 시선을 따라 주변을 살피다가 경찰차 안의 김도형을 발견하였다. 엄마는 김도형을 쳐다보던 아이의 눈을 자기 손으로 덮어 황급히 가렸다. 자식에게 좋은 것만 보여 주고 싶은 엄마의 배려였을 것이다. 김도형은 종일 의식 못했던 스스로의 몰골이 새삼 돌아봐졌다. 김도형은 모자에게 머물던 시선을 서둘러 거둬들인 후, '죄송합니다.' 하고 속으로 읊조렸다.

유치장에 도착한 김도형에게 그날 저녁, 구속영장이 발부되었다는 소식이 전해졌다. 영장실질심사에 행여나 하고 영장기각을 기대했던 김도형은 어쩔 수 없이 엑소더스 회원들에게 부탁해서 부모님에게 미뤄 두었던 연락을 취했다.

"당신의 아드님이 지금 특수강도 혐의로 구속되어서 성북경찰서 유치장에 있습니다."

상상을 초월하는 소식에 부모님의 충격은 이만저만이 아니었다. 어머니는 그 자리에서 실신했고, 아버지는 "내 아들이 차디찬 감옥에 있는데 내가 편히 잘 수는 없다."라고 하시며 그날부터 찬 마루바닥에서 이불과 요도 없이 주무셨다고 한다.

부모님께 이 근심 가득한 소식이 전해질 무렵, 철없는 김도형은 성북경찰서 유치장에서 식사 중이었다.

"그래, 바로 이 맛이야~. 학창시절 우리 엄마가 싸주던 바로 그 도시락 맛~!!"

성북경찰서 유치장 사식은 경찰서 구내식당에서 제공된 도시락이었다. 며칠 굶다시피 한 김도형에게 사식으로 제공된 도시락은 구속영장의 시름마저 잠시 잊게 해 줄 정도로 꿀맛이었다. 아버지는 맨바닥 잠을 자청하고 시름에 빠지셨으나, 김도형은 "오 예~"를 연발하며 도시락을 싹 비웠다.

구속영장이 발부되어 구속된 김도형은 며칠 후 성북경찰서 유치장에서 서울구치소로 이감되었다. 특수강도는 강력범이기 때문에 김도형은 강간범, 조직폭력배 등 9명의 강력범들만 따로 수용된 거실로 방이 배정되었다. 본격적인 감방생활이 시작된 것이다. 유치장과 구치소는 분위기부터 달랐다. 강력범죄자들과 나란히 먹고 자는 진짜 감방이었다. 김도형은, 비록 죄명으로는 강력범이었지만, 심정적으로는 엄연히 그들과 달랐다. 물론 내색을 할 수는 없었다. 김도형은 강력범들 틈에서 최대한 말없이 공손하게 생활하였다.

김도형이 며칠 구치소 생활을 해보니, 범죄자들에게 수감생활이 너무 과분하다는 생각을 지울 수가 없었다.

"범죄자가 이렇게 좋은 환경에 있어도 되는 것인가."

따순 밥에 맛있는 반찬, 행여 식을세라 뜨끈뜨끈한 국이 끼니마다 범죄자들 턱 밑까지 배달되었다. 전문 영양사가 작성한 식단일 테니 영양적으로나 위생적으로 완벽할 것이다. 그뿐인가. 과자나 치킨 등 각종 간식거리가 매우 저렴한 가격으로 제공되고 있어, 처먹고 싶은 것은 뭐든 사서 처먹을 수 있었다. 일반인들은 상상조차 못할 호사를 누리고 있었다. 김도형이 수감되어 있을 당시에는 서울구치소 각

방에 TV 설치를 위한 공사 중이었으니, 지금은 강력범 모두 TV를 보며 여가 시간을 보낼 것이다. 감옥생활에 도무지 부족한 것이라고는 없어 보였다.

이런 환경에서 범죄자들이 반성이나 하고 있으면 또 모를까. 흉측한 범죄를 저지르고 감옥에 갇혀 있는 자들이 무료함을 달래는 일상적인 풍경은 이랬다. 강력범들이 빙 둘러앉아 가상 재판을 하며 놀았다.

조직폭력배 : 김 검사, 논고하시오.
강간범 : 네, 재판장님. 피고인이 아주 예쁜 여자를 혼자서 강간하고도 반성하지 않고 있으므로, 징역 10년에 처해 주시기 바랍니다.
조직폭력배 : 변호인, 최후 변론하시오.
강도범 : 재판장님. 피고인은 단독 범행이었기에 홀로 강간할 수밖에 없었습니다. 더구나 피해자가 너무 예쁜 관계로 정신이 혼미하여 심신미약 상태에서 벌어진 일인 만큼, 저간의 사정을 참작하시어, 무죄를 선고하여 주시기 바랍니다. 낄낄낄~

강력범들은 전과가 많기 때문에 수도 없이 재판을 받아서 재판 절차 등에 있어서는 거의 법조인 수준의 지식을 갖추고 있었다. 그들이 감방에서 모의재판이랍시고 낄낄거리며 노는 모습을 보면, 그들에게 반성의 기미라곤 전혀 찾아볼 수 없었다. 김도형과 한 방에 있던 강간범 한 놈은, 여성을 두 명 강간하여 징역 4년을 선고받았는데, "나는 강간한 적 없어. 오죽하면 여자애들이 '그 오빠가 왜 감옥에 있어?'라고 하잖아."라는 말 같지도 않은 말을 부끄러운 줄도 모르고 천연덕스럽게 지껄이며 항소조차 하지 않았다. 김도형이 감방에 있는 동안 직접 겪은 강력범죄자들은 단 한 놈도 반성을 하는 것으로 보이질 않았다.

운동시간에 김도형이 고무신을 꺾어 신은 채 운동장을 걷고 있는데, 어느 강력범이 다가와 말했다.

"야, 아무리 그래도 특수강도가 가오가 있지, 고무신을 꺾어 신냐?"

그들은 강력범이 무슨 벼슬이나 되는 줄 아는 인간들이었다.

자칭 평화주의자로서 누구보다 준법정신이 투철하다고 자부하던 김도형은 원래부터 조직폭력배나 강간범 등 범죄자들을 남달리 싫어하였으니 그들을 푸줏간에 대롱대롱 걸린 고깃덩어리로 여기던 사람이다. 그런데, 감방생활을 몸소 겪다 보니 한방에서 뒹굴던 강력범들이 더더욱 몸서리치게 혐오스러웠다. 하지만 언감생심 이런 생각을 겉으로 드러낼 수는 없었다. 마음속 깊이 도덕적 우월감을 갖고있던 김도형이 흉악스런 범죄자들로부터 받은 대접은 참담했다.

식사를 마칠 무렵, 먼저 식사를 마친 조직폭력배가 일어나 김도형을 발로 툭툭 찬다. "어이~ 카이스트, 빨리 처먹고 설거지해~."

"네… (이런 씨발놈, 밥 먹을 땐 개도 안 건드린다는데)."

김도형은 김도형이 있던 감방의 마지막 입감자였기 때문에 같은 방 범죄자들의 설거지는 모두 김도형의 몫이었다. 하루 삼시 세끼 9명의 범죄자들의 밥그릇, 국그릇, 숟가락, 젓가락, 반찬통에 물컵까지 한데 모아 놓으면 그 양이 어마어마하다. 감방에 싱크대는 따로 없었고 한 평쯤 되는 좁은 공간이 화장실 겸 부엌이었다. 김도형은 그 비좁은 화장실 바닥에 쪼그리고 앉아 그릇을 불리고, 세제를 풀고, 닦고, 헹구는 작업을 매일 매끼 반복했다. 거듭할수록 익숙해지기는커녕 점점 더 허리가 끊어질 듯 아팠다. 김도형은 속으로 그릇 주인들에게 온갖 쌍욕을 퍼부으며 평생 할 설거지를 원 없이 할 수 있었다.

김도형은 감옥에서 구속적부심을 신청했다. 김도형이 구속적부심 심사를 받기 위하여 법정으로 가게 되자, 같은 방 범죄자들이 이구동성으로 한 마디씩 보탰다.

"미친 놈, 특수강도 주제에 구속적부심을 신청하네.", "별 미친놈을 다 보겠네, 낄낄낄~" 하며 일제히 비웃었다. 감옥을 제집 드나들 듯 경험이 많으신 강력범들로서는, 특수강도가 구속적부심에서 풀려났던 전례를 본 적도 들은 적도 없던 모양이다.

김도형이 구속적부심을 마치고 돌아와 저녁 설거지까지 마쳤는데도 석방 소식은 들려오지 않았다. 구속적부심이 기각되었다는 생각이 들자, 매사에 초긍정적이던 김도형도 적잖이 실망스러웠다. 그러나 이내 마음을 다잡았다.

"이제 와서 집행유예로 석방이 된다 해도 특수강도 전과자라니… 어차피 이번 생은 망했다. 까짓거, 1톤 트럭 하나 장만해서 채소 장사하며 사는 것도 나름 낭만이 있을 것 같다."

김도형은 이렇게 마음을 바꿔먹고 스스로 위로했다. 그리고 내일 당장 독방을 자청하여 옮기기로 결심했다. 얼마나 길어질지 알 수 없는 수감생활을, 더 이상 이런 인간들과 한방에서 어울려 지내고 싶지가 않았다. 독방은 일반 감옥과 비교할 수 없이 밀폐되고 좁아 징벌방으로 쓰이는 곳이지만, 저런 인간들에게 발로 채이며 매 끼니 고깃덩어리들이 처먹은 밥그릇, 국그릇 설거지하는 것보다는 차라리 독방이 나을 거라는 생각이 들었다. 범죄자들이 낄낄거리며 노닥거리는 꼴을 더 이상 보지 않아도 되고, 아무리 갑갑한 곳이라도 책을 읽으며 혼자만의 시간을 갖는 것이 정신건강에 이로울 것 같았다.

김도형이 이처럼 독하게 긍정적인 마음가짐으로 무장을 하고, 취침 시간이 되어 이불을 깔고 막 누우려는 찰나, 거의 포기했던 기쁜 소식이 날아들었다. 감방 앞으로 다가온 교도관의 낭랑한 외침이었다.

"34XX번 김도형, 석방! 나와!!"

구속적부심을 신청했다고 김도형을 그토록 깔보며 비웃었던 일당들이 죄다 눈이 휘둥그레져서 귀신이라도 본 듯 김도형을 쳐다보았다. 어째 김도형 본인보다 더 놀란 듯 보였다. 김도형이 자꾸만 올라가는 입꼬리를 애써 단속하며 묵묵히 짐을 챙겨 문지방을 넘자, 김도형의 등 뒤로 쾅! 하는 육중한 소리와 함께 감방문이 닫혔다. 굳게 닫힌 문을 사이에 두고, 김도형은 좀 전까지 한 공간에서 숨 쉬던 인간말종들과 완벽하게 분리되었다. 독방까지 각오했던 김도형에게는 바라고 바라던 아름다운 이별이었다.

김도형이 교도관과 긴 복도를 걸어 나오는 동안, 이방 저방에서 한두 놈씩 쇠창살에 매달려 살벌하게 외친다.

"어디 가?!! 이 새끼야!!"

"이리 와!!"

김도형의 발걸음은 날아갈 것 같았다.
"착하게들 삽시다~ 저는 바빠서 이만~ 다들 빠빠이~~."

◇◇◇◇◇◇◇◇◇◇◇◇◇◇◇◇◇◇◇◇

굿판을
벌이다

 1989년 어느 여름 날, 경기과학고등학교의 교장실.
교장선생님은 2학년 재학생 중 가장 성적이 우수한 학생 4명을 교장실로 불렀다.
"이제 곧 KAIST 입학시험이 있습니다. 여러분도 다들 잘 알겠지만, 5개의 과학고등학교끼리 수석합격자를 내기 위해서 치열하게 경쟁을 벌이고 있어요. 여러분이 더욱 분발해서 반드시 이번 입학시험에서는 우리 학교에서 수석합격자가 나올 수 있도록 노력해 주기 바랍니다."

당시 KAIST의 입학시험은 본고사로 치러졌으며, 이 시험에서 수석을 하라는 학교의 기대를 받았던 전도유망했던 학생들. 그중의 한 명은 중학교 시절에 고등학교 전 과정의 수학을 마스터하였기에, 고등학교 1학년 때에는 대학교 수학을 공부하고 있었으며, 이를 잘 알고 있던 과학고등학교 수학 선생님은 그 학생에게 "더 이상 수학 수업 시간에 들어오지 않아도 된다. 너 혼자 스스로 공부하렴." 하며 배려하기도 하였던 학생이었다.

그 학생은 그로부터 11년 후, '특수강도'의 혐의로 구속되어 서울구치소에서 강간범들 설거지를 열심히 열심히 허리가 끊어지도록 하고 있었으니, 이런 운명의 반전을 누가 상상이나 할 수 있었을까.

그 학생이 구속적부심에서 풀려나자, JMS는 대전지검 차장검사 출신의 전관예우를 받는 이 모 변호사를 선임하여 한때 전도유망했던 그 학생, 김도형을 형사고소했다. 사건은 대전지검 특수부의 박 모 검사가 담당하였으며, 검사는 사건을 경찰로 수사지휘를 내려보내지도 않고 직접 조사하며 어떻게든 김도형을 엮어 넣으려고 최선을 다하고 있었다. 특수강도의 혐의로 기소되어 서울에서 재판을 받고 있던 중에, 대전지검 특수부에서 또다시 공갈의 혐의로 기소가 된다면, 대학입학시험 수석합격의 기대를 받았던 그 학생의 인생은 그야말로 결단이 날 판이었다.

'배째라'의 영문 이니셜은 'BJR'이라고 할 수 있는데, 이를 다른 식으로 발음하면 '봐주라'가 될 수도 있다. 투철한 '배째라 정신'으로 무장한 김도형. 하지만, 자신의 인생에서 벌어지리라고는 상상도 할 수 없었던 일들이 연달아 벌어지는 상황에서 스트레스를 받지 않을 수가 없었으며 '봐주라'라는 말이 입 밖으로 나올 지경이었다.

"내 인생이 지금 어디로 가는걸까." 하는 생각. 김도형은 자신의 운명이 망망대해에 떠 있는 작은 조각배 신세같이 느껴졌다. 그러나, "운명아 비켜라, 내가 간다!"라고 외치는 김도형은 좀 더 적극적으로 자신의 운명을 개척하겠다며 기발한 아이디어를 떠올렸으니, 미아리 점집을 찾아간 것이다.

김도형과 엑소더스 회원 김형진 그리고 또 한 명의 엑소더스 회원 이렇게 세 명은 김도형의 운명을 확인하고자 함께 미아리를 찾아갔다. 김도형의 생년월일시를 받은 무당님의 첫 마디.

"아이고야, 세상에⋯ 젊은 청년이 관재구설에 아주 제대로 걸렸구먼." 하는 것이다.
"어마어마한 관재 구설이야. 그래서 웬만하면 피하라고 조언을 하고 싶지만, 이거는 반드시 이겨야 하는 관재야. 이거 지면 젊은 청년 평생에 한이 맺힐 거야, 아마⋯. 이걸 어쩌나⋯ 정말 심각하네⋯."
김도형은 자신의 생년월일시만 말했고, 아무 말도 하지 않았는데, 무당님은 김도형의 마음을 꿰뚫어보는 듯했다.
"상대방이 누구예요? 생년월일이 어떻게 돼요?"
김도형이 정명석의 생년월일을 말하자, 잠시 후 무당님의 말씀.
"아이고야⋯ 이거 사람 맞나? 이거는 태어날 때부터 손에 창을 수십 개를 꿰차고 태어났네. 닥치는 대로 여러 사람을 마구 찌르고 있어. 어떻게 이런 놈하고 엮였어요? 이거 사람 아니야…. 컴퓨터는 0이 들어가면 0이 나오고, 1이 들어가면 1이 나오는데, 이 놈은 0이 들어가면 1이 나오고, 1이 들어가면 0이 나오는 아주 나쁜 놈이야. 정말 희한한 놈이네, 이거….”

김도형은 그놈뿐 아니라 또 한 놈(김석태)과도 싸우고 있다고 말했다.

"그놈 생일은 어떻게 돼요?"

잠시 후, "아이고야, 이 새끼도 희한한 새끼네. 아까 그 새끼(정명석)하고 비슷한 새낀데, 아까 그 새끼보다는 조금 나은 정도야. 어쩌다 이런 놈들하고 엮였어요? 이건 반드시 이겨야 되는 싸움이야. 이거 지면 젊은 청년 평생 한이 맺혀 살지도 못할 거야. 안 그래요? 내 말 맞지요?"

부모 형제도 이해해 주지 않는 자신의 심정을 미아리의 이름 모를 맹인 무당님이 이해해 주는 상황에 김도형의 눈엔 눈물이 맺힐 지경이었다. 무당님은 "치성을 드리자. 반드시 이겨야 한다."고 권했다. 비용은 꽤 비싸서 200만 원에 육박했다. 김도형과 김형진은 생각해 보겠다며 점집을 나왔다. 김도형은 원래 귀가 얇아 남의 말에 혹하고 넘어가는 스타일이지만, 김형진은 정반대의 타입이다. 그런 김형진마저 귀신같이 맞히는 무당님의 말에 마음이 흔들렸다.

김형진 : 도형 씨, 우리 한 군데만 더 가 보자. 거기서도 같은 말 하면 우리 굿판 벌이자. 나도 돈 보탤게.

김도형 : 그치? 진짜 놀랬지? 귀신의 도움을 받아서라도 정명석, 이 새끼는 죽여 버려야겠지?

두 번째 점집에서는 '우리 삼촌'이라고 말하고는 정명석의 생년월일을 알려주었다. 박수무당님의 말이 묘했다.
"이분은, 음… 명예도 있어 보이고… 가진 것도 많으신 것 같고… 음… 따르는 사람도 참 많아 보이네요."
명예가 있으면 있었지, 명예가 있어 보인다는 말은 무엇이며 따르는 사람이 많으면 많았지 많아 보인다는 무슨 말인가.
한참 동안 모호한 표현의 설명을 듣던 김형진이 맹인 박수무당님에게 말했다.
"사실은요. 그 사람이 저희 삼촌이 아니고요. 지금 저희랑 죽기 살기로 싸우는 원수입니다."
맹인 박수무당 왈, "아이고, 그랬군요. 나는 삼촌이라길래 욕을 못 했잖아요. 이거 아주 나쁜 새끼입니다. 이 사람 이거, 자기를 생미륵이라고 하는 사람인데요? 여자 여럿을 동시에 깔고 자는 인간인데? 이거 요상한 새끼일새?"
김도형과 김형진은 결심했다. "굿판을 벌이자~~."

며칠 후, 성북구의 어느 외진 집.
영화에서나 보던 굿판이 시작되었다. 징과 꽹과리가 요란하게 울리고 있었고, 맹인 고수들이 열심히 북을 두드리고 있었다. 무당님은 주문을 외며 펄떡펄떡 뛰고 있었고, 오늘 굿의 주인공 김도형은 무당님의 지시에 따라, 열심히 절을 하고 있었다.

100번, 200번, 300번…… 허리가 끊어질 듯 아팠고, 다리에 쥐가 날 정도였지만, 이걸로 정명석을 잡을 수만 있다면 더한 것도 하겠다는 심정으로 열심히 절을 하고 또 절을 했다.

북소리와 징소리는 점점 더 요란하게 커지고 있었다.

굿이 끝나고 김도형은 앓아 누웠다.

"아이고, 나 죽네. 정명석 잡기 전에 내가 먼저 죽네. 아이고~ 나 죽네, 사람 살려~."

며칠 후, 김도형은 무당님의 집을 찾았다.

무당님은 부적을 써 주셨다.

"이 부적을 한강에 가서 불에 태워라. 그리고 그 재를 한강에 뿌려라. 재를 뿌리고 나서 뒤를 돌아보면 안 된다. 절대로! 명심해야 한다."

부적을 받아든 김도형은 잠수교 한가운데로 걸어갔다. 착한 김도형은 무당님의 말씀에 곧이곧대로 따랐다. 잠수교 한가운데서 맛나게 담배를 한 대 피운 후, 김도형은 부적에 라이터 불을 갖다 붙였다. 그리고 재를 잠수교 아래로 던졌다. 그리고 돌아서서 걸어가며 외치고 또 외쳤다.

"뒤돌아보면 안 돼. 안 돼. 절대 안 돼."

몇 년 후, 김도형이 돌발성 난청에 걸렸을 때, 김형진이 말했다.

"그러게 뒤돌아보지 말라고 했잖아."
"아니야, 인마, 나 진짜 뒤 안 돌아봤어."

김도형의 지극정성이 하늘에 닿았는지, 맹인 무당의 신기가 용했던 것인지, 기어이 김도형은 정명석과의 싸움에서 승리했고, 약간 늦기는 했지만 자신의 본업으로 돌아와 정규직 취업도 되었다.
김도형이 정신없는 굿판에서 무릎이 부서지도록 절을 했던 일, 잠수교에서 부적을 태워 강에 버린 후, 행여 실수로라도 뒤를 돌아보게 될까 봐 다리를 건너는 내내 온 신경을 집중하여 걸었던 일화는 이제 엑소더스 회원들 사이에서는 재미있게 회자되는 추억거리가 되었다.

◇◇◇◇◇◇◇◇◇◇◇◇◇◇◇◇◇◇◇

3장
대만에서, 말레이시아에서, 일본에서 그리고 홍콩에서

 출국금지 해제

  1999년 1월 8일, 황 양 납치사건 바로 다음 날 홍콩으로 도망갔던 정명석은 2년 후인 2001년 2월, 한국으로 돌아왔다. 1999년 12월까지 SBS '그것이 알고 싶다'에서 세 번 방송된 후, 이렇다 할 언론의 보도 없이 잠잠해지자, 슬며시 귀국한 것이다.

  그러나 정명석의 해외 도피가 길어지자, 김도형은 그가 귀국하기 몇 달 전, 정명석을 소송사기, 무고 등의 혐의로 형사고소를 했다. 여신도를 성폭행하고도 그러한 사실이 없다며 김도형에게 1억 원의 손해배상 청구소송을 제기한 것은 소송사기, 성폭행 사실을 부인하고 김도형을 허위사실적시에 의한 명예훼손 혐의로 고소한 것은 무고에 해당하기 때문이다. 김도형은 이 사건을 수사한 충남지방경찰청에 해외 도피 중인 정명석에 대하여 입국 즉시 출국금지되도록 신청해 두었다. 즉, 정명석이 입국하는 대로 수사기관에 자동으로 통보되고, 동시에 자동으로 출국금지가 되도록 조치를 해 둔 것이다. 이러한 사정을 전혀 몰랐던 정명석은 황 양 사건이 조용해지자 모든 사건이 종결된 것으로 판단하여 귀국했다.

　정명석은 한국에 들어온 직후, 자신이 출국금지 상태인 사실을 알고, 화들짝 놀랐다. JMS 측은 출국금지를 해제하기 위하여, "대만에서 세계적인 축구대회가 열릴 예정인데, 이 대회에 참석해야 한다."라는 구실로 출국금지 해제를 시도하였다. 그러나, 그들이 말한 '세계적인 축구대회'란, JMS 스스로 주최하는 행사를 그럴싸하게 과대 포장한 것으로, 교주의 해외 도피를 위해 급조한 것에 지나지 않는다. 김도형과 엑소더스는 이에 대하여 "이번에 출국금지를 해제하면 정명석은 귀국하지 않고, 계속해서 해외로 도피하며 성범죄를 저지를 것이다. 절대로 출국금지를 해제하지 말라."고 강력하게 진정하였다. 정명석의 출국금지를 해제하지 말아달라는 엑소더스의 진정서만 큰 박스로 두 박스가 넘는 분량이 접수되었다.
　그러나 대전지방검찰청 특수부의 박 모 검사는 이를 모두 무시하고, 문보증이라는 JMS 대표로부터 신원보증을 받고, 사건이 종결되기도 전에 정명석의 출국금지를 해제해 주었다.
　이때부터 정명석은 목줄 풀린 미친개처럼 중국, 일본, 대만, 말레이시아, 홍콩 등으로 도피하며 미친 듯이 성범죄를 저질러 국위를 손상시키게 된다. 더구나 정명석이 해외로 출국하고 불과 반 년도 안 되어 새로운 성범죄 피해자가 정명석을 형사고소하는 사건이 발생했으니, 정명석의 출국금지를 해제한 박 모 검사는 바로 몇 달 전까지도, 어떻게든 김도형을 엮어 넣으려 정성을 다하던 특수부의 바로 그 검사이다.

 정명석에게 보낸 편지

정명석이 슬며시 귀국한 지 얼마 지나지 않았을 때이다. 김도형은 정명석의 출국금지 조치 외에도, 다른 민사소송에선 그를 증인으로 신청해 두었다. 그런데, 해외 도피 중이던 정명석이 계속 증인출석을 하지 않아, 당시 구인장이 발부되어 있던 상황이었다. 언제라도 정명석의 정확한 소재지만 파악되면, 정명석은 강제로 법정으로 끌려 나와 증인선서를 해야 하고 "증인은 여 신도를 강간한 사실이 있나요?"라는 증인신문에 답변을 해야 할 형편이었다. 정명석이 '그렇다'라고 대답하면 강간죄로 처벌을 받을 것이고, '아니오'라고 대답한다면 위증이 될 것이다. '재림예수'를 모실 김도형의 준비는 완벽했다.

2001년 3월 10일, 늦잠을 자던 김도형은 다급한 전화 벨소리에 눈을 떴다. 전화를 건 사람은 평소 김도형에게 JMS 내부 정보를 알려주던 JMS 신도였다.

"김도형 씨, 뭐 해요? 지금 정명석이 도형 씨 근처에 있어요!!"

세상에나! 정명석이 대덕연구단지 내 K연구소 운동장에서 JMS 신도 수천 명을 모아 놓고 축구경기를 벌이고 있다는 것이다.

'이게 눈에 뵈는 게 없나. 어디 감히 누구 동네에 와서 공을 차?'

김도형은 벌떡 일어나 간단히 씻고 차를 몰아 K연구소로 즉시 출발했다. 김도형의 차 옆자리에는 엑소더스에서 친하게 지내는 동생이 함께 했다. 그 동생은 2년 전, "우리 선생님을 모욕하는 김도형을 죽여버리겠다."라며 진짜 칼을 품고 김도형을 찾아왔었다. 막상 만난 김도형의 인상이 JMS에서 선전하는 모습과 달리 반듯해 보였기 때문에, 그 동생은 김도형을 죽이기 전에 무슨 이야기를 하는지 들어나 보자 하며 마주 앉아 김도형의 이야기를 들은 것이 인연이 되었다. 그 동생은 그 후 JMS의 실체를 제대로 깨닫고 JMS를 탈퇴하여 지금은 김도형과 의형제를 맺은 사이가 되었다.

정명석이 놀고 있다는 대덕연구단지에 이르자, 도로변 양측이 차량들로 빼곡했다. 대덕연구단지에서 10년을 넘게 있었던 김도형이지만, 이곳에 이렇게 많은 차가 세워진 건 본 적이 없다. 김도형은 어처구니가 없었다. '우리 동네가 사이비 집단의 광신도들로 들썩거리다니, 있을 수 없는 일!!'이라며 연구소로 전화했다.

"여보세요."

"네, 수고 많으십니다. 지나가다가 전화를 드리는데요, 이렇게 불법주차를 해도 되는 겁니까?"

"잠시만요, 담당자 바꿔드릴게요."

"여보쇼, 이렇게 불법주차 해도 되냐고요?"

"아, 네. 연구소에서 허가를 받고 진행하는 행사입니다."

"뭐라? 연구소에서 허가받으면 국도에 아무렇게나 주차해도 되는 거야? 당신 행사 주관자요?"

"네, 그렇습니다만…."

"그럼, 너 JMS 신도라는 얘기네?"

"누구세요?"

"누구긴 누구야, 김도형이지. 정명석이 새끼한테 기다리라고 전해라. 나 지금 정명석 목 따러 간다. 다 왔어, 바로 앞이야."

전화를 끊은 지 불과 2~3분 후 김도형에게 연락을 주었던 정보원에게서 다시 전화가 왔다.

"도형 씨, 정명석이 행사를 중단하고 차를 타고 방금 출발했어요."

"그래요? 무슨 차를 타고 갔나요?"

"검정색 ***승용차예요."

그 말을 듣는 순간, 연구소 정문에서 검은색 최고급 리무진 두 대가 눈에 띄게 빠른 속도로 빠져나오는 것이 보였다. 김도형은 함께 왔던 의형제 동생을 행사장에 내려놓고, 곧바로 액셀을 밟았다. 오매불망!! 2년을 해외로 떠돌던 정명석의 차 꽁무니가 지금 김도형의 바로 앞에서 속력을 높이며 달아나는 중이다. '저 차 안에 정명석이 있다'라는 생각만으로 김도형의 가슴이 터질 것 같았다. 김도형도 정명석을 놓치지 않기 위해 속력을 높였다.

정명석의 고급승용차 뒤를 꼬마자동차가 붕붕거리며 따라 붙으니, JMS 경호부 소속 차량까지 함께 따라 붙어 졸지에 7~8대의 승용차들이 대낮에 대로에서 추격에 추격을 거듭하게 되었다. 김도형의 생각은 조용히 정명석의 차량을 미행하여 정명석의 숙소를 알아낸 후 정명석에 대한 구인장이 집행되도록 할 생각이었으나, 놈이 출발부터 워낙 전속력으로 밟아대는 바람에 뜻하지 않게 서로 물고 물리는 한낮의 추격전이 연출된 것이다.

수많은 영혼을 짓밟은, 찢어 죽여도 시원찮을 놈이 눈앞에 나타나자, 김도형은 생각할 겨를도 없이 일단 죽기 살기로 놈을 쫓았다. 엔진이 터질 정도로 액셀을 밟아 댔지만, 4,000cc급 고급승용차가 전력질주로 도망가는 걸 따라잡기엔 역부족이었다. 잠시 후, 사거리에 이르자 JMS 경호부가 대각선으로 차를 세우면서 김도형의 차 앞을 가로막았다. 김도형은 잽싸게 옆의 인도를 타고 넘어 다시금 정명석을 쫓았다. 그러나 연구단지 내 롯데호텔 삼거리에서 경호원의 차량이 김도형의 앞뒤를 막아선 후, 경호원 한 놈이 차량에서 내렸다. 김도형은 다급한 마음에 창문을 열어 경호원에게 외쳤다.

"야이, 씨발놈들아! 니들 뭐야! 어서 차 빼!"라고 외치는데, 성큼성큼 다가온 경호원이 김도형의 열린 차창 안으로 상체를 쑥 들이밀더니 김도형의 차키를 휙 돌려 뽑아서 자기 차로 돌아가 버렸다. 시동이 꺼져 버린 차 안은 조용했다.

헉하고 놀란 것도 잠시, 김도형은 얼른 정신을 차리고 황급히 지갑에서 비상키를 꺼내 다시 시동을 걸었다. 김도형은 핸들을 급하게 꺾어서 다시 출발하며, 경호원의 차를 향해 외쳤다.

"넌, 절도야! 이 새끼야, 각오해!"

김도형이 다시금 요란하게 정명석을 추격했지만, 얼마 못 가서 길 한복판에서 경호원들의 차량에 완전히 포위되었다. 이번에는 놈들이 차를 얼마나 바짝 갖다 댔는지, 차 문도 열지 못할 정도였다. 김도형이 오도 가도 못하고 서 있는 사이에 정명석을 태운 차는 유유히 사라졌고, 잠시 후 경호원 놈들의 차량이 한 대씩 김도형의 곁을 스치며 떠나갔다. 경호원들이 다 떠나간 자리에 남은 김도형의 차는 대로 한가운데 표류하는 조각배마냥 덩그러니 홀로 남겨졌다. 삐딱하게 정차된 김도형의 차는 이를 구경하는 수십 대의 차에 둘러싸였다.

그 후 제보자가 알려준, 정명석이 떠난 행사장의 모습은 이랬다. 정명석은 축구경기를 마치고 축구골대를 배경으로 신도들과 희희낙락 사진을 찍고 있던 중, 다급하게 달려온 어느 신도로부터 어떠한 보고를 받았다는 것이다. 그리고, 그 길로 정명석은 혼비백산해서는 '걸음아, 날 살려라~' 하며 운동복 차림으로 자신의 고급 리무진으로 달려가더란다. 정명석이 탑승하자마자 차량은 전속력으로 달리기 시작했으니, 김도형이 간다는 말에 재림 예수라는 사람이 어지간히 놀란 모양이다.

김도형이 가만히 생각해 보니 마음이 아팠다. 7~8대 차량에 나눠 탄 경호원의 호위를 받는 정명석을 김도형이 대로 한복판에서 붙잡았다 한들, 딱히 어찌 할 수도 없었을 텐데 꼬마자동차 붕붕 김도형이 무서워 수천 신도들 앞에서 줄행랑을 놓다니. 김도형은 많이 놀랐을 정명석을 달래 주어야겠다고 생각했다. 김도형은 당시 정명석의 주소지로 되어 있던 대전시 서구 둔산동의 어느 아파트 단지 내 상가의 통닭집을 찾았다.

"사장님, 수고 많으십니다. *동 ***호에 양념통닭 한 마리 배달 좀 부탁드릴게요. 그리고 이 편지를 꼭 함께 전달해 주십시오. 아마 그 사람이 제 이름을 들으면 안 받을 확률이 높은데, 꼭 배달해 주세요. 제가 추가로 2만 원을 더 드리겠습니다."

예상대로, 통닭집 아저씨가 배달을 가자 정명석의 주소지 아파트에 있던 부하들은 보낸 이가 김도형이라는 얘기에 극구 통닭을 받지 않으려고 했다. 하지만, 김도형에게 추가 요금까지 받은 사장님은 JMS 신도에게 사정을 하셨다.

"저 좀 살려주세요. 저도 먹고 살아야 해요. 이거 안 받으시면, 제가 그 사람한테 돈을 물어줘야 해요. 그러니 그냥 버리시더라도 받아만 주세요. 네?"

동네 통닭집 사장님의 간절한 부탁으로 배달은 성공했다. 그들이 받아든 통닭에는 편지 한 통과 수십 장의 광고명함이 들어 있었다.

자필 편지는 "정명석 군, 보게나."라는 말로 시작이 되었다.

"오랜 해외 도피로 그 좋아하던 영계에 얼마나 굶주렸는가? 이제는 또 한국에서 밤새도록 영계 따먹느라 얼마나 고생이 많은가? 자네의 생명나무는 아직 건재한지, 안부 좀 전해 주시게나… 내 오늘 친히 자네에게 필을 드는 이유는 편식하지 말고 골고루 처먹으라는 뜻이네. 동봉하는 명함들은 대전 사창가의 마사지걸과 콜걸들의 연락처일세. 또한, 내 친히 자네의 물개 뺨치는 정력보강을 위하여 양념통닭을 한 마리 하사하는 바이니, 맛있게 처먹고 감사의 전화 한 통을 때려 주기 바라네. 내 연락처는 016-407-****일세."

정명석 군 보게나

자네의 오랜 해외… 굶주렸는가
이제는 또 한국에서 밤새도록 연재 따먹느라 얼마나 고생이 많은가
자네의 생명나무는 아직 건사한지… 안부 좀 전해 주시게나.
이보게나, 이 사람아.
아무리 굶주렸어도 급하게 먹으면 체하는 법!
건강 좀 생각하며 처녀를 따 먹게
자네의 생명나무가 자네를 욕하겠는
내 오늘 친히 자네에게 · 붓을 드는
편식하지 말고 골고루 처먹으라는
동봉하는 명함들은 대전 사찰가의 마사지걸과 콜걸들의 연락처일, 환수될걸세
         하시게.
                                      양념통닭을
한 마리 하사하는 바이니, 맛있게 처먹고 감사의 전화 한 통을
나에게 때려주기 바라네. 연락처는 016-407-▮▮▮▮ 일세.
                          연재는 커녕, 양념통닭 냄새도
                          기뻐 죽겠다네…. 이 사람아
                          막 생명나무가 부러질 때까지
                          네. 이 사람아.
                    IST 연구실에서
              김 도 형

내 오늘 친히 자네에게 붓을 드는 이유는?

동봉하는 명함들은 대전 사찰가의 마사지걸과 콜걸들의 연락처일,

양념통닭을 한 마리 하사하는 바이니, 맛있게 처먹고 감사의 전화 한 통을 나에게 때려주기 바라네. 연락처는 016-407-▮▮▮▮ 일세.

<정명석에게 보낸 편지와 동봉된 출장 마사지 명함들>

김도형은 며칠 전의 추격전으로 놀란 정명석에게 이 편지가 심심한 위로가 되기를 바랐다.

대전 유성은 1990년대 초부터 관광특구로 지정된 곳이라 저녁이면 길거리에 세워진 승용차마다 마사지를 빙자한 성매매 광고 전단이 눈처럼 많이 쌓이는 곳이다. 어느 날 김도형은 아예 작정을 하고, 성매매 광고 전단을 모으기 위해 해가 저문 유성의 으슥한 뒷골목을 훑으며 돌아다녔다. 성매매 광고 전단을 주우면서 너무 창피했다. 지나는 사람마다 흘겨보며, '젊은 놈이 아주 환장을 했구만, 쯔쯔쯔~' 하는 눈치였다. 얼굴이 화끈거리고 뒤통수가 당겼지만, '엉아 때문에 많이 놀랐지? 우쭈쭈… 우리 명석이 달래주어야지.'라는 일념에 김도형은 줍고 또 주웠다. 편지를 받아 본 정명석의 기분이 어땠을까.

 ## 진검승부 - 위증 vs 명예훼손

2001년 여름, 대전지검의 '출국금지 해제'라는 말도 안 되는 배려로 정명석은 대만으로 출국했다. 정명석이 다시 해외로 도피한 후, JMS의 10여 명의 간부는 김도형을 상대로 '허위사실적시에 의한 명예훼손' 혐의로 형사고소를 하였다.

이것이 '2차대전'의 시작이다. 고소내용은 1차대전 때와 거의 동일하였다.

'우리는 교주님과 집단 성관계를 한 적도, 다른 여 신도를 성상납한 적도 없는데, 김도형이 허위사실로 내 명예를 훼손했다'는 것.

다만, 1차대전 때(1999년) 김도형을 고소했다가 녹취록 때문에 거짓말이 들통나서 망신을 당했던 사람들은 모두 뒤로 빠지고, 새로운 간부들을 앞장 세웠으니, 고소인들만 달라졌을 뿐 사건의 내용은 1차대전 때와 크게 다를 바 없었다. JMS 측은 설마 김도형이 새로운 간부들의 녹취록까지 가지고 있으랴 생각한 것 같다.

그러나 김도형은, 1차대전과는 좀 다른 방식으로 대응하였다. '공격이 최선의 방어'라는 평소 지론에 따라, 김도형은 자신을 고소한 고소인들 중 JMS 여자 목사인 맹위증과 장위증(이하 '맹장'이라고 함)을 위증으로 형사고발하였다. JMS 측이 '나는 그룹섹스라고는 해 본 적도 들은 적도 없는데, 그룹섹스를 한다고 욕을 하는 김도형이 허위사실적시에 의한 명예훼손을 하였다.'라고 김도형을 고소(명예훼손 사건)하자, 이에 김도형은 '그룹섹스를 밥 먹듯이 하는 집단이 그런 적 없다고 법정에서 증언한 것은 위증'이라는 고발(위증 사건)로 응수한 것이다. 이는, 양측이 완벽하게 상반되는 주장으로, '정명석의 그룹섹스' 여부에 관하여 과연 어느 쪽이 진실인지 겨루는 진검 승부이고, 그야말로 건곤일척이라 할 수 있을 것이다.

1999년 1월 황 양 사건이 터지자마자 해외로 도피한 정명석은 자신의 주민등록을 서울 평창동의 대저택에서 대전 둔산동의 25평짜리 아파트로 옮겼다. 김도형이 통닭과 편지를 보냈던 바로 그 아파트이다. JMS는 1999년 초에 대전지방검찰청 차장검사로 갓 퇴직한 이 모 변호사를 선임한 후, 곧바로 정명석의 주소를 대전으로 옮겨 놓고는, 정명석 관련 사건들을 전부 대전지검으로 이송시켰다. 사건들은 대전지검으로만 넘어가면, JMS의 전관예우 변호사 덕택에 납득할 수 없는 해괴한 결과가 나오기 일쑤였다. 출국금지 해제도 그중 하나였다.

 김도형은 당연히 대전지검에 대하여 불만이 많았다. 위증과 명예훼손으로 맞붙은 2차대전에서, 양측 당사자들 대부분의 주소지가 서울이었다. 김도형은 JMS가 손 쓸 틈을 주지 않고 사건을 서울중앙지검으로 이송해 줄 것을 재빠르게 신청했다. 그리고 마침내 사건은 서울중앙지검으로 이송되었다.

 증인과 참고인들에 관한 검찰의 수사가 시작되었다. 위증 사건은 종로경찰서에서 수사가 진행되었다. 통상의 성관계는 일대일의 관계이기에 형사사건에서 입증을 한다는 게 쉬운 일이 아니다. 그러나 정명석은 집단적 성관계, 소위 말하는 그룹섹스를 즐기는 특별한 인간이기에 증인이 존재했다. 김도형은 JMS 여 목사 맹위증, 장위증이 정명석과 그룹섹스를 할 때, 방에 함께 있었던 탈퇴 여성 신도 3명을 증인으로 내세웠다.

 김도형 측 증인들과 맹장의 대질이 있던 날, 맹위증은 수사관 앞에서 얼굴이 새빨개진 채 제대로 말을 잇지 못했다. 맹위증이 정명석과 그룹섹스하는 것을 한방에서 지켜본 서울대 출신의 한 증인은 맹의 신체적 특징인 함몰유두까지 구체적으로 증언했기 때문이다. 자신이 그룹섹스하는 모습을 한방에서 지켜본 증인들이 면전에서 자신의 거짓말을 낱낱이 까발리니 곤혹스러웠던 것이다. 이 상황을 지켜본 수사관은 어떻게 판단했을까. 마침내 종로경찰서 수사관은 '위증의 혐의가 인정되어 기소할 것'이라는 의견을 달아 서울중앙지검으로 사건을 송치하였다.

위증 사건의 담당검사는 서울중앙지검의 박 모 검사였다. 그는 대전지검 박 모와는 전혀 딴판으로, 불의를 보면 참지 못하고 정의감이 넘쳐흐르는 멋진 검사였다.

박 모 검사는 김도형을 불러 말했다.

"김도형 씨, 나 처음에 김도형 씨 고발장을 보고 '뭐 이런 말도 안 되는 고발이 있나.' 하고 생각했습니다. 근데, 경찰 수사결과 기소의견으로 온 걸 보니 더 기가 막히네요. 아니 요즘 시대에 어떻게 이런 일이 있을 수 있나 싶은 생각이 듭니다. 그런데 김도형 씨, 내가 만약에 맹장을 기소한다고 합시다. 그러면 법원의 판사가 믿어 줄까요? 21세기에 멀쩡한 여대생들이 아버지뻘의 국졸 출신 사이비 교주하고 그룹섹스를 한다는 것을 판사가 믿어 줄까요? 그것도 수백, 수천 명의 여대생이? 판사도 믿기 힘들 겁니다. 그렇지 않겠어요? 그러니, 맹장의 그룹섹스를 목격한 사람 말고라도 정명석과 성관계를 가진 여 신도들을 최대한 모아 참고인으로 출석하여 조사받도록 해주십시오. 그러면 사건을 신중하게 검토해 보겠습니다."

김도형은 사활을 건 사안인 만큼 최선을 다했다. 긴가민가 하며 탈퇴를 고민하는 현 JMS 여 신도를 설득하여 참고인으로 출석하게 했고, 부산에 사는 피해자에게는 비행기 표를 끊어주고 공항에서 직접 차로 모셔다가 조사받을 수 있게 했다. 이 외에도 유명 미인대회 입상자였던 피해자도 검찰에 출석하여 조사를 받게 만들었다.

JMS 측도 반격을 준비했다. 위증 사건에서 JMS 측 변호인의 주장은 "김도형이 한 짓을 보시오. 이게 정상적인 사람이 할 짓입니까. 이건 인격파탄자나 할 짓입니다. 김도형은 짝사랑하는 여자와 이루어지지 않아 인격파탄자가 된, 한마디로 미친놈입니다."라는 취지였다. 그리고 그 증거로 제출한 것이 바로 김도형이 정명석을 위로하기 위해 양념통닭에 꽂아 보냈던 자필편지와 수십 장의 출장마사지 명함이었다.

그것을 받아 본 검사와 수사관이 '김도형이 인격파탄자 맞네'라고 했을까? 수사관은 다행히 객관적이고 상식적인 사람이었다. 수사관은 제출된 증거들을 김도형에게 보여 주며 이렇게 물었다.

"김도형 씨, 이거 진짜 김도형 씨가 보낸 거 맞아요?"

"네. 아, 이 명함 모으느라고 얼마나 창피했는지 아십니까? 또 하라면 저 못해요."

"우하하! 아이고, 웃겨라. 정명석이 임자 제대로 만났네."

수사관은 김도형과 함께 낄낄거리며 웃었다. 강간범과 강간범 골려주는 사람 중 누가 인격파탄자일까?

그렇게 사사건건 첨예하게 맞붙었던 JMS의 위증 사건 수사의 결론은 이랬다.

"정명석이 여 신도들과 집단적인 성관계를 갖는다는 것은 사실로 판단된다. 특히, 피고인 맹위증은 1993년 8월경, 그리고 1997년 상반기경 충남 금산군 진산면 석막리 월명동 소재 정명석의 사택에서 정명석과 집단적 성관계를 가졌고, 피고인 장위증은 1994년 가을 정명석의 사택에서 정명석과 집단적 성관계를 가졌다. 따라서 정명석과 성관계를 한 적이 없다고 증언한 JMS 여 목사 맹위증과 장위증은 위증혐의가 인정되어 '불구속 구공판'으로 기소한다."

한편, 명예훼손 사건을 수사했던 서울중앙지검의 또 다른 검사의 결론은 이랬다.

"맹장이 정명석과 집단 성관계를 가진 사실을 인터넷에 공개한 김도형은 사실적시에 의한 명예훼손 혐의가 인정되므로 벌금 200만 원의 약식명령에 처한다."

JMS가 김도형을 '허위사실적시 명예훼손'으로 고소한 사건을, 수사를 마친 검사가 '사실적시 명예훼손'으로 바꾸어 처분을 내렸다는 것은, '맹장이 교주와 그룹섹스를 한다.'는 김도형의 주장이 최소한 '허위사실'이 아닌 '사실'임을 공식적으로 인정한 것이다. 사실을 까발려도 법으로는 명예훼손이다. 교주와 여 목사가 그룹섹스한다고 동네방네 알려 망신을 주었으니, 그게 죄라면 죄였다. 그래서 김도형이 벌금 200만 원을 맞은 것이고, 이 점은 김도형도 개인적인 감정이 없는 이상, 일면 안타깝게 생각한다. 하지만, 그들 스스로 '우리는 그룹섹스를 밥 먹듯이 하는 집단이에요. 그러니 잘 알고 믿으세요.'라고 신도들에게 고지만 잘 했다면, 김도형이 인터넷에 그런 글을 올리는 수고 따위는 하지 않았을 터이니, 그들의 망신은 그들의 몫인 셈이다.

이로써 2001년 9월, 위증 사건과 명예훼손 사건의 수사검사 두 명 모두 '정명석과 여 목사들이 그룹섹스를 한다.'는 사실을 인정하였으니, 2차대전의 1라운드는 김도형의 승리였고, 2라운드라 할 수 있는 법원의 판단을 남겨두고 있었다.

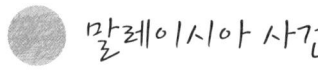 말레이시아 사건

맹장 사건의 수사가 한창 진행되던 어느 날이다. 김도형, 그리고 김도형이 대동한 참고인이 검사실에서 조사를 받고 있었다. 정명석의 성폭행 피해자였던 JMS 현 신도인 박성실이 어렵사리 설득되어, 검찰에 참고인 자격으로 함께 출석한 것이다. 박성실이 검사실에서 정명석의 그룹섹스에 관해 진술하는 중이었다.

이때 박성실에게 한 통의 전화가 걸려왔다. 박성실의 친구인 신입 JMS 여 신도 최현서가 JMS 간부의 주선으로 정명석을 만나러 말레이시아로 출국했다는 또 다른 친구의 전갈이었다. 전화를 받은 박성실은 자신에게 한 마디 상의도 없이 아무것도 모르는 최현서를 정명석에게 보낸 JMS 간부의 행태에 분노했다. 박성실은 키가 크고 출중한 미모를 지닌 친구 최현서가 정명석을 만나게 되면 성폭행을 당할 가능성이 100%라는 걸 알고 있었다. 그들의 수법이 그랬다. 아무것도 모르는 여 신도에게 재림예수를 만난다는 기대를 심어 정명석에게 보내지만, 실상은 성상납이다. 보내는 자들은 그녀가 교주를 만나면 무슨 일을 당할지 다 알면서도, 당사자에게는 아무 언질도 없이 등 떠밀 듯 교주에게 보내는 것이다.

염려대로, 말레이시아에서 정명석을 만난 최현서는 정명석에게 성추행을 당했고, 귀국 즉시 친구 박성실의 도움으로 김도형을 찾아왔다. '김도형과 반JMS에 의하여 모함을 받는 불쌍한 우리 선생님(정명석)'이라고 믿고 있던 최현서가 "정명석! 이 미친 놈!"이라고 외치기까지는 정명석을 직접 만난 지 불과 한 시간도 지나지 않아서였다.

최현서는 김도형을 만난 후 곧바로 정명석을 형사고소했다. 1987년 이후 14년 만에 정명석이 성범죄 형사피의자로 입건된 것이다.

대전지검의 편파적인 수사를 여러 번 경험한 김도형은 말레이시아 사건의 고소장을 서울중앙지검에 접수하였다. 그런데 JMS 측 대전지검 차장검사 출신 전관예우 변호사가 중앙지검 담당검사인 박 검사를 찾아가서, "사건을 대전지검으로 이송해 달라."고 요구하였다. 이에 정의감 넘치는 박 검사는 "관련사건(위증 사건)이 서울중앙지검에서 수사 중이므로 이송해줄 수 없다."라고 단호하게 거절하였으나, JMS 변호사는 더 윗선에 '소정외 변론'을 한 모양이다. 얼마 후, 박 검사는 말레이시아 사건을 대전지검으로 이송하라는 부장검사의 전화를 받게 되었다. '검사동일체의 원칙'에 충실한 검찰의 생리상, 수사검사가 상관의 지시를 무시할 수는 없는 법이다. 이렇게 해서 말레이시아 사건은 다시 대전지검으로 이송되었고, 대전지검은 이번에도 '지명통보'라는 말도 되지 않는 처분 결과를 내 놓았다.

통상적인 절차에 따르면, 고소장이 접수되었는데 피의자가 출두하지 않으면 기소중지 처분이 된다. 기소중지가 된 피의자는 사안에 따라 지명수배 A 또는 B로 분류되어, 지명수배 명령이 떨어지게 된다. 그런데, '지명통보'라는 것은 지명수배보다 경미한 제일 마지막 등급이다. 지명수배 A는 피의자의 소재가 발견되는 즉시 현장에서 체포한 후 수갑을 채워 유치장에 집어넣는 것이다. 반면, 지명통보란 검문 중에 기소중지자를 우연히 발견하게 되었을 때에도, "당신과 관련된 사건이 대전지검에 있습니다. 그러니 조만간 대전지검에 가서 조사 한 번 받으세요."라고 안내하고 고이 보내주는 것이다. 안

내를 받은 피의자가 검찰에 나가지 않아도 달리 강제할 방법이 없다. 이게 연쇄성범죄자인 정명석에게 가당키나 한 일인가.

게다가 정명석은 진즉 출국금지 조치까지 내려졌던 피의자이다. 그런 자가 아무 조사도 받지 않은 상태에서 마치 해외에 급한 일이 있는 것처럼 서류를 꾸며서, "수사기관이 요구할 시 언제든 귀국하여 조사받겠다."는 서약서를 작성하고, 신원보증인까지 세워 출국금지 조치를 해제하고 출국하였다. 그렇게 출국한 정명석은 얼마 되지도 않아 또 다른 성범죄를 저질러 고소를 당하고도 수사기관의 출석 요구에 여전히 불응하고 있었다. 그렇다면 당연히 지명수배 A 및 인터폴 적색수배가 내려져야 할 것인데, 고작 '지명통보' 처분이 내려진 것이다. 해외에 있는 정명석이 불신검문에서 발견될 리는 만무하다. 이건 아예 수사를 하지 않겠다는 의사표시이고, 성범죄자 정명석에 대한 처벌에는 관심 없다는 공개선언이나 다름없다. JMS가 선임한 대전지검 차장검사 출신 전관예우 변호사의 영향력은 대전지검에서 더욱 막강하게 작용했다.

오늘날 이런 일이 벌어졌다면 그나마 언론이든, 여론이든 그냥 조용히 넘어가진 않았겠지만, 그 당시는 이런 막무가내 식 검찰의 처분에 김도형이 할 수 있는 일이 아무것도 없었다. 한바탕 항의는 해보았지만 소용없었다. 항의가 받아들여질 것이었으면 애초에 그런 터무니없는 처분이 내려지지 않았을 테니까. 말레이시아 사건은 그대로 대전지검 한 쪽 구석에 처박혀 그 후로 오랜 세월을 보내게 된다.

말레이시아 사건은, 하루가 멀다 하고 꾸준히 성범죄를 저질러 온 정명석을 14년 만에 고소한 사건이었으니, 반JMS 진영에게는 참으로 뜻깊은 사건이었다. 그러나 그 사건이 대전지검이라는 블랙홀로 들어간 이상, 김도형은 거기에만 매달릴 수 없었다. 이제 맹장 사건이 기소되었으니 곧 재판이 시작될 것이다. JMS 여 목사 2명(맹장) 및 정명석의 그룹섹스 여부가 쟁점인 만큼, 이 재판에서의 유죄 인정은 상당한 의미가 있다. 그들의 주장이 비록 손바닥으로 하늘을 가리는 것이라지만, 전관예우 변호사를 선임하여 적극적으로 무죄를 주장하고 있기 때문에, 김도형도 방심할 수 없었다. 또한 김도형은 명예훼손 사건에서 내려진 벌금 200만 원의 약식명령에 대해 정식재판을 청구했는데, 이 사건도 재판 기일이 잡혔다. 이 외에도 김도형의 특수강도 재판이 진행 중이었다. 어느 사건 하나 경중을 가릴 수 없을 만큼, 모두 김도형의 운명이 달려 있는 중요한 재판들이었다. 김도형은 몸이 열 개라도 모자랄 지경이었다. 그러나, 김도형의 본업은 학생이다. 이 와중에 공부와 연구도 소홀히 할 수 없었다.

 대만 언론 보도

그렇게 김도형이 참으로 공사다망하던 2001년 11월, 대만에서 새로운 소식이 날아들었다. <일주간(Next magazine)>이라는 대만의 주간지가 정명석에 관하여 특종을 보도한 것이다. 기사의 주요 내용은 "한국의 사이비 교주 정명석이 대만대학, 정치대학 등의 여대생 100여 명을 성폭행했다."라는 것이었다.

주간지의 표지에는 여 신도들에게 둘러싸인 정명석의 사진이 장식하고 있었으며, 사진 밑에는 '邪敎主 誘姦 臺大, 政大 百位女生(사교주 유간 대대, 정대 백위 여생)'이라는 제목이 붙어 있었다. '臺大(대대)', '政大(정대)'는 대만의 최고 명문대학인 대만대학과 정치대학을 일컫는다. 한국식으로 얘기하자면, '외국의 사이비 교주가 SKY 여대생 100여 명을 성폭행했다.'는 내용이다. 대만사회가 들끓지 않을 수 없는 사태가 벌어진 것이다.

잡지에는 특히 당시 대만총통이었던 천수이벤과 정명석이 함께 찍은 사진도 보도되어 파급효과는 더욱 컸다. 이때부터 대만의 모든 방송과 일간지, 주간지 취재진이 달려들어 취재 경쟁이 벌어졌다. 대만의 방송국 기자들은 대만대학교, 정치대학교 교내에 있는 JMS 동아리방과 대만 내의 JMS 교회로 달려가 취재를 시작했다.

한편, 한국에 있는 대만 언론의 특파원들이 앞다투어 김도형을 찾아왔다. 대만 중앙통신 특파원의 취재에 김도형은 적극 협조하였다. 대만 최대 발행부수의 일간지 '연합만보' 1면 톱으로 김도형과 반JMS 단체인 엑소더스와의 인터뷰 내용이 보도되면서, 거의 모든 대만언론이 이 기사를 퍼날라 기사화했다. 이에 대만 JMS의 대표인 황청수 목사가 기자회견을 열었다. 기자회견의 핵심은 언제나처럼 "정명석은 여 신도를 성폭행한 적이 없으며, 돈을 노리는 자들의 모함이다. 모든 사태는 한국의 반JMS 단체인 엑소더스가 꾸민 짓이며, 특히 김도형이라는 사람이 주동이 되어 모든 일을 꾸미고 있다."라는 주장이었다. 이러한 기자회견 내용도 대만언론에 보도되었다.

<대만 주간지 <일주간> (NEXT WEEK)의 표지>

<주간지의 보도내용, 가운데 윗부분의 사진은 대만 대학의 학보에서 이미 3년 전에 피해폭로를 다뤘다는 내용이다.>

<왼편의 그림은 정명석의 성폭행 수법을 설명하고 있다. 1. 진리를 가르쳐줄 테니, 따라오라. 2. 안마를 해다오. 3. 몸에 병이 있는지 검사해 주겠다. 4. 욕실로 유인하여 변태적 강간>

<주간지는 대만총통 천수이벤과 정명석이 함께한 사진도 보도하였고, JMS 교회를 드나드는 미모의 여 신도들의 사진도 보도했다.>

엑소더스는 주한 대만대표부가 입주해 있는 광화문 소재 동화면세점 앞에서 릴레이 1인 시위를 시작했다. 또한 대전지방검찰청 앞에서는 한국의 정명석 성폭행 피해자들이 1인 시위에 나섰다.

시위의 내용은 국가망신을 시키는 정명석의 출국금지를 해제하여 도피를 방조하고, 추가 성범죄에 대하여 '지명통보' 처분을 내린 대전지검의 각성을 촉구하고, 정명석에 관한 제대로 된 수사 및 강력한 처벌을 촉구하는 것이었다. 동화면세점 앞, 엑소더스의 1인 시위 광경은 다시금 대만 최대 발행부수의 일간지 <연합만보>의 사회면 톱으로 보도되었다.

<대만의 뉴스보도 화면 캡쳐>

 대만 기자회견

대만의 주간지 <일주간(Next magazine)>의 특종 보도가 있은 지 3주가 지나자 뜨겁던 열기가 어느 정도 잦아들었다. 여기에 다시금 불을 붙이기 위해 김도형은 대만에서 기자회견을 하겠다고 발표했다. 고맙게도 피해 여성 한 명이 함께 대만으로 가서 공개 기자회견을 하겠다고 용기를 내 주었다. 이러한 결정은 한국에 근무하는 대만 중앙통신사의 특파원에 의해 대만언론에 보도되면서 초미의 관심사로 대두되었다.

마침내 2001년 12월 엑소더스 회원들이 대만으로 출국하게 되었다. 출국 하루 전날, 대만 최대발행 부수의 일간지 <연합만보>는 엑소더스 회원들이 탑승하게 될 비행기 편명까지 보도하였으니, 출국 당일 엑소더스 회원들이 대만 공항에 착륙하여 비행기의 문이 열리자마자 카메라 플래시가 터지기 시작하였고, 회원들이 입국심사장으로 걸어가는 동안 수십 명의 기자들이 따라다니며 플래쉬를 계속 터트렸다. 엑소더스 일행이 정신을 차리기 힘들 정도였으니, 기자회견에 대한 대만 언론의 관심은 그만큼 폭발적이었다.

2001년 12월 10일, 대만의 청류협회 등 여러 시민단체의 도움으로 대만의 국회의사당에서 기자회견이 열렸다. 성폭행 피해자는 자신이 겪은 피해 사실을 폭로하며 절규했다. 이어서 엑소더스 회원 김홍일이 JMS의 만행을 조목조목 비판하는 기자회견이 이어졌다. 이때 대만의 JMS 목사 황청수가 기자회견장에 조용히 잠입하였는데, 그를 알아본 대만의 기자들이 웅성거리자 황청수는 자리를 피해 기자회견장 밖으로 나갔다. 이 사실을 알아챈 김홍일은 마이크를 내려놓고 기자회견을 황급히 중단하고는 황청수를 쫓아 나갔다. 수많은 카메라가 김홍일을 따라가며 플래시를 터뜨리기 시작했다. 기자회견장에서 얼마 가지 못해 황청수를 붙잡은 김홍일은 고래고래 고함을 질렀다.

"너 어딜 도망가! 이리 와! 이리 오란 말이야! 너는 인간이 아니고 마귀야, 마귀! 내가 지구 끝까지 따라간다. 니 무덤까지 따라간다!"

한국어에 능통한 황청수는 김홍일의 노기 서린 고함 소리와 자신을 향해 쏟아지는 카메라 플래쉬에 어쩔 줄 몰라 쩔쩔맸다. 김홍일의 옆에 있던 통역은 김홍일의 고함 소리와 똑같이 고래고래 소리지르며 한 마디도 빠짐 없이 전부 통역하였다. 이 장면은 그날 저녁 대만의 모든 방송을 통해 생생하게 보도되었음은 물론, 다음 날 전 일간지의 1면을 장식했다. 그해 말, JMS 사건은 2001년 대만 올해의 10대 뉴스 중 3위에 올랐다.

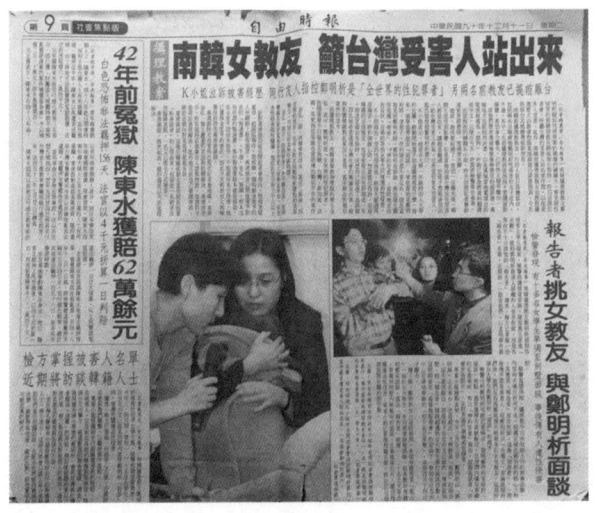

<대만 자유시보. 절규하는 피해자를 끌어안는 시민단체 관계자와 김홍일 씨에게 혼이 나고 있는 대만의 JMS 목사>

<대만 기자회견 관련 기사들>

한국에 있던 대만 중앙통신사 기자는 후에 김도형과 만난 자리에서 이렇게 말했다.

"김도형 씨, 대만에서 JMS는 완전히 끝났습니다. 포교? 어림없어요. 불가능합니다, 하하! 모두 김도형 씨 덕분입니다. 정말 수고하셨습니다. 고맙습니다."

그러나, 그로부터 20년이 지난 2021년 현재, JMS는 대만에서 다시금 독버섯처럼 퍼지고 있고, JMS의 든든한 자금원이 되어 주고 있다는 소식이 전해진다.

특수강도 사건 선고

2001년 9월 27일, 서울중앙지방법원 417호 대법정.

이날은 김도형의 특수강도 사건 1심 판결 선고 기일이었다. 그날은 선고할 사건도 많았고, 시국사건 관련 선고로 인해 그 선고를 들으려는 노동자들이 단체로 법정에 들어와 있어, 대법정은 빈자리가 없을 만큼 방청객들로 가득했다. 재판부가 입정하기를 기다리던 중, 김도형은 함께 법원에 온 엑소더스 회원 김형진에게 자신의 자동차 키를 건네주었다. 행여 자신이 법정구속되면 타고 왔던 자동차를 맡아달라는 부탁이었다.

"가노라 삼각산아~ 다시 보자 한강수야~"라는 김상헌의 싯구가 그 순간 김도형의 가슴에 와 닿았다.

드디어 재판부가 입정하고 자리에 앉자 시끌벅적했던 법정은 순식간에 조용해졌다. 재판장은 제일 먼저 특수강도 사건의 사건번호를 부르더니 피고인 김도형을 찾았다. 김도형이 자리에서 일어나 대답하자 재판장은 이렇게 말했다.

"김도형 피고인, 이 사건은 매우 복잡한 사건입니다. 따라서 선고하는 데도 시간이 오래 걸릴 것 같아서 제일 마지막에 선고를 하겠습니다. 오늘 선고할 사건이 많으니 김도형 피고인은 밖에 나가서 쉬다가 1시간쯤 뒤에 들어오세요."

참으로 흔치 않은 특별 배려였다. 김도형은 밖으로 나가 마지막일지 모를 자유를 한 시간 동안 만끽했다. 휴식을 마친 김도형이 법정으로 돌아왔을 땐 아직 앞의 사건들 선고가 진행 중이었다. 김도형이 한참을 더 기다린 후에야 특수강도 사건 번호가 불렸다. 넓은 대법정의 방청석을 가득 메우고 있던 방청객들은 이제 모두 빠져나가, 방청석에는 특수강도 사건의 관계자인 피고인 세 명, 김도형의 어머니, 엑소더스 회원 김형진, 그리고 JMS 측 신도 한 명이 드문드문 자리에 앉아있었다.

김도형은 떨리는 마음으로 피고인석에 섰고 판사의 판결 설명이 시작되었는데, 재판장의 첫마디는 이랬다.

"피고인들이 좋은 일 하는 건 이해하겠는데, 그래도 법은 지키면서 해야지요."

차분한 어조로 시작된 재판장의 판결 설명은 10여 분간 이어졌다. "읽어 볼 수도 없을 만큼 많은 탄원서가 들어왔고, 진정서도 참 많이 들어왔다."는 말을 마지막으로 재판장은 판결의 주문을 낭독하기 시작했다.

주된 특수강도라는 죄명은 유죄로 인정이 되었고, 공소사실 중 '협박'은 사회 통념상 용인될 수 있는 정도의 언사라는 이유로 무죄, 그렇게 해서 징역 2년 6월에 집행유예 3년이 선고되었다.

생전 처음 형사사건의 피고인으로 재판을 받은 김도형은 특수강도라는 어마어마한 죄명으로 집행유예 선고를 받았다. 김도형은 만감이 교차했다. 죄명에 비해 집행유예는 가벼운 처벌이고, 법정 구속을 면한 것만으로도 다행이라고 생각할 수 있었지만, 김도형은 기분이 떨떠름했다. 솔직히 만족스러운 결과는 아니었다.

선고일이 다가오자, JMS 신도들은 '김도형을 강력히 처벌해 달라'

는 수천 통의 진정서를 법원에 제출했다. 법정에 출석하여 오랜 시간 '김도형 법정구속!!'을 기다렸을 JMS 신도는 집행유예로 판결이 나자 얼굴이 흙빛이 되어 조용히 법정을 빠져나갔다. 그들에게도 만족스러운 결과는 아니었을 것이다.

사실, 특수강도라는 죄명으로 징역 2년 6월, 집행유예 3년은 최하의 형이라 할 수 있다. 법적으로 특수강도는 5년 이상의 징역형에 처하도록 형법에서 규정되어 있다. 집행유예는 3년 이하의 징역형에서만 선고할 수 있다. 김도형은 정상참작으로 징역 5년의 2분의 1이 작량감경되어 징역 2년 6월이 선고되었고, 이에 집행유예가 가능해진 것이다. 그러나 김도형은 이와 같이 사려 깊은 선고를 받아들일 수 없었다. 김도형은 망설이지 않고 곧바로 항소했다.

검찰은 공소사실 중 일부가 무죄로 선고되었기 때문에, 이 부분에 관해 유죄 선고를 받기 위해 역시 항소했다. 그런데 검찰 측의 항소로 인하여 김도형에게는 뜻밖의 행운이 찾아오게 된다.

 항소심 재판

양측의 항소로 열린 서울고등법원 항소심 재판에서 김석태가 또다시 증인으로 불려 나왔다. 검사는 1심에서 무죄가 선고된 부분을 유죄로 만들기 위해 김도형에게 불리한 증언을 이끌어내기 위하여 증인 김석태에게 이렇게 질문했다.

"JMS에서 증인에게 2억 1천만 원을 준 것은 피해 여성들에게 전해주라는 것이 아니고, 증인에게 준 것이죠?"

증인 김석태가 검사의 질문에 "네."라고 대답을 하자마자, 고등법원 부장판사인 재판장은 등을 곧추세워 바로 앉으며 말했다.

"뭐라?"

그리고 기록을 거칠게 뒤적거리더니 김석태에게 물었다.

"뭐가 어째? 김**, 최**, 윤**, 최**, 강** 등 이 여자들한테 주라고 줬지, 니 혼자 따까 처먹으라고 줬어? 어?"

고등법원 재판장은 김석태가 너무 미웠나 보다. 조금의 보탬도 없이 "니 혼자 따까 처먹으라고 줬어? 어?"라는 말을, 법정이 쩌렁쩌렁 울리도록 큰 소리로, 특수강도 사건의 피고인이 아닌 피해자에게 외쳤으니, 재판장은 분명 피고인 김도형보다 피해자 김석태의 죄질이 매우 안 좋다고 판단한 것 같았다.

검찰은 1심에서 무죄가 난 공소사실에 대하여 유죄를 받아내야 하는데, 재판장이 기일마다 검사에게 "공소장을 계속 유지할 겁니까?"라고 재촉하자 부담을 느끼게 되었다. 1심에서 무죄를 받은 부분을 항소심에서 또다시 무죄선고를 받는다는 건 검사에게는 굉장한 압박이다. 결국 검사는 공소장을 변경했다. 공소장이 바뀌면서 김도형의 죄명은 특수강도에서 '강요죄'로 변경되었다. 특수강도가 5년 이상의 징역에 처해지는 범죄인데 반해, 강요죄는 1년 이하의 징역형 선고가 가능하다. 1년 이하의 징역이면 선고유예도 가능해진다.

마침내 2002년 4월 17일, 김도형의 특수강도 사건의 항소심 선고일이었다. 서울고등법원의 부장판사는, "김도형의 동기가 순수하였으며, 개인적인 이득을 취한 것이 전혀 없다."라며 김도형에게 선고유예 판결을 했다. 선고유예란 선고 자체를 유예한 것이므로, 김도형은 처벌을 받지 않은 것과 마찬가지인, 사실상 무죄가 된 것이다. 애초에 특수강도로 기소되었던 사건임을 생각하면, 실로 기적적인 결과였다. 김도형은 특수강도 전과자라는 오명에서 놓여 난 것이다.

김도형이 구속되어 있을 당시, 강력범이라는 이유로 손목에 수갑을 두 개씩 채웠다. 포승줄도 일반 범죄자보다 더 단단히 동여매졌다. 김도형은 끼니마다 같은 감방에 있던 강력범들, 특히 강간범, 조직폭력배 등의 설거지를 대신 하느라 허리가 끊어지는 줄 알았다. 그리고 재판을 받는 2년 동안의 마음고생은 당사자가 아니면 상상도 못할 일이다.

김도형에게 선고유예의 판결이 내려지자 전국의 JMS 교회에서는 JMS 목사들이 강대상을 주먹으로 내리치며 분통을 터뜨렸다고 한다. '특수강도범에게 선고유예가 웬 말이냐'라는 심정이었을 텐데, '니들의 슬픔은 나의 기쁨'이라는 김도형은 반JMS 사이트의 게시판에 공개적으로 "내가 쏜다! 다 모여라!"라고 공지한 후 회원들과 자축파티를 열었다.

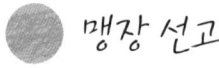 맹장 선고

한편, 김도형이 특수강도 재판에서 선고유예 판결을 받은 지 4개월 후인 2002년 8월, 마침내 맹장 두 JMS 여자 목사에 대한 위증 재

판의 판결이 선고되었다. 2차대전의 결과였다. 김도형은 사실 자신의 특수강도 사건보다도 맹장 위증 사건에 더욱 총력을 기울였고, 최선을 다하기는 JMS 측도 마찬가지였다. 위증 사건의 선고는 '자칭 재림 예수가 과연 그룹섹스를 하는지의 사실 여부에 관한 판결'이기에 양측 모두에게 초미의 관심사일 수밖에 없었다. 진인사 대천명, 김도형은 최선을 다했다.

드디어 선고기일인 2002년 8월 20일. 법정 안에는 팽팽한 긴장감이 감돌았다. 판사는 맹위증, 장위증 두 명의 피고인을 불러내어 피고인석에 세우고, 판결 이유를 설명하기 시작했다.

"피고인들은, 피고인들과 교주 정명석과의 집단 성관계가 고소인 김도형이 돈을 목적으로 모함을 하며 꾸며낸 허위사실이라고 주장하나, 객관적 증거들을 살펴보면 그러한 주장은 받아들일 수 없으며, 피고인들의 위증혐의가 넉넉히 인정됩니다. 비록 피고인들이 위증을 한 부분은 여성으로서 교주와 성관계를 한 부분으로, 수치심에 위증을 한 것으로 생각을 할 수도 있겠으나, 피고인들이 위증을 한 부분은 관련 사건의 핵심 사안이었고, 더군다나 피고인들이 스스로 자발적으로 나서서 증인으로 출석하여 위증한 점에 비추어 보면 결코 그 죄책이 가볍다고 할 수 없으므로 중한 형을 선고할 수밖에 없습니다. 이러한 사정을 종합적으로 고려하여 피고인 맹위증, 장위증에게 각 징역 1년의 형을 선고하기로 하고, 법정구속하겠습니다. 피고인들 가족에게 구속사실을 알리려면 어느 주소로 보내야 하는지 이야기하세요."

　재판장의 준엄한 선고가 내려지자, 피고인 두 사람은 당혹스러워 어찌할 바를 몰라 하며, 판사의 질문에 자신의 주소조차 대지 못했다. 재판 기일에 법원 복도에서 김도형을 마주칠 때마다 눈을 치켜뜨며 "야~ 너!"라고 고함치며 기고만장하던 계집들이었다.

　법정 안을 가득 메운 JMS와 반JMS의 팽팽했던 긴장감은 깨졌다. 법정에 증인으로 나와 JMS 변호사로부터 온갖 수모를 다 겪어야 했던 어느 피해여성은 판사의 '징역 1년, 법정구속'이라는 말에 너무 기쁘고 놀라서, 자신도 모르게 "어~ 어~" 하는 소리가 새어 나왔다. 법정 경위는 이 소리를 JMS 신도들이 낸 탄식소리인 줄 알고, 소리가 나는 곳을 손가락으로 가리키며 "거기 조용히 하세요!"라고 단호하게 제지했다. 곧이어 피해여성 옆에 앉아 있던 반JMS 회원들의 환호와 박수소리가 더 크게 터져 나왔다. 법정경위는 그제야 광신도가 아니라 반JMS 진영에서 감격하는 소리였다는 걸 눈치 채고는 그 때부턴 모르는 척 말리지 않고 돌아 섰다. 판사는 무심한 표정으로 반JMS 회원들이 환호성을 지르며 박수치는 모습을 바라보고만 있을 뿐이었다. 법정 경위도 1년 가까이 이어진 그 재판을 지켜보면서 반JMS 편에서 함께 분노했었나보다. JMS 쪽은 찍소리도 못하게 하면서, 반JMS는 크게 소리 지르고 박수를 쳐도 아무런 제지도 하지 않았.

　지난 1년간 양측 모두 한 치의 양보 없는, 치열했던 공방 끝에 마침내 맹장은 법정 구속되었다. 맹장은 2년 전의 김도형처럼 수갑을 차고 포승줄에 묶이는 신세가 되었다. 불과 4개월 전, 특수강도 사건 선고일, 천하의 김도형조차 두렵게 했던 그 일이 오늘 두 여자에겐 현실이 된 것이다. 전과가 하나도 없는 미혼 여성에게 위증 혐의로 징역 1년의 실형을 선고하고, 법정구속까지 하는 것을 보면 판사가 피고인들의 유죄를 얼마나 확신했을지 웅변해 준다고 할 것이며, 재판부가 그녀들의 죄질을 얼마나 좋지 않게 판단한 것인지 유추할 수 있을 것이다. 정명석의 그룹섹스가 거짓이나 조작이나 모함이 아닌, 실제 있는 사실임을 대한민국 재판부로부터 처음으로 공식적으로 인정받은 것이다. JMS의 가장 음침하고 해묵은 비밀 하나가 세상 앞에 확연하게 실체를 드러낸 날이었다.

그녀들은 더욱 막강한 전관예우 변호사를 선임하여 다시 무죄를 주장하며 항소했다. 하지만, 항소심에서는 집행유예로 석방되는 것으로 만족해야 했다. 항소심에서도 "피고인들이 정명석과 그룹섹스를 하고도 그런 일 없었다고 위증하였다."라는 유죄판결은 1심 그대로 유지되었고, 이는 대법원에서 그대로 확정되었다.

다만, 맹위증은 장위증과 달리 본안 사건에서의 위증이 아니고 가처분 사건에서 위증한 것이라 '가처분 사건에서의 제3자의 증인선서는 법적 효력이 없다'는 법률적인 이유로 대법원에서 파기 환송되었다. 이후 맹위증은 파기환송심에서 무죄를 선고받았는데, 이는 법률 절차적인 이유일 뿐 그녀가 정명석과의 성관계를 부정한 것은 새빨간 거짓말이라는 사실에는 변함이 없다.

겉으로 보기에 수선화 같은 외모의 맹위증과 장위증이 자발적으로 법정에 출석해서 증인 선서까지 하고, "선생님과 저흰 그룹섹스하고 그런 사람들 절대 아니에요. 다 김도형의 모함이에요."라며 눈물을 찍어 냈으니, 그게 전부 새빨간 거짓말이고 사실은 그룹섹스를 밥 먹듯 하는 자들이라는 걸 입증하는 건, 말이 쉽지 보통 어려운 일이 아니다. 그녀들은 전관예우 변호인의 비호를 받고 있었고, 광신도들은 "맹위증, 장위증 목사님은 모함을 받고 있어요. 김도형이 돈 노리고 거짓말하는 거예요. 김도형은 천하의 개잡놈이에요."라는 수천 장의 탄원서를 써내고 있었다. 상식적인 사람이라면, 정명석과 명문대 출신의 젊은 여자 목사가 낮이고 밤이고 허구헌날 그룹섹스를 한다는 김도형의 주장보다는, 김도형이 돈을 뜯어내려고 없는 일을 지어내서 모함을 하고 있다는 게 훨씬 자연스럽고, 믿기 쉬울 것이다. 그렇다면 김도형은 과연 이 어려운 일을 어떻게 해냈을까.

JMS 측이 김도형을 허위사실적시에 의한 명예훼손 혐의로 고소하고, 이에 김도형이 JMS 여 목사를 위증으로 고발하여 응수한 것은 앞에서 밝혔다. 그리고 검찰의 수사 결과 JMS 여 목사는 위증의 혐의가 인정되어 불구속 구공판, 그리고 김도형은 '사실적시에 의한 명예훼손' 혐의로 벌금 200만 원의 약식명령을 받았다.

김도형은 이 약식명령에 불복하고 정식재판을 청구했다. 이 사건이 다른 재판부에 배당되자 김도형은 "관련 사건(맹장 위증 사건)을 형사 13단독에서 재판하고 있으니, 저의 벌금 사건을 같은 재판부로 재배당하여 주십시오."라고 탄원하였고, 이 탄원이 받아들여져 서울중앙지방법원의 형사 13단독 재판부가 맹장의 위증 혐의 재판, 그리고 김도형의 명예훼손 혐의 재판을 함께 심리하게 되었다.

통상적으로 사회적 이목을 집중시키는 사건이 아닌 일반적인 사건의 경우, 형사재판은 거의 피고인의 독무대이다. 검찰은 상당한 분량의 수사 기록을 이미 재판부에 증거로 제출하여 피고인을 기소한 상태이기 때문에, 재판이 시작되면 주로 피고인 측에서 증인을 소환하거나 증거를 제출하는 등의 행위를 통해 검찰이 제출한 증거들을 반박하며 무죄 입증을 위해 다투게 된다. 당시는 오늘날의 '공판중심주의'가 도입되기 전이다. 따라서 맹장 사건도 크게 다를 바 없이 전개되고 있었다. 공판검사가 특별히 열의를 가질 만한 사건도 아니고, 수많은 사건으로 고단한 공판검사가 이 사건을 그날 처리해야 할 일상적인 업무 중 하나로 취급하는 동안, JMS 측은 무죄 선고를 받기 위해 단체의 사활을 걸고 온갖 수단을 다 동원하고 있었다.

지금과는 달리, 당시의 형사재판에서 고소인은 일반 방청객과 크게 다르지 않다. 고소인인 김도형이 맹장 위증 재판에 개입할 여지는 거의 없다. 그런데 첫 재판기일에 공판검사는, JMS 측의 전관예우 변호사가 법정에 들어서자, 자리에서 일어서더니 좀 과하다 싶을 정도로 공손하게 허리를 숙여 인사를 하는 것이 아닌가. 김도형으로선, 그런 공판검사에게 자신의 운명이 걸린 재판을 맡겨 놓고 방청석에 앉아서 멀거니 구경만 할 수는 없었다. 그래서 김도형은 자신이 피고인인 '사실적시 명예훼손 사건'을 같은 재판부에 배당되도록 간절하게 탄원한 것이다.

김도형의 사건이 같은 재판부에 배당되면서 김도형도 '피고인'이 되었으니, 재판에 적법하게 개입할 김도형의 무대가 만들어졌다.

"니들만 피고인이냐, 나도 그 잘난 피고인이다!!!"

JMS가 김도형을 고소하지 않았더라면, 김도형은 두 손 놓고 방청석에 앉아 맹장 재판을 구경만 해야 했을 것이다. 맹장의 위증 재판이 JMS 측의 독무대라면, 명예훼손 재판에서는 김도형이 주인공이었다. 김도형은 자신의 벌금 200만 원에는 애초부터 관심이 없었다. 김도형은 재판 과정을 통해 오직 맹장의 유죄 입증에 최선을 다했다. 맹장 위증 재판에서 JMS 측 증인이 나와 거짓 주장을 하면, 김도형은 이어지는 자신의 명예훼손 재판에서 그들의 거짓을 밝혀줄 새로운 증인을 신청하여 바로 반박했다. 예를 들어 맹위증이 "나는 함몰 유두 아니다."라며 무죄를 주장하면, 김도형은 자신의 재판에서 탈퇴한 JMS 고위 간부를 증인으로 신청하여 "해마다 명절이면 정명석에게 수많은 선물이 들어오는데, 그중 여성의 함몰유두를 치료하는 기구가 선물로 들어온 것을 보았다."는 내용의 증언을 이끌어 내어, '함몰 유두는 언제든 원상 복구할 수 있는 JMS'임을 입증하고, 찢어진 처녀막도 재생하는 집단에게 함몰유두 정도 복구하는 것은 일도 아니라고 강력히 주장했다.

또한 맹장의 재판에서 JMS 간부가 증인으로 나와 허위의 알리바이를 증언하면, 김도형은 자신의 다음 재판에서 다른 증인을 통해서 그 간부는 자신의 증언과 달리 그 시각에 다른 장소에 있었음을 증명하는 사진을 증거로 제시하는 식으로 그들의 거짓 증언을 하나하나 깨부쉈다. 명명백백한 증거 앞에서 JMS의 거짓말은 힘을 잃었고, 전관예우 변호인의 노력도 허사였다. 맹장의 위증재판과 김도형의 명예훼손 재판부가 같은 재판부였기에, 이러한 김도형의 노력으로 판사는 맹장의 위증을 확신할 수 있었던 것이다.

마침내 정명석의 그룹섹스는 사실로 인정되었고, 그런 적 없다던 맹장은 법정 구속이 되었다. 김도형은 평범한 청년이다. 법정 공방은 치열했지만, 김도형이 두 여성에게 특별히 개인적인 악감정이 있어서 공격한 것이 아니다 보니, 법정에서 수갑을 차고 끌려가는 그녀들이 아주 잠깐 안쓰럽게 느껴졌다. 그녀들이 JMS 신도가 아니었다면, 그룹섹스도, 법정구속도 그녀들의 인생에 없었을 일이었다. 그러나 정명석의 성범죄를 은폐하고 거짓말을 일삼는 광신도들은 정명석의 범죄에 적극 가담한 공범들이다. 그 가증스러운 거짓말로 인해 얼마나 많은 피해자가 생겼으며, 피해자들이 흘렸을 피눈물은 또 얼마일까를 생각하면 천벌을 받아도 시원치 않을 종자들이다. 만일 두 여자 목사의 위증죄를 입증하지 못해, 그녀들이 무죄로 풀려났다면, JMS 측은 그 판결문을 가지고 새로운 피해자를 만드는 데 적극 활용했을 것이다. 그런 자들에게 자비를 베풀 수는 없는 일이었으니, 과거 어느 수사관의 말대로 JMS는 김도형을 잘못 만난 것이 분명하다.

서울지방법원
판결

사건 2001고단8865
피고인
1. 맹위증
2. 장위증

(중략)

범죄사실

피고인들은 정명석이 총재로 있는 종교단체인 국제크리스천연합(일명 : JMS)의 신도인 바,

1. 피고인 맹위증은 서울방송(SBS) '그것이 알고 싶다' 라는 프로에서 위 국제크리스천 연합 총재인 정명석이 그 여 신도들을 성폭행했다는 내용을 보도하자 국제크리스천연합이나 정명석을 위하여 동인이 여 신도들과 성관계를 맺은 사실이 없다는 취지로 위증할 것을 결의하고,

1999. 3. 8. 서울 영등포구 문래동 소재 서울지방법원 남부지원에서 99카합451호 방영등금지가처분 소송에 관하여 증인으로 선서

하고 증언함에 있어, 사실은 1993. 8. 경 충남 금산군 진산면 석막리 일명 '월명동'에 있는 정명석의 사택에서 김OO 등과 그룹섹스를 하고 1997. 상반기경 위 같은 곳에서 한XX이 보는 앞에서 정명석과 성관계를 가졌음에도 불구하고, "정명석은 절대로 그럴 사람이 아니다.", "정명석 총재의 강요나 교리 때문에 정명석 총재와 성관계를 맺은 적은 없다.", "정명석 총재가 나에게 성관계를 요구한 적은 없었다."라고 증언하여 자신은 정명석과 성관계를 가진 사실이 없으며 다른 신도들이 정명석과 성관계를 하는 것을 보거나 들은 바가 전혀 없다는 취지로 기억에 반하는 허위의 공술을 하여 위증하고,

2. 피고인 장위증은 타OOOOO, 김OO, 윤OO, 전OO 등이 정명석으로부터 성폭행을 당하였다는 이유로 정명석 및 사단법인 동서크리스천선교회를 상대로 손해배상소송을 제기하자 정명석을 위하여 동인이 여 신도들과 성관계를 맺은 사실이 없다는 취지로 위증할 것을 결의하고, 2000. 12. 21. 17:00 경 서울 서초구 서초동 소재 서울지방법원 406호 법정에서 2000가합XXXXX호 손해배상(기) 소송에 관하여 증인으로 선서하고 증언함에 있어, 사실은 1994. 가을경 위 월명동 소재 정명석의 사택에서 신OO이 보는 가운데 정명석과 성관계를 하고 그룹섹스를 하였음에도 불구하고, "신OO은 증인이 정명석과 섹스를 하는 광경을 직접 목격했다고 하는데 어떤가요."라는 질문에 "그런 사실이 없습니다."라고 답하여 그가 정명석과 성관계를 가진 사실이 없다는 취지로 기억에 반하는 허위의 공술을 하여 위증하였다.

(하략)

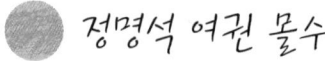 정명석 여권 몰수

맹장이 법정구속된 지 한 달 정도 지난 2002년 9월. 이번에는 홍콩에서 반가운 소식이 날아들었다. 홍콩 주재 한국총영사관에서 정명석의 여권을 몰수했다는 소식이었다.

2001년 3월, "언제든 수사기관이 요구할 때에는 귀국하여 성실히 조사를 받겠다."는 서약서를 쓰고 출국금지를 해제받아 대만으로 출국했던 정명석은, 같은 해 8월, 말레이시아에서 새로운 성범죄를 저지르고 수사기관의 출석 요구에 불응하며 줄기차게 해외 도피 중이었다. 정명석은 미국, 영국, 독일, 프랑스, 호주, 뉴질랜드, 일본, 중국, 홍콩 등 그야말로 전 세계를 누비며 도피를 계속하다 보니, 여권의 사증란 지면이 부족하게 된 것이다.

통상적으로 여권의 지면이 부족하여 총영사관을 방문하면, 이유를 불문하고 지면을 늘려주는 것이 관례이다. 그런데 도둑이 제 발 저리다더니, 정명석은 여권 지면 연장을 신청하러 홍콩 주재 총영사관을 방문하여서는, 값비싼 크리스탈을 여직원에게 선물로 건넨 것이다. 이렇듯 상식에 어긋난 짓을 하니, 이를 수상하게 여긴 여직원이 "잠시 기다리세요."라고 하고는, 총영사관의 치안담당 영사에게 보고하였다.

"저 사람 좀 이상해요. 여권 지면 늘리러 오면서, 엄청 비싸 보이는 크리스탈을 저에게 주려고 해요."

이에 치안담당 홍 모 영사는 정명석의 신원을 조회하게 되었고, 정명석이 말레이시아에서 저지른 준강제추행 사건으로 기소중지된 자임을 확인할 수 있었다. 홍 영사는 정명석을 불러 통보하였다.

"정명석 씨, 당신은 기소중지자입니다. 지금 즉시 여권을 몰수하겠습니다. 여행자 증명서를 발급해 줄 터이니 속히 한국으로 귀국하시오."

이런 사정으로 정명석은 여권을 몰수당하고 불법체류자 신세가 되어 홍콩에서 발이 묶였다. 후일의 어느 날, 영사관 담당자가 김도형에게, "정명석이 크리스탈 선물을 들고 오지 않았다면, 저는 그 자가 기소중지자인 줄 모르고 그냥 여권 지면을 연장해 주었을 겁니다."라고 말하였으니, 정명석은 스스로 제 무덤을 파는 데 매우 특별한 재주가 있는 듯하다. 이렇듯 독특하게 멍청한 정명석이 인류의 태초부터 지구의 종말까지 모든 비밀을 풀어 주러 온 재림예수라고 사기를 치고, 그걸 믿는 신도들을 모아 성폭행을 일삼고 돌아다닌다는 것이 참으로 복창 터질 일이다.

정명석은 여권을 몰수당하고도 한국으로 귀국하라는 영사의 말을 고이 듣지 않았으며 앞으로도 줄기차게 강간질을 계속하게 된다.

 수배전단 배포

정명석의 여권이 몰수되었다는 소식을 들은 김도형이 이 기회를 놓칠 리가 없다. 김도형의 아이디어는 이랬다.

"그래, 홍콩에 수배전단을 배포하자."

김도형은 서둘러 수배전단을 제작하였다. A4용지에 'WANTED'라는 글씨를 크게 넣고, 밑에는 정명석의 제법 잘 나온 고해상도의 사진을 큼직하게 박아 넣었다. 그리고 뒷면에는 "위 사람은 한국의 악질 사이비 종교 교주로서, 지난 20년간 재림예수를 사칭하여 수천 명의 여 신도를 욕보인 범죄자임. (중략) 이 범죄자의 거처나 소재를 아시는 분은 한국총영사관 또는 XXX-XXXX로 신고하여 주시기 바랍니다."라고 적었다. 올컬러로, 최고급 재질의 용지 위에 코팅까지 올린, 매우 고급진 수배전단이 제작되었다. 전단은 한국어로 만들었다. 정명석으로 하여금 홍콩 교민사회, 한국인이 운영하는 식당, 편의점 등에 얼씬도 못하게 만들어 더욱 깊은 고립감의 고통을 주고자 함이었다. 정명석은 불법체류자였기 때문에 이제 위치만 파악되면 즉시 한국으로 강제 추방이다.

정명석의 강제추방을 위해 정성스레 제작된 수천 장의 수배전단을 박스째 들고, 엑소더스 회원 몇 명이 홍콩행 비행기에 올랐다. 홍콩에 도착한 회원들은 홍콩 한인회부터 방문하였다. 한인회에서는 정명석에 관한 설명을 듣더니, 교민들이 운영하는 모든 식당, 편의점 등 사업체의 목록을 뽑아 주고, 홍콩 교민소식지인 <수요저널>에 정명석 수배전단을 무료로 광고해 주는 등 지원을 아끼지 않았다. 엑소더스 회원들은 한국교민이 운영하는 식당과 업체를 일일이 방문하여 수배전단을 도배하다시피 붙였다. 앞으로 정명석은 홍콩에 있는 한국식당에서 밥 먹는 것은 고사하고, 교민을 마주치는 일조차 두려워해야 할 형편이 된 것이다.

 계속되는 성 행각

정명석은 2002년 9월 여권을 빼앗겨 홍콩에 발목이 잡히기까지, 여권 사증 란이 부족할 정도로 전 세계를 종횡무진 돌아다니며 성범죄를 저질렀다. 김도형과 엑소더스 측에 구체적인 피해자와 피해 사실이 전달된 성범죄만으로도 정명석은 이미 인간의 경지를 넘어선 수준이었으니, 실제 피해자의 수는 정명석도 모르고 오직 하나님만이 아실 정도이다.

1999년 1월 8일 황 양 납치사건이 터진 바로 다음 날, 곧바로 홍콩으로 달아났던 정명석은, 언론이 잠잠해지자 사건이 종결된 것으로 생각하고 2001년 2월 귀국했다. 그런데 돌아와 보니, 김도형에 의해 '입국 즉시 출국금지 조치'가 되어 있었다. 정명석은 이때 잡혔어야 했다. 그러나 앞서 이야기한 바와 같이 정명석은 출국금지를 해제받아 즉시 대만으로 출국하였고, 이때부터 정명석은 세계 각국을 제 집인양 종횡무진 들락거리며 본격적인 해외 성범죄를 저지르기 시작한다.

2001년 8월에는 말레이시아에 정명석을 만나러 갔던 여 신도가 성추행을 당하고 돌아와 정명석을 고소했고, 2001년 10월부터는 정명석이 대만에서 저지른 100여 명의 명문 여대생들 강간 사건으로 대만 언론이 들끓었다. 그렇게 대만 언론이 한창 들끓고 있던 바로 그때, 정명석은 중국 본토 북경 외곽지역의 어느 대저택에 머물면서 보란 듯이 조선족 16명을 포함, 한국에서 정명석을 만나러 갔던 한국응원연합(KCA)의 여 신도 수십 명을 성폭행했다. 이 사실은 그 피해자들 중 일부가 한국으로 돌아와 김도형에게 연락을 해 오면서 알려졌다. 이 밖에도 다수의 한국인 피해자들의 신원이 파악되었지만, 김도형이 만난 대부분의 피해자들은 정명석에 대한 형사고소를 두려워했다. 이렇게 수많은 피해자 중 형사고소를 한 것은 말레이시아 피해자 단 한 명뿐이었다.

대전지검이 출국금지를 해제해 줌으로써 정명석의 성범죄가 대만, 말레이시아를 거쳐 중국 본토로 확산되었다. 이후로는 일본, 홍콩, 다시 중국 본토로 정명석이 중국에서 체포되기까지 자그마치 7년간 이어졌으니, 이러한 정명석의 마라톤 범죄행각에 있어서 대전지검, 특히 정명석의 출국금지를 해제해 준 특수부 박 모 검사는 본인의 무책임한 처분으로 인해 야기된 국가망신에 대하여 무거운 책임감을 느껴야 할 것이다.

 일본 언론 보도

2002년 10월, 일본의 주간지 <Weekly Post>는 표지에 '한국의 SEX교가 일본에 상륙했다'라고 게재하며 연 5주 동안 정명석의 일본 내 성폭행 행각을 보도했다. 특히 일본인 피해여성 두 명의 사례도 구체적으로 보도했다. 주간지 <Weekly Post>는 일본 지하철 내에서 광고를 하고 있었는데, 이로 인해 지하철을 타고 출퇴근하는 동경의 시민이라면 누구라도 '한국의 SEX교가 일본에 상륙했다'라는 광고판을 볼 수밖에 없었다.

해외 상황이 이렇게 되다 보니, 국내언론이 또다시 정명석에 대해 보도하였다. 한국의 몇몇 주간지가 보도를 시작했고, 마침내 2002년 11월, SBS '그것이 알고 싶다'는 '정명석의 해외 성추문'이라는 제목으로 정명석의 대만, 일본, 말레이시아, 중국 본토에서의 성범죄를 현지 피해자들의 인터뷰와 함께 보도하였다. 이 방송에 대하여 JMS 측은 또다시 '방송금지 가처분' 소송을 제기하였지만, 이번에는 증인신문조차 없이 바로 기각되었다.

JMS 측은 소송이 통하지 않자, 여의도 SBS 사옥 앞으로 1만여 명의 순진한 신도들을 동원하여 "우리 선생님은 그럴 분이 아니에요. 다 김도형의 모함이에요."라고 주장하는 격정적인 시위를 벌였으며, 시위를 취재하러 나온 기자들을 불러모아 김도형이 JMS 본부에 전화하여 정명석을 향하여 쌍욕을 퍼붓는 것을 녹음한 테이프를 들려주기도 하였다. "이러한 인격파탄자 김도형이 정명석 총재님을 모함하는 것이다."라고 주장하며.

그러나 시위를 기획한 지도부들은 누구보다 정명석의 성 행각을 잘 알고 있었으니, 그들의 가증스러움은 상상을 초월한다고 할 것이다. 바로 그날, 1만 명의 시위대 중 가장 앞줄에서 정명석의 결백함을 목이 터져라 외치던 여대생 두 명이, 불과 석 달 후, 정명석의 부름을 받아 홍콩으로 가게 되고 정명석에게 성폭행을 당하는 사건이 또다시 발생하게 된다.

4장

2003년
홍콩 성폭행 사건

홍콩 성폭행 피해자들의 등장

    2003년 3월의 어느 날, 김도형의 휴대폰이 울렸다. 처음 보는 발신번호였다.
    '오늘은 또 어떤 광신도가 전화질인가. 욕설? 아니면 협박?'
    김도형은 달갑지 않은 마음에 잠시 전화기를 들여다보다가 통화 버튼을 눌렀다.
    "여보세요."
    "저… 김도형 씨죠?"
    처음 듣는 젊은 여성의 목소리였다. 김도형은 심드렁한 목소리로,
    "네, 그런데요."라고 답했다.
    "저… 제가 최근에 정명석에게 성폭행을 당했는데요."
    "네에? 아니, 그 새끼 지금 수배 중인데 또?"
    김도형은 '혹시 장난 전화인가?' 하는 생각이 잠깐 들었다. 아무리

정명석이 초지일관하는 강간범이라지만, 성범죄로 기소중지된 인간이고 얼마 전엔 여권을 빼앗겨 불법체류자까지 된 마당에 대만, 일본에 방송이 터지고 난리가 났는데 어떻게 또 성범죄를 저지를 수 있다는 말인가.

"이거는 발정 난 개새끼가 아니라 아예 강간 머신이구먼."이라는 말이 절로 나왔다.

김도형은 전화를 끊자마자 서울로 달려가 홍콩 피해자 김영희와 만났다.

김영희는 고등학생 때 JMS에 전도되었다. 그녀는 보통의 JMS 신도들처럼 "정명석 선생님은 결백한데, 김도형이 돈을 노리고 선생님을 모함하며 누명을 씌운다."라는 JMS의 선전을 곧이곧대로 굳게 믿고 있었다. 어린 김영희에게 30개론은 너무 확실한 교리였고, 크고 작은 영적 체험을 통해 정명석에 대한 믿음이 견고해졌다. 김영희가 고등학생 시절, 황 양 납치사건이 터져 방송이 떠들썩했으나, 김영희는 전혀 흔들리지 않았다.

2002년, 갓 대학생이 된 김영희는 SBS 여의도 사옥 앞에서 JMS 신도 1만 여 명이 시위를 벌일 때, 맨 앞줄에 서 있었다. 교주의 결백을 철썩같이 믿고 있던 김영희는, SBS가 교주에 관해 억울한 거짓 방송을 내보내는 것을 저지하기 위해서, 시위에 적극적으로 참여했다. 김영희는 시위대의 맨 앞줄에서 머리에 붉은 띠를 두르고 불끈 쥔 주먹을 휘두르며 구호에 따라 교주의 결백을 힘껏 부르짖었다. '뉴스앤조이'라는 언론사의 홈페이지에는 당시 시위에 참여한 김영희의 사진이 기사와 함께 올라 있었다. 김도형은 성폭행 피해자가 된 김영희를 만난 후, 알고 지내던 해당 언론사의 기자에게 전화해서 홈페이지에 올라 있던 김영희의 사진을 내려달라고 부탁했고 언론사는 사진을 내렸다. 사진 속 김영희는 JMS의 집단적 기만에 속아 정명석의 실체를 몰랐을 때이고, 불과 몇 달 후 본인이 그토록 결백하다고 믿었던 교주 정명석의 성폭행 피해 당사자가 되리라고는 상상조차 하지 못했다.

2000년, 김영희는 친언니를 전도했다. 김영희를 신뢰하던 언니도 김영희와 나란히 열심히 교회에 다니며 신앙생활 잘하는 JMS 신도가 되었다.

SBS 방송을 보면 구원이 사라지고, 무기한 금식에 처할 거라는 정명석의 설교가 연일 계속되었기 때문에, 자매는 JMS 관련 언론 보도 내용을 제대로 본 적이 없었다. JMS에서 정명석은 곧 하나님이고, 그의 설교는 절대적인 법이기 때문에, 신도들은 이를 어기면 나쁜 일이 생기거나 심지어 죽음에 이를 수 있다는 공포에 부지불식간에 세뇌되어 있다. 김영희 자매도 정명석의 설교에 맹종하는 충실한 광신도였다.

2003년 2월, 자매는 정명석의 부름을 받았다. 정명석으로부터 홍콩으로 정명석을 만나러 오라는 전화가 직접 걸려온 것이다. 자매는 재림예수를 직접 만날 수 있게 되었다는 생각에 마냥 들떴다. 꿈만 같았다. 본인들이 직접 정명석을 만나 선생의 결백함을 증명해 보일 절호의 기회라고 생각했다. 그동안 말도 안 되는 더러운 모함을 받는 선생이 안타까웠기 때문이다. 자매는 부모님에게는 친구들과 유럽 여행을 가게 되었다고 이야기하고, 비밀리에 JMS 간부들의 도움으로 홍콩행 비행기에 올랐다. 정명석의 결백을 직접 증명하겠다면서.

홍콩에 도착한 김영희 자매는 공항으로 마중 나온 JMS 여자 간부의 최고급 렉서스 승용차를 타고 수영장이 딸린 고급 주택에 가게 되었다. 그 여자 간부는 정명석이 있는 곳에는 내일 데려다 준다고 하여, 자매는 단 둘이 고급주택에서 홍콩에서의 첫날밤을 안락하게 보냈다. 자매는 다음 날이면 재림예수를 직접 만날 수 있다는 기대감에 한껏 부풀어서, 그간의 작은 염려조차 사라지고 완전히 마음이 놓였다. 그러나 자매에겐 그날이 홍콩에서 유일하게 행복한 날이었다.

다음 날 두 사람은 정명석의 아파트에 도착했다. 선생은 본부 여자 여러 명과 홍콩의 바닷가에 있는 최고급 아파트에 살고 있었다. 자매들에게 재림예수를 만난 기쁨은 잠시였다. 본부 여자들은 자매를 정명석 가까이에 있으라고 등을 떠밀고, 정명석의 어깨와 다리를 주물러 드리라고 성화였다. 자매는 분위기상 거부할 겨를조차 없었다. 그리고 바로 그날 밤, 자매는 정명석의 침실에까지 들어가게 되었다. 정명석은 자신을 재림 예수로 믿고 홍콩까지 온 어린 자매를 한 침대에서 번갈아 성폭행했다. 김영희는 아프다고, 그만하라고 비명을 질렀다. 그러나 "아프면 소리 질러도 돼."라는 게 재림예수의 대답이었다. 언니는 동생이 당하는 것을 바로 한 침대에서 지켜보게 되었다. 느닷없이 벌어진 일에 충격을 받아 어찌할 바를 몰랐다. 언니의 충격이 가시기도 전에 정명석이 이번에는 언니를 덮쳤다. 언니는 정명석을 밀어내며, "선생님. 제발 저희를 시험하지 마세요."라고 소리쳤다. 하지만, 그녀들의 비명에 신경 쓰는 사람은 아무도 없었다.

김영희는 정명석의 손아귀에서 벗어나자, 도망치듯 방을 뛰쳐나왔다. 도움을 청하기 위해서였다. 김영희는 침실 바로 옆에 붙어 있는 본부 여자들의 방문을 열었다. 바로 옆 선생의 방에서는 자매들이 비명을 지르고 난리였는데, 본부 여자들은 아무 일 없다는 듯 자는 척을 하고 있었다. 자다가도 깰 정도의 비명소리였으니 듣지 못했을 리가 없다. 김영희는 그제야 깨달았다.

'아, 이것들이 모두 공범이구나!'

김영희의 언니가 아직 옆방에 있었다. 도움 청하기를 포기한 김영희가 언니를 구하러 다시 침실로 돌아갔다. 소름 끼치게도 방문이 잠겨 있었다. 김영희는 두려운 마음으로 거실로 나가 보았다. 아파트는 거실에서 침실이 들여다보이는 구조였다. 거기서 김영희는 정명석이 언니를 강간하는 것을 보게 되었다. 도움을 청할 곳이 아무데도 없는 홍콩의 낯선 아파트 거실에서, 김영희는 주저앉아 홀로 치를 떨며 울었다.

다음 날 아침, 간밤에 옆방에서 자는 척 외면했던 여자 목사는 김영희에게 대수롭지 않게 말했다. "야, 너는 뭐 그런 걸 가지고 그러냐? 예수님이 선생님의 몸을 빌려 사랑을 해주시는데, 나 같으면 감사하게 생각하겠다."

이렇게 지껄인 계집은 지금도 JMS의 최고 간부로 활동 중이다.

그날부터 정명석은 사람들이 보는 앞에서 수시로 자매들의 몸 이곳 저곳에 손을 대며 추행을 했다. 오랫동안 몸에 밴 행동처럼 거침이 없었다. 본부 여자들은 익숙한 듯 웃으며 보고 있었다. 말리거나 이상하게 생각하는 사람은 아무도 없었다. 이러한 행동들은 나중에 강제추행 혐의로 하나하나 정명석의 공소장에 추가되었다.

자매는 원래 정명석이 있는 곳에서 3주간 머물 예정이었다. 그러나 그건 정명석이 은혜로운 재림 예수라고 믿었을 때의 계획이었다. 자매는 조심스럽게 정명석에게 부모님 때문에 한국에 급하게 가봐야겠다고 이야기하고 겨우 허락을 받았다.

자매가 한국으로 출발하기 전날이었다. 다른 여자들이 함께 있는 자리에서 정명석은, 마침 그날 한국에서 일어났던 대구 지하철 참사 이야기를 하던 중이었다. 대다수의 사망자가 여자라는 뉴스에 정명석은 "이를 어쩐댜. 이쁜 X지 다 탔네."라며 안타까워했다. 순간 김영희는 '저게 인간인가' 하는 생각을 하였으니 이러한 내용은 검사의 신문조서, 그리고 법원의 공판조서에도 기록되어 있는 명명백백한 사실임을 분명히 할 필요가 있겠다.

출국 당일 정명석은 자매들에게 사망한 JMS 신도들의 예를 여러 개 들며 "나를 배신하면 당사자는 죽고 가족이 저주를 받는다."라며 단속을 했다. 자매는 한국으로 돌아오는 비행기에 무사히 탑승한 후에도, 한국에 도착할 때까지 서로 단 한마디의 말조차 주고받지 못했다. 홍콩에서 당한 일의 참담함 때문이기도 했지만, 정명석의 마지막 말이 머리에 박혀 비행기 추락, 저주, 죽음 등의 공포가 쉽사리 떨쳐지질 않았다.

자매가 무사히 한국으로 돌아오자, JMS에서 가까이 지냈던 전도사와 간사 등 여러 사람이 자매를 찾아왔다. 자매를 홍콩에 보내기 전까지, 정명석의 성범죄는 있을 수 없는 일이고 김도형의 모함이라고 교육했던 사람들이, 강간을 당하고 돌아오니 이제 와서는 정명석의 성 행각을 하나님의 뜻이라며 자매를 설득했다. 평소 친하게 지내던 신도들의 집단적인 맹신에 자매는 '저들의 말대로 예수님이 선생님의 몸을 빌어 사랑을 해주신 것이면 어쩌나.' 하고 흔들리기도 했다. 하지만, 자매는 엑소더스 사이트에 들어가 게시판에 올라와 있는 글들을 모조리 읽으면서, 서서히 자신들의 맹신이 어리석었다는 것, '이건 단순한 성폭행일 뿐'이라는 확신을 할 수 있었다. 그리고 그토록 저주했던 김도형에게 스스로 전화를 하게 된 것이다.

　김영희의 전화를 받은 당일, 김도형은 곧바로 서울로 올라와서 자매를 만났다. 어린 자매가 처음 보는 김도형 앞에서 겪은 이야기를 털어놓으며 울먹이는데, 김도형은 무어라 위로를 해야 할지, 도무지 적당한 말을 찾을 수가 없었다. 대체 이놈을 어쩌면 좋단 말인가. 자매에게 전해 들은 정명석의 언행 하나하나에 새삼 이가 갈렸다. 김도형은 화가 너무 치밀어 머리가 터져버릴 것 같았다. 김도형은 자매가 무슨 일을 당할지 뻔히 다 알면서도 자매를 속여서 정명석에게 갖다 바친 JMS 간부들에게 그 자리에서 전화를 돌렸다.
　"야이, 개 같은 년아!", "야이, 씨발새끼야!", "내가 니들 족속을 절대로 가만 안 둬. 다 죽여 버릴 거야!!"라고 욕을 퍼부었다. 무슨 욕을 한다 한들, 자매들이 입은 상처는 돌이킬 수 없는 일이 되었다.

 JMS의 미행

김도형은 자매가 알려 준 정명석의 은신처, 홍콩의 퍼시픽 뷰 아파트를 급하게 추적해 보았으나 정명석은 벌써 거처를 옮긴 후였다. 불법체류자로 홍콩에서 발이 묶인 중에도 대담하게 또다시 여 신도들을 불러들여 성범죄를 저지르고 잽싸게 거처를 옮기다니, 도망치는 데에 있어서는 바퀴벌레 저리 가라다.

JMS 측은 긴장했다. 그들은 김영희 자매와 친했던 친구들이나 교회 간부들을 수시로 그녀들의 학교와 집으로 보내, 그녀들을 달래려고 공을 들였다. 당시 성범죄는 친고죄였다. 아무리 못된 성범죄를 저질러도 피해자가 직접 고소하지 않으면 처벌은커녕 수사 자체가 불가능했으며, 기소가 되었다가도 피해자가 고소를 취소하면 자동으로 공소기각 판결이 난다. 그때까지 정명석에게 걸려 있던 성범죄는 말레이시아에서의 준강제추행뿐이었다. 그런데 이번엔 강간이고, 게다가 피해자가 둘이다. 이런 상황에서 정명석이 강간 혐의로 고소를 당할 거라고 생각한다면, 그들은 정말로 무슨 짓을 저지를지 알 수 없다. 자매의 안전이 우선이었다. 김도형은 JMS 측의 긴장을 누그러뜨리기 위해서, 자매가 김도형을 만났다는 사실이 JMS 측에 알려지지 않도록 조심하기로 했다.

하루는 자매들과 친하게 지내던 JMS 간부가 김영희를 찾아왔다. 그 간부는 자매에게, "하나님의 큰 뜻을 생각하라."는 둥 온갖 요설을 늘어놓으며 "김도형이 조만간 널 찾아올지도 모르니, 절대로 그 사람은 만나지 마라."고 간청하였다. 그러한 JMS 간부의 말은 김영희가 김도형에게 미리 받아 둔 녹음기에 선명하게 녹음되었다. 김영희가 "김도형이 저를 어떻게 알겠어요?"라고 시치미를 떼자, 그 간부는 "아니야, 벌써 김도형이 눈치를 채고, 며칠 전에 XX 언니하고 00 전도사에게 전화해서 욕을 막 해댔어."라고 했다. 김영희 자매를 처음 만난 날, 화가 난 김도형이 자매들의 성 상납에 관여한 간부라면 예외 없이 전화로 쌍욕을 퍼부어, 그들이 더욱 민감해진 것이다.

원래는 그들이 방심할 때까지 기다렸다가 조용히 고소장을 접수할 생각이었으나, 계획과는 달리 급작스럽게 고소장을 접수할 상황이 발생하였다. 이제 갓 스무 살인 여학생들이 부모님이 모르는 상황에서 거대한 종교집단의 교주를 상대로 성폭행 혐의의 고소를 한다는 것이 쉬운 일은 아니다. 김영희는 고소를 하게 되면 상황이 어떻게 진행되는지 자신들이 각오해야 할 일을 김도형에게 꼼꼼하게 물었다. 김도형은, "수사기관에서 피해사실을 여러 차례 상세히 진술하게 될 것이고, 법원에도 직접 증인으로 출석해서 증언해야 한다. 특히, 정명석의 변호사들이 못살게 굴 거다. 그들에게 모욕을 당할 각오도 단단히 해야 한다."라고 예상되는 일들을 빠짐없이 설명해 주었다.

김도형의 설명을 들은 김영희는 법원이라는 곳에 미리 가보고 싶어 했다. 김도형은 법원에 재판받으러 갈 일이 있는 날 김영희를 데리고 가서 법정에서 재판하는 것을 견학하기로 하였다. 김영희와 김도형은 아무 상관없는 사람인 듯, 상당한 시간차를 두고 법정에 따로 들어가 재판을 방청하고, 나올 때에도 상당한 시간차를 두고 따로 퇴정하였다. 법원에서 멀리 떨어진 곳을 정해 다시 만나서 다른 볼일을 모두 마치니 밤 10시가 되었다. 여러 모로 불안해하던 김영희를 위해, 김도형은 한강변의 카페로 가서 차를 마시며 김영희와 이야기를 더 나누었다. 그런 후 김도형이 김영희를 집 앞에 내려준 것이 새벽 1시가 다 된 시간이었다.

김도형이 김영희를 내려주는데 노란색 안개등을 켠 SUV 차량 한 대가 김도형의 차 뒤에 바짝 붙어 정차하는 것을 무심코 보게 되었다. 김도형은 김영희가 무사히 집으로 들어간 것을 확인한 후 집으로 돌아가려고 출발했는데 처음 오는 동네이다 보니 한 바퀴를 돌고 다시 같은 장소로 되돌아오게 되었다. 그런데, 방금 전 김영희의 집 앞에서 보았던 그 SUV가 여전히 자신의 차 바로 뒤를 따라오고 있었다.

'나는 길을 잘못 들어 같은 장소에 다시 온 건데, 저 차도 똑같이 그랬단 말이야?'

그럴 가능성은 지극히 낮다. 김도형은 모른 척 계속 주행하다가 갑자기 차를 바깥쪽으로 빼서 세웠다. 순간 SUV 운전자가 당황하는 기색이 역력해 보였고, 김도형을 비켜 가 멀찌감치 떨어진 곳에 차를 세웠다. 가만히 살펴보니 SUV 외에 승합차 한 대도 같은 팀인 듯 보였다.

'오냐, 네놈들이 김영희가 나랑 같은 편이 된 것을 눈치챘구나.'

김도형은 모르는 척 차를 다시 출발시켰다. 달리면서 뒤를 보니, 두 대의 차량은 김도형을 계속 쫓아오고 있었다.

'승합차는 모르겠지만 SUV는 법원에서는 분명 없던 차다. SUV는 김영희 집 앞에서 대기 중이었으니, 야심한 시각까지 김영희의 집 앞에 잠복한 목적이 뭘까?'

김영희를 납치하려고 기다린 거라는 확신이 들었다.

김도형은 SUV 차량과 승합차의 번호를 확인하여 메모해서 112에 신고했다. 그러나 112는 주행 중인 차량을 어떻게 잡겠냐며 한가한 소리를 한다. 대치동 부근에 파출소가 보여 김도형은 차를 세우고 들어가 신고했지만, 경찰은 "당신이 그 사람들을 데리고 오시오."라고 한다. 자신들은 출동을 나가야 해서 바쁘다는 것이다. 김도형은 '이젠 어쩔 수 없다. 내가 직접 잡아야지.'라고 결심했다. 김영희를 납치하려고 기다리던 차를 그냥 보낼 수는 없었다. 김도형이 파출소에 다녀오는 동안에도 두 대의 차량은 가지도 않고 멀찌감치 정차한 채 대기하고 있었다.

김도형은 놈들을 잡을 방법을 궁리했다. 그때 강남경찰서 정문 앞의 편도 1차선 좁은 도로가 생각났다. 2003년 당시 강남경찰서의 정문은 편도 1차선의 좁은 도로. 김도형이 차를 가로로 세워 버리면 양쪽 차선을 모두 막아 버릴 수가 있다. 그렇게 되면 놈들은 김도형의 차를 추월하여 도망갈 수도 없을 테니, 놈들을 독 안에 든 쥐새끼로 만들어 버릴 수 있고, 경찰서 정문 앞이니 검거는 식은 죽 먹기.

놈들은 김도형의 경호원인 양 계속해서 열심히 따라오고 있었다. 강남경찰서 근처에 이르러 김도형이 갑자기 차의 속도를 늦추니 뒤에 따라오던 승합차와의 거리가 좁혀졌다. 순간 김도형은 핸들을 꺾어 가로로 차를 세워 양방향 도로를 다 막아 버렸다. 김도형은 재빨리 차에서 내려서 승합차로 다가갔다.

"너 이리 나와, 이 자식아!" 하며 운전석의 문을 열었다. 그 뒤를 따라오다가 이 광경을 본 SUV는 기겁을 해서는 차가 전복될 정도로 급하게 유턴을 해서 도망쳤다. 한 놈은 놓쳤지만, 한 놈은 잡았다. 김도형은 승합차 운전자를 잡아 경찰서로 끌고 들어갔다. 새벽녘 강남경찰서 형사계는 도떼기시장이었다. 김도형은 경찰서에서 순서를 기다리다가 잠시 길 건너 편의점에 다녀오려고 경찰서 건물 밖으로 나오는데, 승합차 운전자 놈이 따라 나오더니, "이것 봐, 당신! 거기 서!"라고 외치며 달려와 김도형의 팔을 잡았다.

"당신, 음주운전하고 지금 증거인멸하려는 거지?" 하며 김도형의 팔을 거세게 붙잡았다. 김도형은 어이가 없었다. "이 새끼가 약 처먹었나? 이거 놔, 새꺄!" 하며 놈의 팔을 뿌리치려고 실랑이를 하게 되었다. 이놈은 별안간 112로 전화를 걸어서는, 음주운전 하는 사람을 현행범으로 잡았다면서 신고를 했다. 김도형의 신고에는 바쁘다던 얄미운 112가 이번에는 쏜살같이 나타났다.

출동한 경찰은 김도형과 승합차 운전자를 한 차에 태우고 인근 파출소로 데려갔다. 김도형은 상황을 설명하려 했지만, 경찰은 일단 음주측정에 응하란다. 별수 없이 김도형은 측정에 응했다. 결과는 당연히 0%였다. 김도형은 경찰들에게 "이놈이 지금 자신의 범죄사실을 숨기려고 오히려 나에게 덮어씌우는 거다."라고 강조했다.

음주운전자가 아닌 것으로 확인되자 다시 순찰차에 태워져 강남경찰서로 돌아오는데, 차 안에서 그놈의 핸드폰이 계속 울려댔다. 시각은 새벽 3시가 넘어가고 있었다. 아마도 도망간 SUV 운전자 놈이 붙잡힌 동료 걱정에 계속 전화를 하는가 보다. 새벽 시간에 계속 전화가 울리니 경찰이 이를 수상히 여기기 시작했다. 김도형은 그런 낌새를 알아차리고, "이놈은 JMS라는 사이비 종교의 신도입니다.

이놈이 강간 피해 여성과 나를 미행했고, JMS는 납치, 폭행, 강간을 밥 먹듯이 하는 놈들입니다. 방송에도 크게 난 적 있는 단체입니다. 이놈들이 홍콩 강간 사건의 피해자 집 앞에 잠복해 있던 놈들입니다."라고 호소했다. 마침내 경찰이 그놈에게 물었다. "당신 도대체 이 시간에 누구한테 그렇게 전화가 오는 거요?" 놈의 전화를 빼앗아 확인하니, 발신인은 정XX, 바로 정명석의 심복 경호원 이름이다.

경찰관은 승합차 운전자를 강남경찰서에 넘기고, 뭔가 심상치 않다고 느꼈는지 그놈이 타고 온 승합차를 수색하기 위해 차문을 열자, 놀랍게도 그 승합차 안에 한 사람이 더 타고 있었다. 승합차 운전자는 경찰서에서, "어떤 사람이 새벽 1시에 카페에서 나와 차를 몰고 가길래, 음주운전으로 판단하여 신고하려고 쫓은 것이다."라고 주장하고 있었는데, 승합차에 함께 타고 있던 일행 놈은 전혀 딴 얘기를 하고 있었다. 비로소 전세가 역전되었다. 놈을 넘겨받은 강남경찰서 형사는 법전을 이리저리 뒤지더니, 김도형을 조용히 불렀다.

"현행법상 단순히 미행을 했다는 이유로 처벌할 근거가 없네요. 나도 저놈이 아주 나쁜 놈 같아 보여 어떻게든 잡아보고 싶은데, 마땅한 근거가 없어요."라는 것이다. 지금은 '스토킹 처벌법'이라는 것이 제정되어 있지만, 당시에는 미행을 처벌할 법이 없었다. 김도형이 형사와 그런 의논을 하고 있는데, 자신은 JMS 신도가 절대 아니라던 승합차 운전자 놈을 돕기 위하여, 그 새벽 시간에 JMS 간부들이 줄줄이 강남경찰서로 들어왔다.

처벌할 근거가 없다니 김도형도 어쩔 수가 없었다. 그러나 다음 날 아침, 김도형은 화장실에서 몸 여기저기를 자세히 살폈다. 고맙게도 그놈에게 잡혔던 팔에 멍이 들어 있었다. 김도형은 멍이 없어질세라 얼른 병원으로 가서 전치 1주의 상해진단서를 끊었다. 그리고 놈을 상해의 혐의로 형사고소하였다.

이 상해 사건은 서울지검의 박 모 검사에게 배당되었다. 불의를 보면 참지 못하는 사나이, 위증 사건으로 맹장을 멋지게 기소했던 검사, 말레이시아 사건에서는 전관예우 변호사의 압력에도 굴하지 않고 사건을 대전지검에 이송시킬 수 없다고 단호하게 거절했던 그 검사, 김도형에게 대한민국 검찰도 아직 정의가 살아있다는 걸 보여 준 그 박 모 검사였다. 그는 정명석이 홍콩에서 또다시 자매 두 명을 강간하는 범죄를 저질렀다는 소식을 듣고 분노하고 있던 중이었다.

피고소인 조사는 저녁에 시작되었다. 검사실의 수사관이 승합차 운전자인 JMS 신도를 조사하고 있었고, 검사는 수사 감독을 하고 있었다. 다른 업무를 보던 박 검사는 조사를 받고 있던 JMS 신도에게 한 마디 했다.

"야!! 너 하나만 물어보자. 니가 김도형 씨 미행하는 건 그렇다 치고, 어디 감히 사람 몸에 손을 대? 어?!"

"……."

놈의 답변이 없자 검사는 다른 업무를 계속하다가 2분쯤 지난 후, 다시 놈에게 다가가 묻는다.

"야, 넌 내 말이 말같이 안 들리냐? 사람 몸에 왜 손대냐고 내가 물었다, 그렇지? 그런데, 왜 대답이 없지?"

"……."

대답이 없는 놈에게서 시선을 돌린 박 검사는 다시 업무를 보기 시작한다. 그렇게 넘어가는가 싶더니 다시 2분쯤 지난 후 박 검사는 또 묻는다.

"야!! 왜 사람 몸에 손대냐고? 어? 야!!! 이 새끼야!!!! 너, 내 말 안 들려? 사람 몸에 왜 손대냐고! 엉?! 야!!!!!! 내 말 안 들려!!!!!!!"

검사가 고래고래 고함을 지르자, 놈은 고개를 푹 숙인 채 말을 잇지 못했다.

"나는 아직 이 세상에 정의가 살아있다고 믿는 사람이다. 니들이 말이야, 나한테 칼침을 놔도 이 새끼들아, 내가 가만 둘 줄 알아? 강간질이나 해대는 쳐 죽일 놈들! 내 절대로 가만 안 둔다! 알았어?"

김도형은 박 검사의 말에 하마터면 눈물이 나올 뻔했다. '그렇지. 검사라면 자고로 저래야지. 세상에 저렇게 멋진 검사가 있나! 불의를 보면 타협하지 않고 달려드는 정의의 사도! 저런 사람이야말로 검찰총장감!' 김도형은 마음속으로 환호했다.

피의자 조사 며칠 후, 놈은 기소되었고 몇 달 후 징역 8월에 집행유예 2년을 선고받았다. 이후 항소심에서는 일부 무죄선고와 함께 벌금형으로 감형되었다.

서울지방법원
판결

사 건   2003고단9498
　　　　가. 폭력행위등 처벌에 관한 법률위반 (야간. 공동상해)
　　　　나. 신용정보의 이용 및 보호에 관한 법률위반

피 고 인   최□□ (75****-1******), 자영업
　　　　주 거   대전 동구 판암1동 주공아파트 (이하 생략)
　　　　본 적   (생략)

(중략)

주 문

피고인을 징역 8월에 처한다.
다만 위 판결 확정일로부터 2년간 위 형의 집행을 유예한다.

이 유

범죄 사실

피고인은 화장품 도소매업체인 '참**'을 운영하는 자로서 공소외

정명석이 총재로 있던 기독교복음선교회의 신도인 바,

1. 피해자 김도형이 인터넷 등에 위 기독교복음선교회에 대해 비판하는 글을 자주 올려 자신이 몸담고 있는 교회의 명예를 실추시키고 있다는 생각에 피해자에 대하여 불만을 가지고 있던 중 피해자가 서울지방법원에서 나오는 것을 발견하고 피해자의 동태를 파악함은 물론 위법사실이 발견되면 수사관서에 신고하여 처벌받게 할 마음으로 피해자를 미행할 것을 결의하고, 특정인의 소재를 탐지하거나 금융거래 등 상거래관계 이외의 사생활을 조사하여서는 아니됨에도 불구하고, 공소외 김◇◇과 공모하여,

2003. 3. 21. 18:00경 서울 서초구 서초동 소재 서울지방법원 앞에 도로상에서, 피해자가 승용차를 타고 가는 것을 보고 피고인 소유의 충북70가58**호 스타렉스 승용차를 운전하여 뒤따라가면서 미행을 시작하여 같은 날 19:00경 서울 서초구 사당동 사무실에 들어간 피해자를 기다리다가 같은 날 23:00경 피해자가 사무실에 나와 강변북로를 따라가다 도로 오른쪽에 상호불상의 카페에 들어가자 2시간 가량 밖에서 기다리고, 같은 달 22. 01:00경 피해자가 그 카페에서 나와 OOO 아파트 단지를 들러 공소외 김영희를 내려주고 63빌딩을 지나 올림픽대로를 타고 천호동 쪽으로 가다가 방향을 바꾸어 같은 날 03:00경 서울 강남구 소재 강남경찰서 앞 도로를 진행할 때까지 계속 피해자를 미행하는 등으로 피해자의 소재를 탐지하거나 사생활을 조사하고,

2. 위와 같이 피해자를 미행하던 중 동인이 미행을 눈치채고 위 강남경찰서에 피고인을 미행했다고 신고하자 미행한 사실을 희석시켜 볼 의도로 피해자가 음주운전을 하였다고 신고한 후,

2003. 3. 22. 03:30경 서울 강남구 소재 강남경찰서 교통사고 조사계에서, 음주측정을 위하여 기다리고 있던 중 피해자가 편의점에서 담배를 사기 위하여 경찰서를 나가는 것을 보고 음주측정을 피해 도망간다는 이유로 위 강남경찰서 앞 도로상에서 피해자를 가로막은 후 양손으로 피해자의 팔을 잡아 비틀어 피해자에게 약 1주간의 치료를 요하는 좌측상완부타박상을 가하였다.

(이하 생략)

JMS 측의 미행은 이미 한두 번이 아니었다. 그러나 이전에는 특별한 사건이 있을 때, 미리 예측할 수 있을 만한, 눈에 보이는 미행이었다면, 이 사건부터는 미행이 본격화되어 시도 때도 없이 김도형의 뒤를 따라붙었다. 김도형은 JMS 똘마니들의 미행 때문에 노이로제에 걸릴 지경이었다.

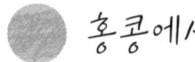 홍콩에서의 추적

　상황이 이렇게 되자 더는 고소를 미룰 수가 없었다. 김영희 자매는 김도형과 함께 고소장을 접수하였다. 말레이시아 사건이 대전지검으로 이송되어 '지명통보'라는 말도 안 되는 처분이 내려진 것을 경험한 김도형은 자신의 상해사건과 홍콩 강간사건을 묶어서 한 건으로 고소하였다. 김도형에 대한 미행과 상해가 서울에서 벌어졌기 때문에, 그 사건은 서울지검 관할이었다. 따라서 홍콩 강간사건을 여기에 묶으면 대전지검으로의 이송은 불가능해진다. 김도형은 홍콩 사건마저 말레이시아 사건처럼 맥없이 대전지검에 뺏길 수는 없었다. 김도형의 이와 같은 아이디어가 성공하여 홍콩 사건은 서울중앙지검에서 수사가 시작되었다. JMS의 미행으로, 결국 홍콩 사건의 고소가 앞당겨졌고, 더군다나 대전지검으로 이송되는 것도 막을 수 있었으니, JMS의 제 무덤 파는 실력이 다시 한 번 빛을 발한 순간이었다.

　김영희 자매의 조사를 마친 강력부 출신의 담당검사는 김도형 앞에서 "정명석… 하… 이 새끼는 때려 죽여야지, 이런 새끼를 법으로 처벌해야 하나?" 하며 주먹을 불끈 쥐었다. "그러게 말입니다, 검사님." 심정적으로야 김도형이 백 번 동의하지만, '내가 때려죽일 수는 없고 누가 때려죽여 주면 얼마나 좋을까.'라는 비겁한 생각을 하던 김도형. 이제는 정명석 이놈을 잡아야 한다. 피해자들에게 평생 씻을 수 없는 아픔을 준 놈이 아직도 요리조리 고급 아파트로 도망 다니며 강간질이다. 피해자가 생겨야만 거처가 드러나고, 쫓아가 보면 벌써 도망가고 없으니, 이놈은 지금 어디에 있을까. 이놈을 도대체 어떻게 잡는다?

홍콩 사건을 접수했으나 정명석의 행방을 알 수 없으니, 수사는 별 진전이 없이 기소중지로 종결되었다. 속절없이 시간이 흐르던 2003년 6월, 엑소더스에는 생각지도 못했던 결정적인 제보가 들어왔다.

"JMS 목사 ***가 모월, 모일, 모시, 모 비행기로 정명석을 만나러 홍콩으로 갈 예정이다."라는 제보였다. 드디어, '다녀온' 제보가 아니라 '만나러 갈' 정보가 들어온 것이다.

제보를 받은 김도형은 가슴이 뛰었다.

'그래, 이번에는 꼭 잡자.'

하늘이 준 기회였다. 이번에 정명석을 만나러 가는 신도들은 정명석과 그룹섹스도 함께 즐기는 최측근 여자 간부들이기 때문에, 아무 것도 모르고 불려가는 신입 신도들이 갈 때와는 달리 경계도 느슨할 것이다. 이번 만큼은 꼭 정명석이 잡힐 것 같았다.

당시 KAIST 박사과정인 김도형은 전문연구요원 자격으로 군 복무 중이었기 때문에, 출국이 불가했다. 김도형은 이처럼 중요한 홍콩 작전을 믿고 맡길, 자신을 대신할 믿을 수 있을 만큼 똑똑한 사람이 필요했다. 이내 김형진이 떠올랐다. 김형진은 1999년 황 양 납치사건이 터지고 언론이 정명석의 성추문에 대하여 집중적으로 보도하자, 정명석의 실체를 깨닫고 탈퇴하여 엑소더스에 온 회원이다. 김도형이 겪어 본 김형진은 사리 판단이 빠르고, 임기응변과 순발력이 뛰어나다. 앞뒤 없이 성질 먼저 욱하는 김도형에게는 여러모로 고맙고 믿음직한 인물이다. 하지만 김형진은 지금 충주의 어느 산골에서 사법고시를 준비 중이었다. 정명석 잡는 일이라면 인정사정 안 가리던 김도형이지만, 김형진에게만큼은 '고시 공부하는 사람에게 피해를 주면서까지 해야 하나.' 싶은 생각이 아주 잠깐 들었다. 김도형은 '일단 물어나 볼까' 하는 순수한(?) 생각으로 김형진에게 전화를 했다.

"형진아, 공부 잘 되냐?"
"응, 그럭저럭."
"공부 진짜 잘 돼?"
"그저 그래, 왜?"
"아니, 그냥 궁금해서. 근데 저기 말이야, 혹시 지금부터 한 일주일만 공부 안 하면 하늘이 무너질까?"
"무너지지는 않지. 왜, 뭔 소리를 하고 싶은 거여?"
"아니, 뭐 혹시 공부 잘 안 된다면, 바람이나 쐬라고 내가 해외여행 보내 주려고."
"그건 또 뭔 소리여?"
"들어봐. 이번에 잘하면 정명석을 잡을 수 있을 거 같아. 너만 오케이하면 내가 홍콩 보내 줄게. 준비는 다 해놨어. 넌 가서 정명석을 붙잡아 끌고 오기만 하면 되는데, 어때? 바람도 좀 쐬고 머리도 식힐 겸, 그래야 공부도 잘 되는 거 아니냐? 오래 안 걸려. 일주일이면 충분해."

산골짜기에 틀어박혀 고시공부에 매진하던 김형진은 그날 당장 여권신청을 하고, 여권을 받자마자 서울로 올라왔다.

정명석을 잡기 위한 김도형의 작전은 이랬다.

1. 일단 JMS 신도들이 출국하기 2~3일 전, 김도형 측 한 팀이 먼저 홍콩으로 출국하여 미리 섭외된 통역 및 가이드와 함께 승용차를 렌트하여 홍콩 공항에서 대기한다.
2. JMS 신도들이 출국하는 날, 또 다른 팀이 인천공항에 대기하다가 고성능 줌 카메라로 출국하는 신도들의 모습을 촬영한다. 그들이 출국심사장으로 들어가는 것을 확인한 후, 촬영한 사진을 즉시 이메일로 홍콩팀에게 보낸다.
3. 홍콩팀은 한국에서 보내 준 사진을 받아 JMS 신도들의 인상착의를 확인한 후 차량대기조 및 공항대기조로 나뉘어 대기한다.
4. JMS 신도들이 홍콩에 입국한 후, 그들을 미행하여 정명석의 은신처를 찾아낸다.

출국 전, 수도 없이 시뮬레이션을 돌려보았다. 연습은 없다. 단번에 성공하든가 아니면 실패다. 이번 작전에 실패하면 그들은 더욱 경계할 것이고, 이런 기회는 두 번 다시 오지 않을 것이다. 예상되는 가장 어려운 부분은 수많은 인파로 북적이는 낯선 홍콩 공항에서 JMS 신도들의 차량을 제대로 따라붙을 수 있느냐와 혼잡한 홍콩 시내를 통과해서 도착지까지 놓치지 않고 잘 따라갈 수 있는가였다.

또 하나 어려운 부분은 보안이었다. 활짝 열려 있는 엑소더스에 수많은 탈퇴 신도 중, 누가 숨은 JMS 간첩일지 알 수 없었다. 본인 스스로도 헷갈릴 만큼 조석지간으로 오락가락하는 게 JMS 신도들이다. JMS와 반JMS 사이에는 휴전선도, 철책도 없다. 신분증에 표시

되는 것도 아니다. 어제의 열성신도가 오늘 반JMS가 되고, 오늘 반 JMS라 해도 언제 무슨 겁을 집어먹고 회개하며 정명석에게 되돌아 갈지 알 수 없는 일이다. JMS 신도들은 무슨 문제만 생기면 자신은 신도가 아니라고 손사래부터 쳤지만, 입증할 방법이 없다. 각자 내심 에서 어떤 전쟁을 치르는 중인지, 전세는 어느 쪽으로 기울어 있는 지 누구도 알 수 없다. 김도형이 늘 입버릇처럼 하던 말, 대그빡에 미 칠 광자를 딱 써 붙이고 다니면 좋으련만.

　김도형은 보안을 위해 홍콩 작전을 공유할 회원들을 최소화했다. 이 작전은 JMS 측에 새나가는 순간 끝장이다. 엑소더스 회원 중 극 소수의 사람들만 공유했고, 공유한 사람들은 비밀유지에 만전을 기했다. 이번 건은 절대 소홀히 할 수 없는 너무너무 소중한 정보였 다. 김도형은 보안을 위해 아예 반JMS 사이트 서버의 전원을 내려 버렸다.

　김도형은 만약 홍콩 시내의 번잡함 때문에 시내 미행이 도저히 불가능해지면, 그놈들의 차가 벤츠이건 BMW이건, 롤스로이스이건 무조건 들이받아 접촉사고라도 내라고 홍콩팀에게 일러두었다. JMS 측 차량 운전자의 신원을 확보해야 후일이라도 도모할 수 있을 것이 다. 이 작전에서 정명석 잡는 일보다 우선하는 일은 없다. 정명석 때 문에 이 땅의 수천 수만 젊은 인생들이 망가지고 있는데 벤츠, 롤스 로이스가 문제겠으며, 돈이 문제겠는가. 김도형은 그 어느 때보다 단 호하게 회원들에게 주지시켰다.

　마침내, D-day! 홍콩팀은 이미 전날 출국해서 홍콩에 도착했다.

아뿔싸! 갑자기 JMS 신도들의 출국이 연기됐다는 연락이 왔다. 그리고 바뀐 항공기 일정은 아직 모른다. 전날 홍콩에 도착해서 대기 중이던 홍콩팀은 일단 철수했다. JMS 신도들이 언제 출국할는지 확실치 않은 상황에서 홍콩에서 체류하며 기다리기엔 비용 부담이 컸다. 과연 성공할 수 있을까? 다들 가슴이 타들어가는 시간이었다.

제보자는 바뀐 비행기 일정을 알아내느라 머리를 쥐어뜯으며 고생을 했다. 그리고 기적처럼 바뀐 일정을 알아내는 데 성공했다. 정확히 1주일 뒤였다. 엑소더스 홍콩팀은 1주일 뒤 홍콩으로 다시 출국하였다. 다행히도 더 이상의 변경은 없었다.

다시 D-day, H-hour!! 드디어 홍콩으로 가는 JMS 여자 간부들이 인천공항에 등장했다. 출국하는 여자 간부는 총 세 명이었다. 그중 한 명은 미인대회 출신이었다. 공항에 나간 엑소더스 회원들은 그들이 눈치 채지 못 할 만큼 멀찌감치 서서 고성능 줌 카메라로 탑승 수속 중인 그녀들의 모습을 조심스레 쭉쭉 당겼다. 그들은 강간교주를 만나러 가는 게 그리도 좋은지 시종 함박웃음에 들떠 보였다. 엑소더스 회원들에게 사진 찍히는 줄도 모르고, 주변을 경계하는 기색이라곤 전혀 없었다. 엑소더스가 홍콩에 뿌린 수배전단 덕분에, 정명석은 정말 한국식당에 못 가고 있는지, 여 간부들은 산더미 같은 음식 상자를 들고, 밀고 하며 탑승권 발급을 위해 줄을 섰다.

<탑승 수속을 받는 JMS 여 목사들과 수행비서>

<정명석에게 보낼 산더미 같은 선물들을 들고 즐거워하는 여 신도들>

<출국 신고서를 작성하는 JMS 여 간부들>
- 교주를 만난다는 기쁨에 지금은 입이 귀에 걸렸지만, 내일은 초상을 치르게 된다.

여 간부들이 출국신고서를 작성하고 출국심사장으로 들어간 것까지 확인한 후, 작전대로 인천공항 팀은 촬영한 사진을 곧바로 홍콩팀에게 이메일로 보냈다. 인천공항팀은 출국하는 여 간부들을 배웅하기 위해 공항에 나와 있던 JMS 신도들의 눈에 띄지 않도록 조심해서 인천공항을 무사히 빠져나왔다. 인천공항팀은 임무 완료!

이제 작전은 홍콩팀으로 넘어갔다. 김형진을 포함한 홍콩팀은 여 간부들이 탄 비행기가 홍콩으로 날아오는 동안, 한국에서 들어온 따끈한 사진들을 컬러 프린터로 인쇄하여 팀원 모두가 나눠 가졌다. 이제 홍콩 첵랍콕공항에 사진 속 주인공들이 나타나면 차질 없이 미행을 완수하면 된다. 일행들은 마지막으로 예상 동선 및 탑승할 차량들의 위치를 한 번 더 확인하였다. 준비는 끝났다. 그들이 눈치 채지 못하도록 은밀하고 신속하게 움직여야 한다. 홍콩팀은 각자 맡은 위치에서 서로를 격려하며 곧 도착할 여 간부들을 기다렸다. 첵랍콕공항 내 엑소더스 회원들에게는 피 마르는 긴장감이 감돌았다.

드디어 여 간부들을 태운 비행기가 도착했다는 사인이 떴다. 잠시 후 입국장을 빠져나오는 여 간부 일행이 포착되었다. 홍콩팀은 불과 몇 시간 전에 촬영한 사진을 손에 들고 있었기 때문에, 수많은 인파 속에서도 정명석의 애첩들이 눈에 확 들어왔다. 그녀들은 복잡한 공항에 들어서자 곧바로 화장실로 들어갔다. 홍콩팀의 시선은 방금 여 간부들이 들어간 여자 화장실 입구에 일제히 꽂혔다. 마냥 즐거워 보이는 여행객들 틈에서, 홍콩팀은 유독 긴장한 모습으로 정해진 자리에 꼿꼿이 서서 눈도 한 번 깜빡이지 않고 화장실 입구만 노려보고 있었다. 십여 분 후 화장실을 나오는 JMS 여 간부들은 모두 짧고 야

한 옷으로 갈아입었고, 화장은 한층 두꺼워져 있었다. 참으로 가관이었다. 아마도 교주와의 뜨거운 대화를 몸으로 하는 집단이기 때문이리라. 다행히 여러 명의 시선이 시종 그녀들을 쫓고 있음에도, 그녀들은 매우 부주의했다.

잠시 후, 여 간부들은 마중 나온 홍콩의 JMS 신도들과 만나 최고급 렉서스 LS430 승용차에 탑승하였다. 홍콩팀도 미리 대기시켜 놓은 택시 두 대와 렌터카 한 대에 나누어 탑승하고 여 간부들을 태운 차를 따라갔다. 공항을 빠져나오면서 하마터면 그들을 놓칠 뻔한 위기도 있었지만, 택시기사의 기지로 가까스로 다시 따라붙을 수 있었다. 홍콩에 널리고 널린 것이 택시이다 보니, 그녀들은 자신들을 뒤따라오는 택시에 김도형 일당이 타고 있으리라고는 꿈에도 상상하지 못하고 있었다.

40여 분을 달린 렉서스는 홍콩의 클리어 워터 베이라는 부촌에 이르렀다. 엑소더스 홍콩팀은 한산해진 도로사정을 감안하여 수백 미터 정도 간격을 두고 미행하였다. 어느 한적한 도로에 이르러 렉서스가 우회전을 했고, 홍콩팀 중 선두에 있던 택시가 따라서 우회전하여 언덕 하나를 넘자, 꽤 넓은 평지가 나타났다. 그곳은 고급 단독주택단지의 정문이 있는 막다른 골목이고 여 간부들의 목적지였다.

홍콩팀의 택시가 언덕을 넘은 순간, 불과 십여 미터 앞에서 여 간부들이 차에서 짐을 내리고 있었다. 기겁을 한 엑소더스 회원들은 택시에서 일제히 머리를 파묻었고, 통역은 급하게 택시기사에게 차를 돌리라고 요청하였다. 황급히 차를 돌리려는데, 뒤따라오던 두 번째 택시마저 언덕을 넘어 난감한 상황이 되었다. 두 번째 택시에 탑승한 회원들도 똑같이 머리를 파묻었다. 택시들이 줄줄이 뒤를 쫓아와서 막다른 골목에서 차를 돌리는데도, 여 간부들은 '택시가 길을 잘못 들었나?' 하며 힐끗 한번 쳐다보고는 다시 짐 내리는 데에 열중했다. 홍콩팀은 가슴을 쓸어내렸다. 미행은 대성공.

일단 그들의 목적지는 확인되었다. 이제 남은 과제는 '이곳에 과연 정명석이 있느냐'였다. 어쩌면 교주를 만나기 전 중간 단계의 거처일 수도 있었다. 주택의 고급스러움이나 규모로는 정명석이 사는 곳 같았지만, 추측만으로 다 된 일을 그르칠 수는 없다. 김영희 자매가 홍콩에 도착했을 때에도 렉서스를 몰고 온 여 간부가 자매들을 태워 다른 집에서 하룻밤을 재운 뒤, 다음 날 실제로 정명석이 있는 숙소로 갔었다. 홍콩팀은 오늘 밤, 이 집에 정명석이 있는지를 반드시 확인해야 했다.

 정명석의 위치 확인

그날 늦은 오후 해질 무렵, 김형진과 또 다른 회원은 다시 그 집으로 갔다. 현장은 고급주택단지였는데, 조그마한 산을 등지고 있었다. 두 사람은 남의 눈에 띄지 않게 조심하며 단지 뒤쪽으로 돌아 산으로 올라갔다. 산을 타고 올라가 낮에 JMS 여 간부들이 들어간 주택의 뒤쪽에 자리를 잡고 잠복하였다. 하루 종일 긴장으로 피곤했지만, 둘의 신경은 그 어느 때보다 곤두서 있었다. '제발 이 집에 지구별 최고의 강간범 정명석이 똬리를 틀고 있기를….' 하고 기도했다.

그 시각, 한국에서 김형진의 연락만을 기다리던 김도형은 낮에 미행에 성공했다는 소식을 들은 후부터 좌불안석이었다. 정명석 잡혀 오기 전에 김도형이 먼저 애가 닳아 죽을 지경이었다. 서울 도처에서 이 작전을 공유하는 극소수 회원들 역시 홍콩에서 기쁜 소식이 오기만을 한 마음으로 기다리고 있었다.

안절부절, 앉지도 서지도 못하고 초조해하던 김도형의 전화가 드디어 울린다. 발신번호는 로밍해 간 김형진의 번호다. 김도형은 전화 벨이 채 한 번이 울리기도 전에 냉큼 받았다.

"어, 나야!"
"(나지막한 목소리) 도형 씨, 나 여기 뒷산이야."
"응? 뒷산? 그래서?"
"(더욱 기어들어가는 목소리) 전방 150미터, 정명석 출현, 지지배들과 산에서 산책 중. 이상 보고 끝!"
"어머, 웬일이니! 어우 야~."

드디어 정명석을 찾았다. 이제 정말 잡기만 하면 된다. 김도형은 그 길로 삼겹살집으로 달려가 달큰한 소주 한 잔, 안주 한 쌈을 번갈아 냠냠하며, 간간이 자신의 뺨을 꼬집어 보았다.

김도형은 이미 2002년 11월, 정명석을 잡기 위하여 홍콩 시내, 특히 한인타운을 중심으로 정명석 수배전단을 수백 장 붙이고 수천 장을 배포한 적이 있다. 그 일을 계기로 홍콩 주재 한국 총영사관의 치안담당 영사와 긴밀히 연락을 하며 지내고 있었다. 홍콩으로 여 간부들이 간다는 제보를 받아 2003년 7월, 엑소더스가 홍콩에 갔을 때에도 홍 모 영사가 치안담당으로 여전히 근무하고 있었다.

김형진은 홍 영사를 찾아가서,

"이번에 잘하면 정명석의 위치를 확인할 수 있을 것 같습니다. 확인이 되면 영사님이 도와주십시오." 그렇게 영사와 만나고 얼마 지나지 않아 진짜 정명석의 은신처를 찾아낸 것이다.

그 집에 정명석이 있는 걸 직접 확인한 김형진은 그날 저녁 홍 영사를 찾아가서 정명석의 은신처를 알렸고, 다음 날 홍 영사와 함께 정명석을 잡으러 출동하기로 약속하였다.

김형진과 또 다른 회원은 새벽까지 정명석을 감시하기로 하고, 그날 밤 정명석 집의 뒷산으로 다시 숨어들었다. 절대 들키면 안 된다. 방 창문에 커튼이 벌어진 틈 사이로 정명석과 오늘 도착한 여 간부들이 얼핏얼핏 보였다. 그들이 모두 나체로 활보하는 것을 보니 재림예수는 오늘 도착한 여 간부들과 그룹섹스를 하시는 모양이다. 세상 모든 일을 다 아는 것처럼 교만을 부리던 정명석은 지금 밖에서 누가 들여다보는지, 내일 자신이 무슨 일을 당할지 알지도 못한 채, 오랜만에 만난 애인들과 나체로 즐거운 시간을 보내느라 여념이 없었다.

 기쁘다 구주 잡았네~ 만백성 맞으라~~

다음 날 김형진이 영사관을 찾아갔을 때, 홍 영사는 이미 준비를 마치고 김형진 일행을 기다리고 있었다. 홍 영사는 김형진 일행과 홍콩이민국으로 이동했다. 홍콩이민국도 홍 영사가 전날 보낸 공문을 받고 대기 중이었다. 20여 명의 홍콩이민국 직원들은 정명석을 체포하기 위하여 마이크로버스에 탑승하였다. 선도 차량은 김형진과 회원들이 탄 엑소더스 차량.

정명석의 은신처에 도착한 후, 차에서 내린 김형진과 엑소더스 회원은 정명석이 뒷산으로 도망갈 것을 대비하기 위해 이민국 직원들에 앞서 뒷산으로 먼저 진입하였다. 잠시 후 홍콩 이민국 직원들은 정문으로 진입할 것이다.

김형진 일행은 홍콩 이민국이 정명석을 체포하는 일을 보조하는 의미에서 도주로를 차단하고자 뒷산으로 진입했던 것인데, 거기서 생각지도 못한 광경을 보게 되었다. 김형진 일행이 어젯밤 잠복했던 뒷산으로 이동하던 중, 멀지 않은 곳에서 여자들의 웃음소리가 들려왔다. 김형진은 입에 손가락을 세우며 '쉿!' 하는 사인을 주고, 발소리를 죽여 접근했다. 어제 그들이 잠복했던 자리에 도착했을 때, 바로 몇 미터 앞에서 벌건 대낮에 정명석이 여자 둘과 모기장을 쳐놓고 들어앉아 놀고 있었다. 정명석은 웃통을 벗은 채 팬티 하나를 걸치고 있고, 여 신도 둘은 비키니 차림이다. 김형진은 이제 수풀을 사이에 두고 정명석의 숨소리도 들릴 만큼 가까이에 있었다.

'저 잡것이 또 대낮부터 저 짓이로구나.' 어이가 없던 김형진은 홍 영사에게 조용히 전화해서 정명석이 뒷마당에 있다는 사실을 나지막이 알렸다. 김형진은 조심스레 캠코더를 꺼내 정명석이 놀고 있는 현장을 촬영하기 시작했다. 그때 '부스럭' 소리가 나고 말았다. 정명석은 그제야 누군가 자신을 지켜보고 있는 낌새를 느끼고, 알몸을 가리기 위해 급하게 윗도리를 챙겨 입으며 소리가 난 쪽을 살폈다. 김형진의 캠코더에 정명석의 겁먹은 시선이 정면으로 잡혔다. 정명석에게 들킨 것이다. 그러나 이젠 상관이 없다. 김형진은 촬영을 계속 하며 숨어 있던 수풀에서 나와 정명석에게 천천히 다가갔다. 김형진과 함께 있던 엑소더스 회원은 어느새 정명석의 모기장 앞에 다가가 서 있었다.

시커먼 복장의 엑소더스 회원은 "명석아, 한국 가자!"라고 외치며, 모기장을 들췄다. 당황한 정명석은 급하게 주워 입은 윗도리 단추도 채우지 못한 채 엉거주춤 일어섰다. 여자들과 노는 동안 아랫도리에 힘이 들어간 상태였는지, 정명석은 허리를 펴지 못하고 한참을 구부린 자세로 어정쩡하니 서 있다.

<정명석이 허리를 펴지 못하고 있는 장면>
- 앞에서는 엑소더스 회원이 나오라며 모기장을 젖히고 있다.

<겁먹은 정명석의 표정, 윗도리의 단추는 미처 채우지도 못했다.>

"명석아, 한국 가자. 어여 나와라."

"멀 나온다궁?"

"나와, 이 새끼야! 병신 되기 전에 나와라, 응? 좋은 말 할 때 나와. 한국 가야지."

"멀 나온다궁?"

"나와, 이 새끼야!"

무섭게 생긴 남자가 싸늘하게 뱉어내는 말에 겁을 먹은 정명석은 혀짧은 소리로 동문서답을 하며 엉성한 자세로 모기장 밖으로 나왔다. 김형진도 계속 촬영을 하며 정명석에게 다가갔다. 정명석은 김형진 쪽을 힐끔 쳐다보더니 대뜸 손으로 캠코더를 내리쳤다. 4년 전 홍콩 호텔에서 SBS 카메라를 손으로 내려치고 도망가자 SBS 취재진이 따라오기를 포기한 것을 경험한 때문인지, 이번에도 똑같은 행동을 했다. 그렇게 하면 촬영이 중단될 줄 알았던 모양이다. 하지만 번지수를 잘못 짚었다. 이번에는 SBS가 아닌, 'KILL JMS'를 외치는 김도형의 카메라다.

정명석이 캠코더에 손을 댄 순간, 정명석의 모습이 캠코더에서 순식간에 멀어졌다. 김형진이 정명석을 발로 걷어찬 것이다. 김형진의 발에 채인 정명석은 "어? 발로 찼쪄? 발로 찼쪄?" 하며 김형진의 캠코더로 또 덤벼들었다. 김형진은 "하~ 이 씨발놈, 야, 이 새끼야!"라고 외치며 이번에는 정명석의 귀싸대기를 힘껏 올려붙였다. 흔들거리는 동영상에는 "짜악~" 하는 찰진 소리가 선명하게 담겼다. 남의 집 귀한 딸 수천 명을 강간한 놈, 몇 년째 도망 다니다가 최근엔 자매를 동시에 성폭행한 놈에게 그 정도면 김형진이 인내심을 최대한 발휘해서 점잖게 대해 준 것이다.

귀싸대기를 얻어맞은 정명석이 "어? 때려쩌? 때려쩌?"라는 혀 짧은 소리를 하더니, 다시 덤빌 엄두를 접고 허둥지둥 집 쪽으로 돌아섰다. 그 순간 정문에서부터 밀고 들어온 홍콩 이민국 직원들이 뒷마당에 들이닥쳐 정명석의 앞을 가로 막았다. 마침내 희대의 강간범 정명석이 체포되었다.

정명석은 신분증도 없는 불법체류자였기 때문에 체포 즉시 구속되었다. 바로 다음 날, 정명석은 '음란한 사교주'라는 타이틀로 홍콩의 일간지 <태양보> 일면 톱을 장식하였다. 아울러 홍콩의 <일주간>이라는 주간지 또한 한국산 사이비 교주를 '색마교주'(色魔敎主)라고 소개하며, 발기된 아랫도리 때문이었는지 한동안 허리를 펴지 못하던 교주의 사진까지 올 컬러로 표지에 게재하였다.

<색마교주가 야전에서 체포되다>
- 왼쪽 동그란 사진은 인천공항에서 엑소더스 회원이 찍은 JMS 여 간부의 모습

'정명석 체포 소식'을 듣자마자, 김도형은 한국 언론들에 이 사실을 알렸으며, 엑소더스 사이트의 전원을 켜고 '정명석을 체포했다'고 대대적으로 발표했다. JMS 지도부는 멘붕에 빠졌는지 한동안 대응도 못하고 고요했다.

며칠 후, 정신을 수습한 JMS 교단은 "성경을 읽고 기도하시던 우리 선생님을 가라지들(엑소더스 회원)이 폭행했다."고 선전을 해대기 시작했다. 이에 김도형은 보란 듯이 홍콩에서 촬영된 정명석 체포 당시 동영상을 엑소더스 사이트 메인 화면에 공개하였다. 발기되어서인지 허리를 펴지 못하는 자칭 재림예수가 벌건 대낮에 남의 집 귀한 딸들을 거의 벗기다시피 하여 모기장 안에서 놀고 있던 모습이 그대로 인터넷에 올라갔다. 아무리 봐도 성경 읽기나 기도하는 모습이라고 보긴 어려웠다.

동영상이 공개되자 적지 않은 신도들의 믿음이 흔들렸다. 그리고 김도형을 미워하던 JMS 광신도들은 김도형에 대한 증오에 본격적으로 불이 붙었다. 광신도들은 김도형과 김형진을 죽이고 싶다고 대놓고 드러내기 시작했다.

한편, 구속된 정명석은 한국으로 끌려가지 않기 위해 발악을 했다. 재림예수로서 최소한의 체면이나 양심 따위는 내버린 지 오래다. 그는 수단과 방법을 가리지 않았다. 그중 하나가 UN고등난민판무관실(UNHCR)에 "한국에서 종교적인 박해를 당하고 있다."며 난민 신청을 한 것이다. 지구가 좁다는 듯 전 세계를 누비고 다니며 성범죄를 저지르던 강간범이 종교적 박해를 받는다며 난민신청을 한 경우는 아마도 세계역사상 전무후무할 것이다.

또 하나의 승전보, 민사소송 1심 판결

정명석을 체포한 지 불과 2주 지난 2003년 7월 24일. 김도형이 특수강도가 되면서까지 벌였던 사건의 결과가 나왔다.

서울중앙지방법원은 성폭행 피해를 입은 7명의 여성이 정명석에게 제기한 손해배상소송의 1심판결을 선고하였다. 2000년에 제기한 소송이 3년 동안의 재판을 거쳐 마침내 선고가 난 것이다. 법원은 정명석에게 피해자 7명에게 각 1,000만 원에서 1억 원까지, 도합 3억 8천만 원을 배상하라고 선고하였다. 소송을 제기한 피해자들 중에는 자매 셋이 있었고, 그중 한명은 고등학생 시절부터 정명석에게 성폭행을 당한 경우였으니, 정명석이 저지른 성범죄의 극악함이 어느 정도인지 재차 확인되었다.

김도형이 특수강도로 구속되어 서울구치소에 수감되어 있을 당시, 구속 전 민사소송을 위해 김도형이 선임했던 변호사가 구치소로 면회를 왔다. 변호사는 김도형에게 "정명석을 상대로 한 민사소송 소장을 오늘 접수하였다."는 소식을 전해 주었었다. 그렇게 열악한 상황에서 시작했던 재판의 1심결과가 드디어 나온 것이다. JMS 측의 온갖 회유와 협박에 맞서 버티고 버티며 3년 여 만에 이룬 쾌거였으니 김도형은 그야말로 감개무량(感慨無量)하였다.

특수강도가 되어 감옥까지 다녀온 일, 온갖 소송에 휘말려 법정 공방을 이어 온 일, 수시로 이어지는 미행과 협박으로 숱한 나날을 불안에 떨었던 일, 그리고 정명석의 체포에 이르기까지 김도형에게는 파란만장했던 일들이 주마등처럼 스쳤다.

이제 정명석의 성범죄는 법원 판결로 이렇게 정리되는 단계에 이르렀다.

① 위증 사건 판결로 "JMS 교주 정명석은 여 신도들과 그룹섹스를 한다."고 확인되었고,

② 민사 사건 판결로 그러한 그룹섹스 및 성관계는 '여 신도의 성적 자기결정권을 침해하는 불법행위'임이 인정되었다.

정명석의 성범죄에 대하여 손해배상 책임을 묻는 이 민사사건 판결은 몇 년 후 최종적으로 대법원에서 확정되었으니, 그 행위의 사실 여부 및 의미에 대하여는 재론의 여지가 없다고 할 것이다.

이러한 판결들이 내려진 가운데 정명석이 한국으로 송환되면 모든 것이 정리될 것이고, 김도형은 곧 자신의 본업으로 돌아갈 수 있으리라 생각했다. 그러나 세상사가 항상 바라는 대로 돌아가지는 않는 법. 길가다가 우연히 소매치기를 붙잡은 사람은 용감한 시민상, 표창장, 이런 걸 받던데, 국가기관에서도 나 몰라라 방치했던 국제적 적색수배자를 검거하는 데 혁혁한 공을 세운 김도형과 엑소더스에게는 표창장은커녕 상상을 초월하는 일들이 벌어지기 시작했으니, 강간범 정명석을 잡아낸 대가는 그야말로 혹독했다.

서울지방법원
제21민사부
판결

원고 1. A
    2. B
    3. C
    4. D

피고 1. 정명석
    2. 사단법인 동서크리스챤 선교회

주문

1. 피고 정명석은 원고 A에게 1천만 원, 원고 B, 원고 C, 원고 D에게 각 5천만 원 및 각 금원에 대하여 2000. 7. 29.부터 2003. 7. 24.까지는 연 5%, 그 다음 날부터 완제일까지는 연20%의 각 비율에 의한 금원을 각 지급하라.

(중략)

4. 제1항은 가집행할 수 있다.

이유

(중략)

마. 원고 A는 일본의 와세다대학 문학부에 재학중이던 1994. 6. 경 도쿄의 전철 안에서 JMS의 여 신도에 의해 포섭되어 30개론에 대한 학습을 받아오다가…(중략)…1995. 6. 경 JMS의 하또리 OOO 전도사를 통해 일본의 JMS 신도들이 피고 정명석을 만나러 갈 계획이 있다는 사실을 알고 JMS신도 30-40명과 함께 과연 그가 재림예수인지 한 번 만나 보고 싶다는 생각에 1995. 7. 19. 한국을 방문하게 되었다.

방한기간의 마지막날인 1995. 7. 26. 아침 원고 A는 함께 내한한 JMS 여 신도 몇 명과 함께 피고 정명석과 면담을 하기 위하여 그가 묵고 있는 부산의 웨스턴 조선비치호텔로 가게 되었는데…(중략)… 피고 정명석은 위 원고를 자신의 옆에 앉힌 다음 그녀로 하여금 그가 메시아임을 선언하게 하고는, 이어서 그의 손을 그녀의 무릎 위에 올려놓은 후, 치마를 걷어올리고 허벅지를 손으로 쓸어대고, 이어서 팬티까지 손을 뻗쳐 추행을 하였고, 이때 정X아 목사는 손으로 그녀의 어깨를 눌러 그녀가 움직이지 못하도록 하였다.

(중략)

바. 원고 B는 대한항공의 First class 여승무원으로 일하던 1997. 5. 경 JMS 명동전도단의 일원인 소외 김석태에 의해 JMS에 포섭되었는데…(중략)…

…(중략)…심리적인 항거불능의 상태에 이른 원고 B의 옷을 벗겨 강제로 성교를 하고, 나아가 원고 B의 음부에 머리를 대고 질을 이빨로 물어뜯는 등의 가혹행위를 하였으며…(중략)…

사. 원고 C는 서울여자대학교에 재학 중이던 1994. 6. 경 원고 B와 마찬가지로 명동전도단의 일원인 김석태에 의해 JMS 신도가 되어 …(중략)…

…(중략)…그 자리에서 피고 정명석은 원고 C를 방에 눕힌 채 바지 지퍼를 내리고 팬티속으로 손을 집어넣어 추행을 하였고, 그 날부터 그는 필요할 때마다 종교적 최면으로 정상적인 판단력을 잃은 원고 C를 불러 간음, 추행 등을 일삼았다.

(중략)

자. 원고 D는 1991년 경 속초에서 소외 정X경에 의해 JMS에 가입하였는데, …(중략)…거기서 피고 정명석은 그녀로 하여금 다리를 주무르게 한 후 옷을 벗기고 그녀와 간음하였으며, 그 후에도 그녀는 수시로 피고 정명석에게 불려가 그와 성관계를 맺어야 했다.

(하략)

5장
JMS의 테러와 정명석 추적

개떼들의 습격, 테러

 정명석을 홍콩 이민국에 직접 넘겨준 후 정명석의 구속이 확인되고서야, 김도형은 그간의 긴장을 내려놓을 수 있었다. 엑소더스 안팎에 내려졌던 보안을 일제히 풀고 전 회원들과 기쁜 소식을 공유하며 온통 축제 분위기였다. 엑소더스 사이트 첫 페이지엔 정명석 체포 동영상이 팝업으로 올라갔다. 김도형은 그 체포 영상을 늘어나도록(?) 보고 또 돌려보았다. 모두 뛸듯이 기뻤지만, 김도형의 회한과 기쁨을 누가 다 헤아릴 수 있으랴.

 그러나 기쁨은 오래가지 않았다. 정명석은 얼마 지나지 않아 보석으로 석방되었다. 천신만고 끝에 잡아넣은 정명석이 보석금 10만 홍콩 달러에 활짝 열린 감옥 문을 유유히 걸어 나왔다. 보석 석방은 죄가 없어서 풀려나는 것이 아니다. 일종의 조건부 석방이다. 정명석은 매주 목요일 오후 1시, 이민국에 출석하여 자신의 위치를 보고해야 하고, 이를 어기면 보석금 10만 달러는 몰수되고, 즉시 구속이다. 그러나 10만 달러로 당장 구속을 면하고 도망칠 수 있는 기회가 생긴 셈이니, 정명석에게는 대수롭지 않은 액수일 것이다. 정명석의 보석금은 오래지 않아 몰수되었으나, 정명석이 다시 구속되는 일은 생기지 않았다.

정명석 체포 직후부터 김도형에게는 평소보다 몇 배는 더 많은 전화가 걸려 왔다. 김도형에게 정보를 주던 현 JMS 신도들과 언론사의 기자들의 전화도 많았지만, "JMS 문제 때문에 고민이 많다. 상담을 하고 싶다."라며 만나 달라는 전화가 유난히 늘었다. 전화가 워낙 많이 걸려왔기 때문에, 다른 회원을 만나게 해 주겠다고 해도, 유독 김도형을 직접 만나고 싶다는 것이다. 땅끝 마을 해남에서 어렵게 올라왔다는 둥, 자기 딸이 피해자인 거 같다는 둥 온갖 이유를 들어 집요하게 김도형을 만나자고 덤벼들었다.

"김도형 씨, 조심하세요."
"오늘 보석으로 풀려난 정명석이 설교에서 '흑암의 세력과 맞서 싸워라'라고 지시했습니다."
"여기 이놈들이 무슨 일을 저지를 분위기입니다."
이런 정보들이 속속 날아들었다. 아무래도 분위기가 심상치 않았다.
하루는 시사저널 기자의 인터뷰 요청이 들어왔다. 정명석을 체포한 반JMS의 활동을 취재하고 싶다고 하였다. 김도형은 요즘 분위기가 좋지 않으니 조용한 찻집에서 만나자고 하였으나, 기자는 엑소더스 사무실에서 인터뷰하기를 원했다. 김도형은 내심 걱정이 되어 몇 번을 더 찻집에서의 인터뷰를 권하였으나, 기자가 한사코 사무실에서의 인터뷰를 요구하는 바람에 어쩔 수 없이 엑소더스 사무실에서 만나기로 약속했다. 그리고 바로 그날, 염려하던 첫 번째 테러가 일어났다. 2003년 8월 20일이었다. 며칠 후 발행된 시사저널의 표지에는 '종교집단 테러 현장에 기자가 있었다'라는 제목의 기사가 실렸으니, 사건의 전말은 다음의 기사와 같다.

[723호] 2003. 08. 26. (화) 시사저널 신호철 기자
eco@sisapress.com

8월 20일 밤 종교단체 JMS 신도 4명이 서울 사당동에 있는 엑소더스(반JMS 단체) 사무실을 야간에 습격해 회원들을 폭행했다. 지명 수배된 JMS 교주 정명석 총재가 엑소더스 회원들의 제보로 최근 홍콩 경찰에 체포된 데 대한 앙갚음이었다. 우연하게도 그 순간 현장에는 취재하러 간 〈시사저널〉 신호철 기자가 있었다. 무법 천지가 된 그날 밤 집단 폭행 사태로 신 기자도 얼굴에 전치 2주의 상처를 입었다. 폭력 사건 현장을 목

격한 기자가 당시 상황을 독자에게 생생히 전달한다.

8월 20일 저녁 7시 30분부터 기자는 서울 사당역 인근 한 빌딩 5층에 있는 엑소더스 사무실에서 엑소더스 모임 회장 김도형 씨(31)와 회원 김OO 씨(43)를 인터뷰하고 있었다. 1999년에 결성된 이 모임은 종교집단 JMS에서 탈퇴한 신도들과 JMS에게 피해를 본 사람 등 7백 여 명이 회원인 단체다.

최근 엑소더스는 홍콩에 불법 체류하던 JMS 교주 정명석 씨를 경찰에 신고해, 그가 체포되도록 하는 데 결정적인 역할을 했다. 김도형 회장은 "평소 JMS 신도들로부터 테러 위협을 많이 받고 있다."라고 말했다. 기자가 "이렇게 사무실에 있다가 신도들이 쳐들어오면 어떻게 하느냐?"라고 묻자 김OO 씨는 "그럼 맞으면 된다. 그게 (법적으로) 나중에 이기는 거다."라고 말했다.

말이 씨가 된 것일까. 저녁 9시경 사무실에 괴한 4명이 들어섰다. 김 모(30), 장 모(22), 박 모(28), 윤 모(29) 등 정명석 교주를 따르는 신도였다. 그들은 다짜고짜 "네가 김 OO이지?"라며 기자와 김도형 회장, 김OO 회원을 둘러쌌다. 그러고는 김OO 씨에게 "네가 우리 선생님(정명석)을 때렸냐? 네가 우리 선생님에게 손댔냐?"라고 시비를 걸면서 싸울 듯이 몸을 밀착했다. 그들은 "감옥 갈 각오하고 왔어."라고 말했다.

김도형 회장은 경찰에 신고하기 위해 전화기를 잡았다. 하지만 침입한 J 모 씨가 전화기를 밀쳤다. 그는 기자의 핸드폰도 뺏으려 했으나 기자는 가까스로 피해 112에 신고할 수 있었다. 김도형 회장은 가스총을 내밀며 "사무실에서 나가!"라고 외쳤다.

그때였다. 주모자인 김 모 씨가 오른손으로 김OO 씨의 왼쪽 얼굴을 때렸다. 그러자 김도형 씨가 김 모 씨를 향해 가스총을 발사했으나 불발이었다. 순간 장 모와 박 모가 기자와 김도형 회장을 향해 달려들었고 두 번째 총성이 울렸다. 역시 불발이었고, 가스 냄새는 나지 않았다. 김도형 씨와 기자의 안경이 땅에 떨어졌고, 이어서 김도형 씨가 쓰러졌다.

순식간에 일어난 집단 폭행이었다. 그들의 목표는 김OO 씨로 정해져 있었다. 한 신도는 기자에게 "너는 상관없으니 비켜!"라고 말했으며, 다른 신도는 "정신 못 차리고 이런 데 취재하니까 맞지."라고 말했다. 그들은 기자 몸을 피해 뒤에 숨은 김OO 씨를 마구 때렸으나, 공격이 효과적이지 않자 방해가 되는 기자를 향해서도 무차별 폭행을 멈추지 않았다.

시간이 지나면서 김OO 씨에 대한 그들의 폭력은 강도를 더해갔다. 두꺼운 나무 선반으로 내리치는가 하면, 사기로 된 컵을 김OO 씨 얼굴을 향해 두 차례 던졌다. 컵은 피해자 얼굴 바로 옆을 지나 벽에 맞고 산산조각이 났다. 폭행 중간중간 그들은 팔뚝만 한 깨진 유리 조각을 사람을 향해 휘둘렀다. 김 모 씨는 기자에게 "영생교 암매장 봤지?"라며 윽박질렀다. 김OO 씨의 생명이 위험하다고 느낀 기자는 김 모의 발을 잡고 그만하라고 설득했으나 폭력은 멈추지 않았다. 김OO 씨의 왼쪽 눈에서 피가 터져 나왔다.

20분이 지나도 경찰이 오지 않자 기자는 기다리기를 포기하고 도움을 청하기 위해 사무실을 나갔다. 빌딩 앞에서는 경찰이 신고 장소를 못 찾고 헤매고 있었다. 경찰이 들이닥치고서야 폭력은 멎었다.

엑소더스 사무실에 난입한 4명은 신흥 종교 JMS의 열성 신도들이다. JMS 본부 관계자는 그들이 각 소속 대학 JMS의 '리더'라고 말했다. 대장격인 김 모 씨는 전방 특수부대 출신이며, 윤 모 씨는 JMS에서 목사 위치를 차지하고 있었다. 이들이 기습 폭행을 저지른 이유는 지난 7월 9일 JMS 교주 정명석 총재가 홍콩에서 체포된 데 대한 앙갚음이었다. 폭행이 끝난 뒤 파출소에서 김 모에게 왜 이런 만행을 저질렀는지 물어보자 그는 "하도 개지랄을 떠니까 그렇지. 너라면 아버지 같은 사람(정명석)에게 그러는데 가만 있겠니?"라고 말했다.

이번 사건은 종교단체의 폭력에 대해 우리 사회의 공권력이 얼마나 무력한지를 보여 주었다. 린치가 시작되기 전 기자가 112에 정확한 주소를 설명해 주었는데도 불구하고 '3분 거리'에 있다던 경찰은 20분이 되어서야 모습을 드러냈다. 방배경찰서 조사 과정은 더욱 불합리했다.

피해자인 김도형 회장과 김OO 씨는 다음 날인 21일 아침 9시까지 치료를 받지 못하고 경찰서에 억류되어 있어야 했다. 피해자 신분이 아니라 서로 같이 싸운 상대로 JMS 신도들과 같이 폭행범으로 쌍방 입건된 것이다. 방배경찰서 형사계 담당자는 "서로 진술 내용이 달라 어쩔 수 없었다."라고 말했다. 당시 기자는 사건 정황을 설명하려 했으나 담당 형사는 '본인이 맞은 내용'만 말하도록 했다. 침입해 집단 폭행한 JMS 신도 4명은 다음 날 아침 9시에 모두 풀려나 불구속 수사를 받고 있다.

아직 배후는 밝혀지지 않았다. 가해자들의 대장 격인 김 모 씨는 어떻게 엑소더스 사무실을 찾아냈느냐는 질문에 대해 "김OO의 법원 서류 기록을 보았다. 아는 사람이 도와주었다."라고 말했다. JMS 본부 측은 '젊은이들의 돌출 행동'이라고 말했다.

◇◇◇◇◇◇◇◇◇◇◇◇◇◇

<테러 사건 후 엑소더스 사무실 모습>

1차 테러사건 후 김도형과 엑소더스 회원 K는 테러범들과 방배경찰서로 연행되었다. 사건을 담당한 경찰서의 태도는 여러모로 납득하기 어려웠다. 사건 담당 형사는 김도형에게, "어디 보자… 그러니까, 김도형 씨 당신이 정명석 씨를 밀고한 것이군요?"라고 하였다. 정명석은 독립운동가가 아니라 국제적인 성범죄자로 기소중지 중이고 인터폴에서 적색수배 중인 자이다. 경찰 조직에서 수배 명령을 내려놓고, 그런 자를 신고한 사람에게 '밀고'라니 이걸 말이라고 지껄이는 걸까. 김도형은 난데없이 사무실로 쳐들어와 다짜고짜 폭력을 휘두르는 테러범들에게 가스총을 발사했다. 정식으로 허가받아 소지하던 것이다. 그러나 경찰은 그 일로 김도형을 총포도검관리법 위반

으로 형사입건하였다. 그뿐이 아니었다. 테러범들이 파출소로 연행되자마자 거의 동시에 파출소로 JMS의 광신도 30여 명이 들이닥쳤다. 누가 봐도 테러범들과 한패였다. 이에 김도형은 테러의 배후를 조사해 달라고 강력하게 요청했으나 전부 무시당했고, 결국 가해자들과 함께 쌍방폭행으로 형사입건된 것으로 조사는 마무리되었다. 함께 있던 기자가 증언을 해주려고 해도, 경찰은 "본인이 맞은 것만 이야기하세요."라며 기자의 발언을 막아 버렸다. JMS의 영향력은 생각보다 깊고 강력했다. 테러사건은 쌍방폭행으로 둔갑했고, JMS와의 연관성은 '젊은이들의 치기어린 돌출 행동'으로 부인당했다.

 2차 테러

2003년 10월 11일 오후 6시, 또다시 수십 명의 JMS 신도들이 엑소더스 사무실에 난입하였다. 이번 피해자는 매주 정기적으로 기도모임을 하던 엑소더스 회원들이었다. 이날 회원 한 명은 쇄골이 골절되는 중상을 입었다.

폭력 사건이 재발할 것에 대비하기 위해, 그날은 방배경찰서 형사 여러 명이 건물 앞을 지키고 있었다. 그런데 사람들의 출입도 별로 없는 낡고 허름한 5층짜리 건물에 JMS 테러범들이 한두 명씩 간격을 두고 총 20명이 넘는 인원이 잠입하였다. 잠입에 성공한 테러범들이 사무실로 올라가 폭력을 휘두르기까지, 형사들은 아무것도 모른 채 건물 앞을 지키고 있었다. 테러를 방지하려고 대기하던 형사들이 테러범들의 망을 봐주는 모양새가 되었다.

1차 테러는 밤늦은 시간이었지만, 이번 사건은 오후 6시도 채 되지 않은 시각이었다. 해도 지기 전에 쇄골이 부러질 정도의 집단 폭력사건이 벌어진 것이다. 엑소더스 사무실에서 20여 명의 테러범이 활극을 펼치자, 시끄러운 소리를 들은 옆 사무실 직원이 112로 신고하였고, 112로부터 무선지령이 떨어지자 그때서야 1층에 있던 형사들이 올라왔다. 동일한 사무실에서 동일한 조직에 의해서 더 거센 폭력사건이 재발하였으나 형사들의 대처는 어이가 없었다. 경찰은 테러범들을 향해서 "여기 있는 사람 중에 사람 때린 사람 손들어 보세요."라고 하고는, 스스로 손을 든 몇 사람들의 이름을 적어가서 형사입건했다. 그게 끝이었다.

몇 년 후, 김도형은 1차 테러 사건 당시 테러 현장 근처에 대기하고 있었던 대학생 한 명이 JMS를 탈퇴한 후 군에 입대하였다는 제보를 받았다. 김도형은 당시 현역 육군장교였던 엑소더스 회원을 대동하여 그 탈퇴 신도가 복무하던 최전방 부대를 찾아갔다. 현직 육군장교가 직접 불러내니 그는 꼼짝없이 김도형 앞으로 불려 나와 묻는 말에 이실직고했다.

그의 증언에 따르면, 당시 JMS 간부가 문자를 보내서, "저녁 7시에 남현동 소재 모 중학교 운동장으로 모이라."고 지시하였다고 한다. 그가 약속장소에 가보니 30명 가량의 JMS 신도가 모여 있었고, 그들과 함께 걸어서 사당동의 엑소더스 사무실로 갔다. 일단은 네 명만 엑소더스 사무실로 들어가기로 하고, 나머지는 밖에서 대기하였다. 필요하면 대기하던 나머지 인원도 엑소더스 사무실에 들어가 함께 폭행하기로 사전에 치밀하게 계획이 되어 있었다고 했다. 그러다가 경찰이 출동하자, 테러범을 태운 경찰차를 따라 나머지 인원들도 파출소로 이동한 것이라고 털어놨다. 즉, 1차 테러사건 당시 테러의 범인은 4명이 아니라 30여 명이었다는 증언이었다.

당시 김도형이 그토록 배후세력 및 공범을 수사해 달라고 요구했으나 모두 무시되었다. 방배경찰서는 테러범들과 미리 짠 듯, 사건의 진위를 파악하는 데는 등한시하고, 오히려 피해자인 김도형을 폭행범으로 둔갑시키는 데에만 혈안이었다. 경찰의 이러한 대처 덕분에 당시 JMS의 조직적인 테러는 단순 폭행사건으로 축소되고, 후일 그들의 테러는 더욱 잔인한 사건으로 이어졌다.

 ## 정명석의 도주와 밀항

김도형이 1차 테러를 당한 후 홍콩에 확인했을 때, 정명석이 보석으로 석방된 상태였다. 정명석의 보석 조건은 매주 목요일 오후 1시에 이민국에 출석하여 확인을 받는 것이었다. 그러나 2차 테러 직후 김도형이 다시 확인했을 때, 정명석은 이미 수 주간 이민국에 출석하지 않고 있었다. 보석 조건을 지키지 않으면 보석은 당연히 취소되고, 보석이 취소되면 보석금 몰수와 함께 다시 구속이다. 정명석은 강제추방 결정이 내려질 것으로 예상되자, 그런 모든 위험을 감수하면서 출석을 거부한 것이다. 정명석이 이민국의 출석을 거부한 데는 노림수가 있었으니, 바로 중국 본토로의 밀항이었다.

이 밀항을 주도하고 지휘한 자가 바로 문보증이다. 그는 2001년 초, 대전지검의 정명석 출국금지 해제에 신원보증을 섰던 장본인이다.

"수사기관에서 요구할 시, 내가 책임지고 정명석을 출석시키겠습니다."라고 신원보증을 섰던 사람이, 오히려 정명석의 밀항을 주도한 것이다. 수사기관은 현재까지 이에 관해 처벌은커녕 수사조차 한 적이 없다. 범죄자 출국금지 해제와 그에 따르는 사후 관리를 이렇게 엉터리로 하다니, 참으로 개탄스러운 일이다.

정명석이 중국 본토로의 밀항을 시도하던 무렵부터 정명석의 설교에 테러 지시가 대놓고 나오기 시작했다. 정명석은 불법 체류자가 되고 난 후, 더욱 꽁꽁 숨어들었다. 나름 만전을 기해 극비리에 마련한 은둔지의 뒷마당에서, 모기장을 치고 비키니 여 신도들과 희희낙락하고 있는데 김도형 일당들이 들이닥쳤으니, 정명석으로서는 기절초풍할 일이었을 것이다. 후에 들려온 바로는, 정보가 어디서 샜는지 밝히기 위해서 홍콩으로 출국했던 여자 간부 3명이 돌아가며 시달렸다고 한다. 간부들을 아무리 족쳐 보아도 정보가 샌 출처를 알 길이 없었으니, 정명석은 이토록 신출귀몰한 엑소더스가 중국까지 쫓아올까 봐 겁이 난 모양이다. 정명석이 중국으로 도망칠 시간을 벌기 위해 엑소더스를 테러하라고 사주한 것으로 판단하기에 충분했다. 엑소더스의 추격을 따돌리기 위해 신도들을 폭력의 도구로 이용한 것이다.

이렇게 치졸한 지도자가 세상천지에 또 있을까. 정명석을 재림예수라고 믿어 버린 광신도들은 이때부터 프로야구 선수든, 초등학교 교사든 직위, 출신을 막론하고 죄다 좀비로 변해서 교주가 지시한 대로 쇠파이프와 야구방망이를 들고 엑소더스를 찾으러 눈에 불을 켜고 돌아다녔으니, 김도형과 회원들은 졸지에 도피 아닌 도피 생활을 시작하게 되었다.

상황이 여기에 이르자, 김도형은 자신보다도 가족들의 안위가 더 염려되었다. 경찰은 엑소더스가 일방적으로 당한 테러를 쌍방폭행으로 입건하고, 아무리 애원을 해도 배후에 관한 일체 수사를 거부하고 있다. 김도형은 도움을 청할 곳이 아무데도 없었다. 김도형은 경찰에게 기대할 수 없는 상황이다 보니, 경찰을 지휘하는 검찰, 그리고 검찰을 지휘하는 법무부로 진정을 하였다. 가족들의 신변안전에 각별히 유의하여 가족들의 집 주변 순찰활동을 강화해 달라는 단순한 민원이었다. 그러나 법무부의 답변은 "안타까운 상황에 이른 것에 유감을 표합니다. 위급한 상황이 닥치면 112로 신고하여 주십시오."라는 내용이 전부였다.

이후 상황은 염려했던 대로, 아니 그보다 훨씬 더 심각하게 흘러갔다.

 김형진 테러

2003년 10월 26일 밤 9시 30분경, 전북 전주시 덕진구 금암동 어느 원룸 건물 앞. 학교에서 공부를 마친 김형진이 귀가하던 길이었다.

김형진의 집은 3층이었다. 건물로 들어서는데, 평소 같으면 켜졌을 현관 입구 센서등이 들어오지 않았다. 실내로 들어서자 1층 센서등도 켜지지 않았다. 김형진은 좀 이상하다고 생각하며 올라가는데, 2층까지도 켜지지 않는다. '이건 정말 이상하다'라고 생각하던 찰나, 3층에서 누군가 "김형진!" 하고 외치며 뛰어 내려왔다. 캄캄한 계단의 창에서 들어온 희미한 가로등 불빛에 놈의 손에 들린 무언가가 번쩍했다. 다음 순간 그 물체는 김형진의 머리로 곧장 날아들었다. 김형진은 본능적으로 손에 들고 있던 두꺼운 법학 서적을 치켜들어 간신히 막았다. 법전에서 느껴지는 타격감이 장난이 아니었다. 번쩍 날아든 물건은 쇠파이프였다. 숨 돌릴 새도 없이 이번에는 아래층에서 세 명이 더 뛰어올라와 김형진에게 달려들더니, 김형진의 양팔을 거세게 붙잡아 꺾었다. 세 놈에게 양팔이 붙들린 김형진은 꼼짝없이 위쪽 괴한이 휘두르는 쇠파이프 세례를 머리로 받았다. 김형진의 머리에서 이내 피가 터져 흘렀다.

김형진은 그들에게서 살의를 느꼈다. 이렇게 계속 맞다간 얼마 못 가 정신을 잃고 죽겠구나 싶었다. 어떻게든 그 상황에서 벗어나야 했다. 김형진은 순간적으로 죽을힘을 다해 계단 아래쪽으로 몸을 던졌다. 그러자 김형진을 붙잡고 있던 괴한들이 균형을 잃고, 계단 아래로 함께 굴렀다. 김형진은 계속 얻어맞으면서도 두 번을 더 굴러 1층 현관 앞에 다다를 수 있었다. 이제 가로등 불빛에 괴한들의 얼굴이 드러났다.

순간 "튀어!!"라며 한 놈이 소리쳤고, 함께 뒹굴었던 괴한들이 일제히 밖으로 튀어나갔다. 김형진은 한 놈이라도 붙잡으려고 필사적으로 그들을 쫓았다. 놈들은 미리 짠 듯, 집 앞 삼거리에 이르자 세 방향으로 나뉘어 도주했다. 김형진은 쫓는 것을 포기했다. 피를 너무 많이 흘린 탓에 어지러워 더 이상은 무리였다. 김형진의 옷은 피범벅이고, 원룸 계단은 온통 피 칠갑이었다. 김형진은 가까스로 병원을 찾아가, 찢어진 머리를 수십 바늘이나 꿰매고, 머리 전체를 붕대로 싸맸다.

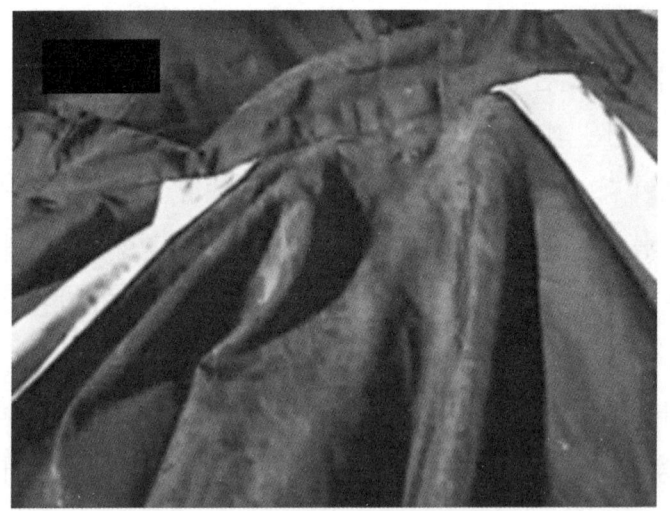

<피범벅이 되었던 김형진의 점퍼>

전주에서 이렇게 살인 현장을 방불케 할 정도의 피비린내 나는 사건이 벌어진 바로 그날 새벽, 경기도 용인의 한 아파트 단지 앞에서는 십여 명의 수상한 일행이 서성이고 있는 것이 한 신문 배달부에게 목격되었다. 김도형의 부모님이 살고 있는 아파트이다.

경기도 용인에서 또

그로부터 사흘 뒤인 2003년 10월 29일 밤 9시 50분, 경기도 용인시 소재 어느 아파트 입구 앞 한적한 도로.

승용차 한 대가 좁은 도로에서 좌회전하기 위해 속도를 줄이는 순간, 도로 양쪽에 숨어 있던 괴한 네 명이 차량으로 달려들었다. 그들의 손에는 쇠파이프와 야구방망이가 들려 있었다.

괴한 한 명이 쇠파이프로 자동차를 내리치자 뒷좌석 쪽 유리가 와장창! 하고 단번에 박살났다. 운전자는 60대 노신사였다. 깜짝 놀란 운전자가 급정거를 하는 순간, 쇠파이프가 운전석 유리창을 박살냈다. 운전석 유리를 뚫은 쇠파이프는 운전자의 얼굴에 거칠게 박혔다. 운전자의 안경이 박살났고, 얼굴에서는 피가 분수처럼 뿜어졌다. 이와 거의 동시에 차량 반대편에 있던 괴한이 조수석 유리를 깨고 야구방망이를 차 안으로 깊숙이 찔러 넣어 운전자를 가격하기 시작했다.

운전석과 조수석, 양쪽 창으로 쇠파이프와 야구방망이가 동시에 날아와 휘둘러대니, 60대 운전자는 피할 곳이 없었다. 이미 안경이 박살난 상태라 운전자의 시야는 흐려졌고, 얼굴에서 피가 쉴 새 없이 뿜어져 정신이 점점 희미해졌다. 브레이크를 밟고 있던 다리에 힘이 풀리자 멈췄던 차는 천천히 앞으로 움직였다. 자동차는 도로 가의 경계석을 타고 위로 올라갔다. 움직이는 자동차를 따라가면서 무자비한 폭력이 계속 가해졌다. 차 안은 온통 피바다가 되었다. 운전자는 결국 의식을 잃었다. 차는 이제 경계석 위에서 헛바퀴가 돌며

셨다. 운전자가 힘없이 늘어지자, 괴한들은 미리 계획한 듯 한 치의 머뭇거림도 없이 한쪽에 대기 중이던 승용차에 올라타고 유유히 사라졌다.

　의식을 잃은 운전자의 휴대전화가 계속 울리고 있었다. 발신자는 김도형, 울리고 있는 휴대전화는 김도형의 아버지의 것이었다.

　정명석이 보석으로 풀려나고부터 연속해서 테러가 일어나고 있었기 때문에, 엑소더스의 거의 모든 회원은 모두 잠적하고 김도형은 집에도 들어가지 못하고 도피 생활을 하던 중이었다. 그날은 생사의 기로에서 살아돌아온 김형진이 오기로 하여, 김도형과 엑소더스 소수의 회원이 오랜만에 서로의 안부도 확인할 겸, 강화도의 한 펜션에서 모였다. 모두 모이니 저녁 9시가 좀 넘어가고 있었다. 일행은 펜션 근처 한 조개구이 식당에 둘러앉았다. 김형진의 테러가 3일 전의 일이다.

　회원들은 김형진의 상처를 확인하고, 보석으로 풀려나서 다시 종적을 감춘 정명석 이야기로 분통을 터뜨리고 있었다. 김도형은 당시 매일 수시로 아버지와 어머니께 전화를 드렸다. 아들의 안부를 궁금해 하실 부모님께 목소리를 들려드리고, 자신도 부모님의 안부를 확인하기 위해서였다. 경찰의 도움도 바랄 수 없던 상황이라 김도형은 안부 전화 외에 부모님께 해드릴 수 있는 게 없었다. 천하에 없는 불효자가 되었다. 김도형은 부모님께 너무 죄송했고, 연로하신 부모님이 너무 걱정되었다.

　김도형이 아버지와 통화를 시작하자, 둘러앉았던 회원들은 하던 이야기를 잠시 멈추고, 소리 없이 잔을 채웠다. 바로 옆에 숙소를 잡아 두어, 늦은 저녁을 먹으며 한 잔 하려던 참이었다.

"네, 아버지. 전 괜찮아요. 집에 들어가는 길이세요?" 하며 아버지께 안부를 묻던 김도형이 갑자기, "여보세요? 여보세요!! 아버지, 아버지!!! 왜 그러세요!!" 비명을 질렀다. 김도형은 전화기를 든 채로 자리를 박차고 식당 마당으로 급하게 뛰어나갔다. 둘러앉았던 회원들은 피가 멎는 것 같았다. 설마 그놈들이…

김도형과 통화 중에 아버지의 테러가 시작되었다. 아버지는 김도형과 통화하던 중에 갑자기, "왜 이래, 왜 이래, 너희 도대체 왜 이래?" 다급하게 소리치셨다. 전화기를 통해 아버지의 겁먹은 목소리, 이어지는 아버지의 비명, 유리창 깨지는 소리, 둔탁하게 부딪히는 소리가 한꺼번에 생생하게 김도형에게 전해졌다. 김도형은 아버지가 대답이 없자 전화를 끊고 다시 전화를 해보았지만, 아버지는 더 이상 전화를 받지 않았다. 김도형은 즉시 경기도 112와 119로 전화를 하였다.

"경기도 용인시 H아파트 근처에서 테러사건이 발생했습니다. 흰색 OO승용차, 차량번호는 AAAA이니 즉시 구조 바랍니다!"

이어서 김도형은 집으로 전화했다.

"엄마, 지금부터 내 말 잘 들어. 지금 아빠가 집 근처에서 테러를 당한 것 같애. 놈들이 집으로 올 수도 있으니, 지금부터 절대 누구한테도 문 열어 주지 마. 경찰이라고 해도, 그 누구한테도 절대로 문 열어 주지 마!"

그때 마침 김도형의 형이 집에 들어왔고, 김도형의 얘기에 황망했던 어머니가 그대로 주저앉자 형이 전화를 이어 받았다. 형은 전화를 끊고 즉시 밖으로 나가 아버지를 찾아 집 주변을 뒤졌다.

아파트 정문 근처에 구경꾼들이 몰려 있었다. 형이 가까이 갔을 땐, 아버지가 반쯤 넋이 나간 채 피범벅이 되어 누군가 건네준 수건으로 얼굴을 감싸고 계셨다. 놀란 형이 "아버지!!" 하고 외치며 아버지의 얼굴을 감싸는 순간 얼굴 한쪽이 물컹했다. 형이 조심스럽게 수건을 들어 살펴보니, 왼쪽 얼굴에 큰 구멍이 나 있었다. 처참하다는 말 외에는 달리 표현할 방법이 없었다. 잠시 후 경찰과 119 구급대가 도착하였고, 김도형의 아버지는 분당의 서울대학병원으로 후송되었다.

경찰은 현장에서 기초조사를 시작했고, 용인경찰서 강력반 형사대와 국과수도 출동하여 차량에 대한 정밀 감식이 시작되었다. 목격자에 따르면 밖에서 '쾅! 쾅! 쾅!' 하는 소리가 났고, 이어서 '퍽! 퍽!' 하는 자동차 유리 깨지는 소리와 굉음이 들려서 밖에 나가 보니 자동차가 경계석 위로 올라탄 채 헛바퀴가 돌고 있더라고 했다. 자동차 문을 열었을 때 비릿한 냄새가 나서 음주운전인가 했다가, 자세히 살펴보니 피비린내더라는 것이다. 차량 시트에는 피가 흥건하게 고여, 말 그대로 피바다였다.

응급실에 도착한 김도형의 아버지를 진료한 의사는,
"왼쪽 얼굴뼈가 함몰되었고, 왼쪽 얼굴의 모든 혈관이 다 터졌습니다. 안구 손상을 확인하기 위해 눈을 확인하려는데, 얼굴이 너무 부어 강제로도 눈을 뜨게 할 수가 없어 지금으로선 확인할 방법이 없습니다."라고 하였다.

그날 밤, 사고 신고를 받고 출동했던 용인경찰서 강력반 1개 팀은 병원 응급실에서 밤새도록 대기하였다. 혹시 모를 또 다른 추가 테러를 염려해서였다.

김도형은, JMS가 일찍부터 마귀집단이라는 것은 알았지만, 이렇게까지 악랄한 짓을 할 줄은 또 몰랐다. 김구 선생이 독립운동을 할 때 그 악랄했다던 일제 고등계 형사들도 그의 어머니에게 이런 짓을 했다는 이야기는 들어본 적이 없다. 김도형은 억장이 무너졌다. 아버지가 겪으셨을 공포, 고통, 죽을지도 모른다는 두려움을 생각하니, 김도형은 스스로를 용서할 수 없었다. 모든 것이 원망스러웠다.

'세상에 어떻게 이런 일이, 아니 세상에 도대체 어떻게 이런 일이 있을 수 있단 말인가? 내 아버지가 환갑이 지나도록 겪어 보지 못한 이런 끔찍한 일을 자식 때문에 겪게 하다니… 내가 아버지를 죽일 뻔했다. 이게 도대체 있을 수 있는 일이란 말인가. 아무 죄 없는 아버지를 어떻게 이렇게까지…'

김도형은 밤새 가슴을 치며 통곡했다.

 ## 분당 서울대학병원에서

테러사건 다음 날 아침, 아버지는 어제보다 더욱 붓기가 심해져서 차마 눈 뜨고 볼 수 없을 정도로 처참한 모습이었다. 참담한 마음으

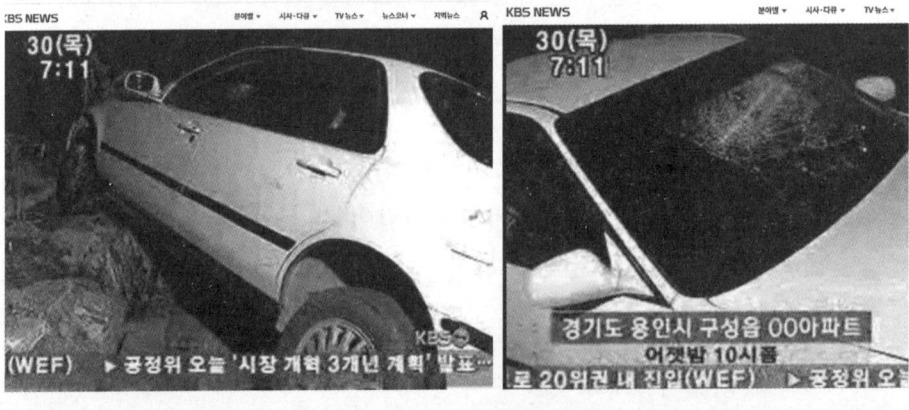
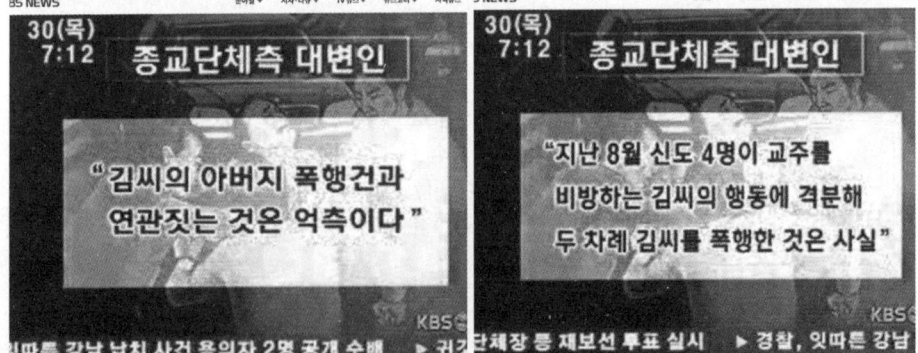

<2003년 10월 30일 KBS 뉴스>

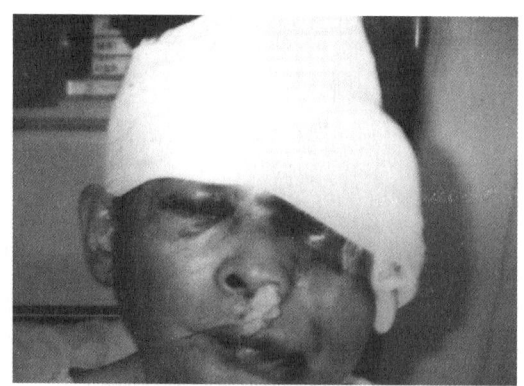

<경찰이 촬영한 사건 3일 후의 김도형 아버지 사진>

<테러사건 후 경찰이 촬영한 승용차 내부>

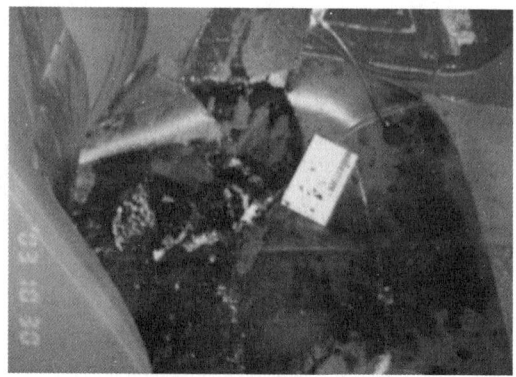

<경찰이 촬영한 승용차 조수석 사진>

로 아버지 곁에 있던 김도형을 어머니가 조용히 부르셨다.

"도형이 너, 아버지 이렇게 됐다고 행여 허튼 생각 같은 거 하지 마라. 절대로 이상한 생각하면 안 된다. 아버지가 병상에 누워서도 오로지 그 걱정이셔. 신신당부하셨어."

어머니는 김도형이 복수를 한답시고 더 큰일을 벌이거나 행여 죄책감에 자살이라도 할까 염려하신 것 같다. 어머니는 이어서 말씀하셨다.

"그리고 그놈들이 또 찾아올지 모른다고 너는 병원에 오지도 말라고 하셨어. 아버지한테는 이미 저런 몹쓸 짓을 저질렀으니, 설마 또 그러겠냐? 이 정도로 큰일을 벌인 놈들이니 너를 지금 얼마나 찾고 있겠냐? 아버지가 걱정을 많이 하시니 빨리 병원을 떠나라."

아버지는 당신의 상태가 지금 어느 정도인지도 모르는 상태에서도 자식 걱정만 하고 계셨다. 김도형은 마음이 천 갈래 만 갈래 찢어졌다. 행여 아버지가 조금이라도 남의 원한을 살 일을 하셨다면 누가 범인일까 생각이라도 해봤을 테지만, 평생을 선량하게 살아오신 아버지에게 그런 짓을 할 사람은 지구 전체를 통털어 JMS밖에는 없었다. 용인경찰서의 수사는 처음부터 JMS에 초점을 맞춰 진행되었다.

그런데 JMS의 만행은 이게 다가 아니었다.

김도형의 아버지는 얼굴뼈가 함몰되어 대학병원 응급실을 거쳐 성형외과에 입원을 하셨다. 어머니는 아버지의 간호를 위해 병원에서 24시간 생활을 하게 되었다. 며칠이 지났을 때, 어머니는 병실에서 김도형에게 이런 말씀을 하셨다.

"도형아, 너무 무섭다."

"왜요?"

"여기는 13층인데, 아무 상관도 없는 5층 간호사가 찾아와서는 '아저씨가 방송에 나온 분이죠? 오실 줄 알았어요.' 하면서 아버지를 살피는데, 그 눈빛이나 표정이 너무 섬뜩하더라."

JMS 신도 중에 간호사는 부지기수였다. 당연히 분당 서울대학병원에도 JMS 신도인 간호사가 있을 터였다. 김도형은 병원 측에 이러한 사실을 알려야겠다고 생각했다. 김도형은 아버지의 주치의가 회진을 왔을 때, 의사에게 말했다.

"저… 선생님. 저희 아버지가 사이비 종교 광신도들한테 테러를 당하셨는데요. 그 종교집단에는 간호사들이 많습니다. 저희 아버지랑 병동도 다른 간호사가 저희 부모님을 찾아와서…."

김도형이 상황을 설명하려는데, 주치의가 갑자기 김도형의 말을 막더니 삿대질을 해가며 고함을 질렀다.

"이것 봐, 당신!! 그 따위로 하면 내가 일을 못 해. 알겠어?!!!"

"네? 아… 네… 죄송합니다."

김도형은 어이가 없었다. 김도형이 못할 말을 한 것도 아니고, 예의를 갖추지 않은 것도 아닌데, 왜 이럴까?

며칠 후, 사건을 수사 중인 용인경찰서의 강력반에서 김도형에게 연락을 했다. 사건현장과 아버지 승용차를 정밀 감식한 국립과학수사연구소에서 연락이 왔는데, 아버지 승용차에서 아버지 혈액 외에 또 다른 사람의 혈흔이 발견되었다는 것이다. 아마도 범인의 혈액 같으니, 확인을 위하여 아버지의 혈액 샘플을 보내달라는 것이었다.

　김도형은 담당 간호사에게 "경찰이 수사에 필요하다고 하니, 제 아버지의 혈액 샘플을 채취해 주십시오."라고 부탁하였다. 간호사는 알았다고 답변하였다. 그런데 잠시 후 김도형을 다시 찾은 간호사 왈, "주치의 선생님이 그러시는데요, 혈액 채취가 왜 필요한지 경찰서에서 사유서를 받아 오시래요."라는 것이 아닌가.

　범죄자 내지는 음주운전 혐의자의 혈액을 채취할 때에는 본인의 동의가 있어야 하고, 동의가 없을 시에는 영장을 발부받아 강제로 채취하는 경우가 있다. 그러나 사건의 피해자가 본인이 필요해서 자신의 혈액 샘플을 뽑아 달라는데, 경찰의 사유서를 가져오라는 것은 도저히 이해하기 어려웠다. 이게 도대체 무슨 경우인가?

　이상한 일은 계속 벌어졌다. 아버지가 테러를 당할 당시, 운전석 쪽 괴한은 쇠파이프로 아버지를 공격했고, 조수석 쪽 괴한은 나무로 된 야구방망이로 아버지의 얼굴과 가슴을 짓이겼다. 그래서 아버지는 얼굴뿐 아니라 가슴에도 온통 피멍 투성이었다. 마취과 의사는 아버지가 간에도 심하게 충격을 받은 상태여서 간수치가 많이 높아져 있고, 지금의 간수치로는 전신마취가 불가능하다고 하였다. 얼굴뼈 골절을 수술하려면 반드시 전신마취를 해야 하는데, 전신마취가 불가능하다는 것은, 곧 수술이 불가능함을 의미한다. 마취과 의사는 간수치가 정상으로 돌아올 때까지 수술을 보류할 수밖에 없다고 설명하였다.

　그런데 이틀 후, 주치의가 찾아와서,

"기술이 좋아져서 수술이 가능하니, 내일 당장 수술을 합시다."라고 하였다. 간수치는 여전히 높게 나오고 있었다. 의학에 대해 특별한 지식이 없는 보호자들은 전적으로 의사를 신뢰하고, 의사의 결정에 따를 수밖에 없다. 그렇게 해서 바로 다음 날 수술을 하기로 했다.

그런데 그날 밤에 상상도 못한 일이 벌어졌다. 아버지를 병문안 온 엑소더스의 한 회원이 아버지 병상 아래 적혀 있는 주치의의 이름을 본 것이다.

"어! 하봉섭??! 이 새끼 JMS 신도입니다!!"

세상에나! 이건 또 무슨 일인가! 이건 괴기영화다. 아니 요즘은 괴기영화에서도 이런 스토리는 너무 진부하다. 하지만 이 진부한 얘기가 김도형에겐 현실이었다. 이제까지 수시로 아버지를 진료하고, 내일 아버지의 수술을 집도할 주치의 하봉섭은 현 JMS 신도였던 것이다. 김도형은 그제야 그동안 벌어진 이상했던 일들에 대한 의문이 풀렸다.

'아, 그래. 하봉섭 그 새끼가 JMS 신도였구나. 그래서 피해자 가족에게 삿대질을 해대고, 경찰이 혈액을 채취해 오라는데 사유서를 받아오라고 하고, 마취과 전문의가 분명히 전신마취가 불가능하다고 했는데도 수술할 수 있다고 날을 잡은 거로구나. 의사라는 새끼가 내 아버지 목숨을 갖고 장난을 치려고 하다니!'

테러 사건이 시작되기 몇 달 전, 부산의 어느 어머니가 아들 문제로 엑소더스에 전화를 해서 상담을 전담하는 회원에게 하소연을 한 일이 있었다.

"내 아들이 의대를 나와 지금 분당의 대학병원에 있는데, JMS라는 사이비종교에 빠져 부모 말을 듣지 않고 있습니다. 어떻게 빼낼 방법이 없을까요? 얘가 거기 빠진 뒤로는 부모도 안중에 없고, 지 맘대로 거기서 만난 여자하고 결혼하겠다고 난리입니다. 우리 아이 좀 구해 주세요!"

당시 엑소더스에는 이런 전화가 참 많이 걸려왔는데, 아들이 있는 곳이 분당에 있는 대학병원이라는 말 때문에 그 회원이 다행히도 그 이름을 기억해 낸 것이다.

그리고 보니 더더욱 이상한 점이 눈에 들어왔다. 아버지와 같은 병실에 있는 다른 입원 환자들에게는 모두 주치의(교수)와 담당의(레지던트), 이렇게 두 명의 서로 다른 의사가 배정되어 있었다. 그런데, 유일하게 김도형의 아버지에게만 주치의와 담당의가 모두 하봉섭이었다. 이것은 김도형 아버지에 관한 정보를 독점하려는 하봉섭의 의도라고밖에 볼 수 없다. 그런데 그 하봉섭이 JMS 광신도라니, 광신도에게 테러 당한 아버지의 목숨을 광신도에게 맡기고 있었다니⋯ 김도형은 피가 거꾸로 솟았다.

이 이야기를 들은 간호사들도 기겁을 하긴 마찬가지였다. 추가 테러가 또 벌어질까봐 병원 내 청원경찰이 전담하여 매일 밤마다 아버지 병실 입구를 지켰는데, 세상에나 김도형 아버지의 담당 주치의가 JMS 신도라니 기가 막힐 노릇이었다. 머리끝까지 화가 난 김도형은 간호사에게 말했다.

"하봉섭, 그 새끼 전화 대주시오."

이때부터 하봉섭은 의사 선생님이 아니라 하봉섭 새끼였다.

잠시 후, 간호사는 하봉섭에게서 걸려 온 전화를 김도형에게 바꿔

주었다.

"야 하봉섭, 너! 나 김도형이다!"

"네."

"너 이 새끼, 아주 잘 놀대. 응? 재미있었어?"

"죄송합니다…."

"너 이 새끼 일루 당장 튀어 와."

"네! 제가 30분 내로 바로 찾아뵙겠습니다."

역시나 더럽고 비열한 놈들. 며칠 전까지만 해도 환자의 보호자인 김도형에게 삿대질까지 해대며 "이것 봐, 당신!" 하며 갑질을 하더니만, 자신의 실체가 드러나자 즉시 꼬리를 내리고 바로 굽신거리기 시작한다.

10분쯤 후, 간호사가 찾아와서,

"선생님이 오지 않겠다고 하십니다."라고 전한다.

'오냐, 이 새끼 두고 보자.'

소식을 들은 용인경찰서 강력반은 "지금 당장 병원으로 갈 테니 절대로 이동하지 말고 잠시만 기다리세요."라고 하였다.

김도형이 강력반 형사들을 기다리는 동안, 안 오겠다던 하봉섭이 병실에 나타났다. JMS 간부들과 의논이라도 하고 온 모양이다. JMS에서 무슨 주문을 했을지 모르지만, 하봉섭에게는 생계가 걸린 직장 문제이고, 광신도라면 김도형을 모를 리 없으니, 겁이 났을 것이다.

놈은 김도형이 때리기라도 할 줄 알았는지, 병원 청원경찰을 앞세우고 병동에 나타났다.

"환자 대 의사로만 얘기합시다. 왜 퇴원하시려고 하는 거죠?"

"환자 대 의사가 아니고, JMS 광신도와 반JMS 회장으로 얘기하자, 이 씨발놈아!"

그간 저런 걸 주치의라고 대접해 주며 당한 걸 생각하면 당장 한 대 갈겨 주고도 싶었지만, 부모님 계신 곳에서 차마 그럴 수는 없었다.

잠시 후, 용인경찰서 강력반 두 팀이 병원으로 총출동하였다. 병원은 당연히 옮기기로 하였다. 아버지는 경찰의 삼엄한 경호 속에 안산의 고려대학교 병원으로 옮겨 입원하였다. 분당서울대학병원에서 광신도 하봉섭이 발급했던 아버지의 상해진단서는 전치 4주였으나, 고대병원으로 이동하여 다시 받은 진단서에는 그 두 배 이상의 진단이 내려졌다. 자신 때문에 아버지가 병원에도 마음 편히 계시지 못하게 되었다는 생각에 김도형은 또다시 억장이 무너졌다.

김도형 아버지를 진료한 고려대학교 병원의 주치의는 이렇게 말했다.

"어떻게 들리실지 모르지만, 아버님, 그나마 정말 운이 좋으셨습니다. 얼굴뼈에서 두 번째로 강한 부분을 가격당하셨는데, 얼굴을 가격했던 쇠파이프가 2cm만 빗맞았어도, 아마 아버님은 현장에서 절명하셨을 겁니다. 불행 중 천만다행입니다."

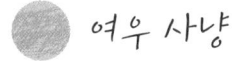 여우 사냥

오래 전부터 해킹으로 JMS 신도들의 동태를 살피던 엑소더스 회원이 여러 명 있었다. 아버지 테러사건의 수사가 한창 진행 중이던 어느 날, 한 회원이 JMS 간부들의 이메일에서 특이한 내용을 발견했다. 김도형 아버지 테러사건 이틀 전, 신마약이라는 JMS 신도가 JMS 간부에게 보낸 메일에서 "여우사냥을 위하여 여우 소굴에서 잠복에 들어가겠다. 밤이슬을 좀 맞아야겠다."라는 묘한 내용의 보고를 올린 것이다.

이 메일에는 테러를 직간접적으로 암시하는 내용이 다수 포함되어 있었다. '여우사냥'이란 바로 '김도형을 비롯한 엑소더스 회원들에 대한 테러'의 작전명이었고, "이제 직접 내 손에 피를 묻히겠다."라는 비장해 보이는 결의까지 전하고 있었다. 일본의 낭인들이 명성황후를 시해할 당시의 작전명이 '여우사냥'이었다는 사실을 그들은 알고나 이런 작전명을 써먹은 걸까. 작전명도 어쩜 딱 지들 수준에 맞게 지었는지 신기할 따름이다.

테러사건의 전모를 밝혀낼 수 있는 결정적 증거였지만, 메일을 해킹하여 얻은 정보라 수사기관에 제공하기가 난감하였다. 그래서 그 회원은 수기 편지를 통하여 김도형에게 이러한 사실을 제보하는 형식을 취했고, 김도형은 모르는 사람으로부터 제보받은 내용인 것으로 하여 편지를 수사기관에 제공하였다.

수사기관은 이를 토대로 정식으로 신마약 등에 대한 이메일 감청에 들어갔다. 감청을 통하여 수사기관에 밝혀진 내용은 가관이었다.

신마약의 보고서에는 다음과 같이 적혀 있었다.

1. '주님(정명석)을 보좌보존하기 위하여' 김도형을 감시할 것이다.
2. 김도형에게 반JMS 회원으로 접근하여 룸살롱에서 술을 먹인다. 마약환자를 미리 접대부로 섭외하여 몰래 술에 마약을 타서 김도형에게 먹인다. 이때 미리 섭외한 방송사를 대기시켜 결정적 증거를 잡고, 수사기관에 넘겨 김도형을 사회적으로 매장시킨다.
3. 김도형 감시를 위하여 도청이 필요하다.
4. 필요 시 김도형을 제거하겠다.
5. 자금 지원을 바란다.

이어서 경찰이 압수수색 영장을 발부받아 통장거래 내역을 조회하자, 이러한 메일을 받은 JMS 최고위 간부 문도청이 신마약에게 활동비로 900만 원을 송금한 사실이 밝혀졌다.

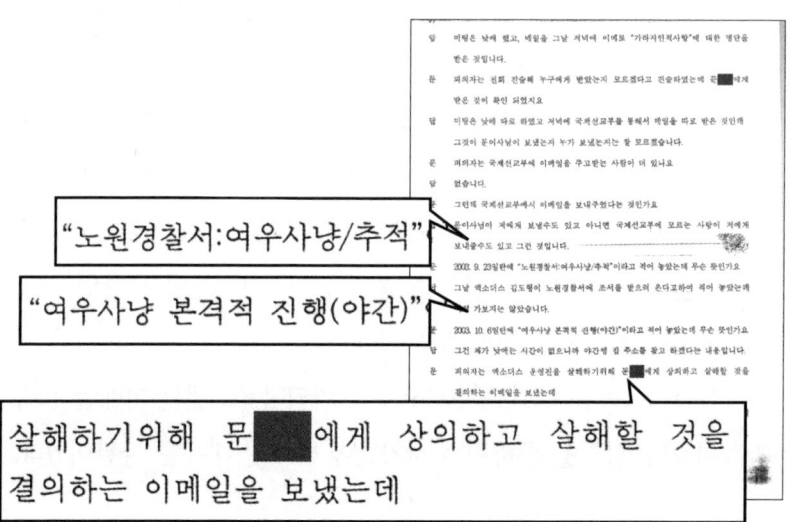

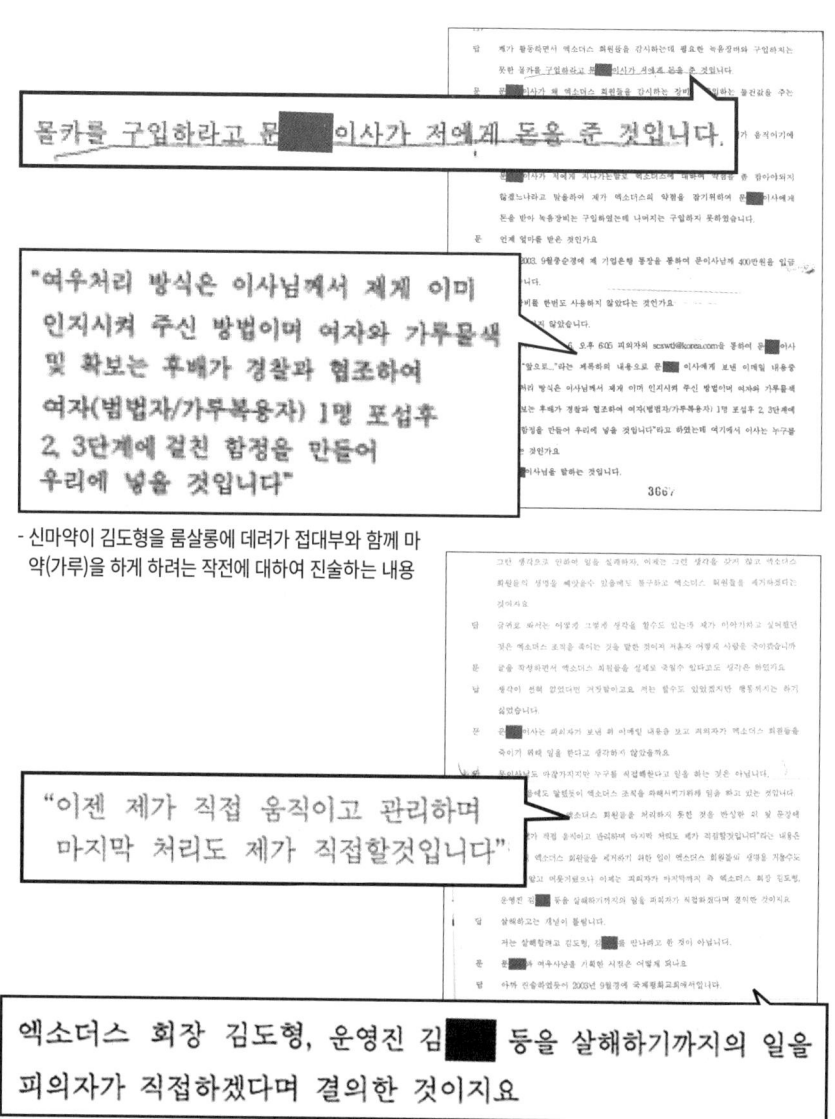

<테러 관련 신문 조서 일부>
- 신마약이 '여우사냥'을 위해 사전에 JMS 간부와 모의하고 테러에 필요한 장비를 구입하기 위해 재정 지원을 요구한 내용이 담겨 있다.

김도형 아버지 테러사건의 수사는 기본적으로 통신 수사부터 시작되었다. 2003년 8월 20일과 10월 11일에 엑소더스 사무실을 쳐들어왔던 JMS 신도들의 전화통화 내역, 그리고 김도형이 제공한 다수의 JMS 간부들의 전화통신 내역을 조사했다. 이에 새로 떠오른 신마약의 통신내역을 함께 수사하자, 아버지를 테러한 범인들의 윤곽이 어느 정도 드러났다. 이에 경찰은 이들에 대한 체포영장을 발부받았다.

2003년 12월 9일, 우선 신마약과 그에게 900만 원을 제공한 JMS 최고위 간부 문도청이 김도형에 대한 살인예비음모, 도청, 횡령 등의 혐의로 체포되었다. 동시에 테러사건의 범인으로 JMS 목사 장테러가 긴급체포되었으며, JMS 강도사 김테러, JMS 신도 손테러, 김테러2 그리고 대학생 두 명도 체포되어 용인경찰서로 끌려 왔다. 또 한 명의 공범인 JMS 전도사 조테러에 대한 체포영장도 발부받아 집행에 나섰으나, 그 당시 발리에서 신혼여행 중이던 그는 공범들의 체포 소식을 전해 듣고는 곧바로 베트남으로 도주하였다.

이로써 김도형 아버지 테러사건의 전모가 일부 밝혀졌다. 범인들에 대한 조사를 통해 밝혀진 내용에 따르면, JMS 목사 장테러가 서울의 대학생 신도 두 명으로부터 휴대전화를 빌려서 범인들에게 건네주었고, 손테러, 김테러2는 김도형을 테러하기 위해 부산에서 서울까지 올라와 상당 기간 합숙하였다. 그러다가 김도형의 위치가 파악이 되지 않자 테러 대상을 김도형의 아버지로 바꾼 것이었다.

범인들은 김도형 아버지의 집과 직장 앞에서 잠복하며 감시하였다. 그들은 며칠간 김도형 아버지를 미행하며 출퇴근 경로를 파악한 뒤, 전주에서 벌어진 김형진 테러사건 바로 다음 날인 2003년 10월 27일을 D-day로 하여, 김도형 아버지를 테러하기로 모의한 사실이 밝혀졌다.

JMS 전도사 조테러가 김도형 아버지의 직장 앞에서 잠복하고, 또 다른 팀은 쇠파이프와 야구방망이를 들고 아버지의 집 근처에서 대기한다. 그러다가 아버지가 퇴근하여 귀가할 때에, 조테러가 미행하며 잠복한 테러범들에게 경로를 알려준다. 마침내 김도형의 아버지가 집 근처에 이르렀을 때, 아버지를 미행하던 조테러가 잠복한 테러범들에게 연락을 하면, 잠복한 팀이 승용차를 막아세운 후 아버지를 테러한다는 것이 그들의 계획이었다.

그렇게 D-day인 10월 27일, 계획대로 조테러는 김도형의 아버지 직장 앞에서 하루 종일 대기하였다. 하지만, 김도형의 아버지가 퇴근 후 약속이 있어서 서울로 가자, 테러범들은 이날의 테러를 포기했다. 경찰은 압수수색 영장을 통해 조테러의 휴대전화 발신 내역을 조회했다. 수사기록에 첨부된 조테러의 발신 내역을 보면, 조테러는 김도형의 아버지 직장 앞에서 하루 종일 잠복하며 무료했는지, 하루 종일 성인폰팅을 한 것으로 밝혀졌다. 60대 노인을 테러하려고 대기하며 성인폰팅 서비스를 즐기는 인간이 JMS에서는 전도사라니, 그들의 악랄함과 저속한 수준을 단적으로 보여 주는 대목이다.

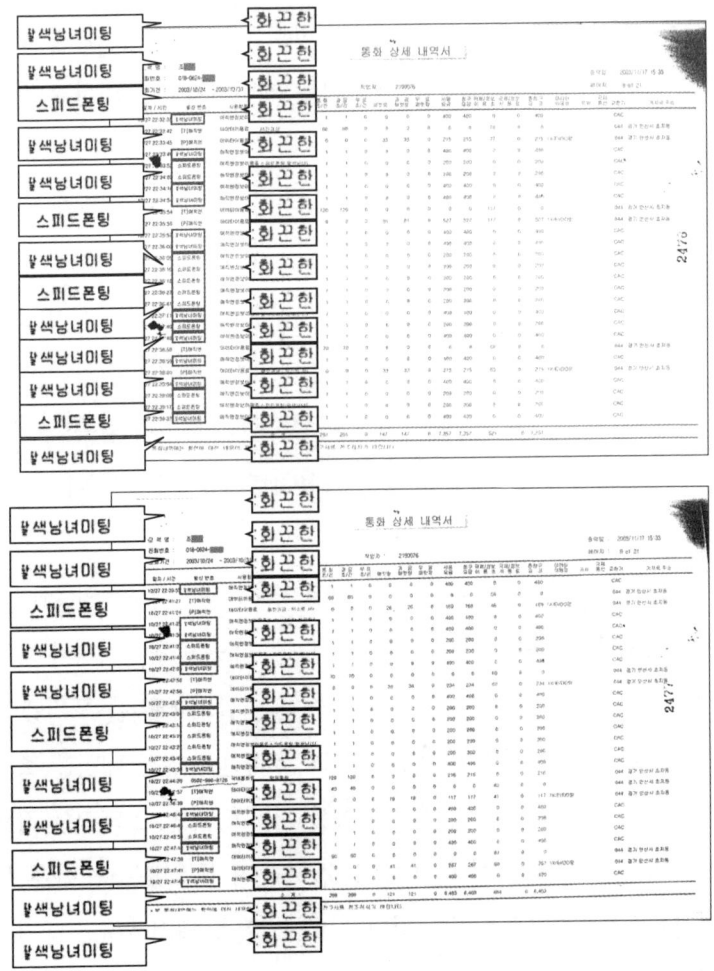

<조테러의 성인폰팅 통화 내역 일부>

　테러범들은 다음 날인 10월 28일에 또다시 잠복에 들어갔으나 이 날은 김도형의 아버지가 출근을 하지 않아 실패하였다.
　그리고 마침내 10월 29일, 김도형의 아버지가 퇴근하자, 조테러는 계획한 대로 그 뒤를 미행하기 시작했다. 그는 김도형 아버지의 뒤를 계속 따라가면서, 김도형 아버지의 아파트 앞에 잠복하고 있던 테러범들에게 수시로 전화해서 김도형 아버지의 현재 위치를 알려 주었다.

오후 9시 50분, 조테러는 일행에게 "곧 우회전, 이제 곧 도착한다."라고 마지막으로 전했다. 환갑이 지난 노인에게 휘두르겠다고, 쇠파이프와 야구방망이를 들고 나선 JMS 신도들은 마귀나 다를 바 없었다. 그들은 아무 죄도 없고, 자신들과 아무런 이해관계도, 일면식도 없는 60대 노인에게 마귀떼처럼 달려들어 잔인하게 테러하고, 얼굴뼈가 함몰되어 피범벅이 된 채 정신을 잃은 60대 노인의 생사에 아랑곳하지 않고, 자신들의 작전이 성공했다며, 유유히 범행현장을 떠났다. 강간범 정명석의 홍콩 체포에 대한 보복이랍시고, 보석금 10만 달러를 내고 가석방된 교주의 안전한 중국 밀항을 위해서 그처럼 끔찍한 테러를 저지른 것이다.

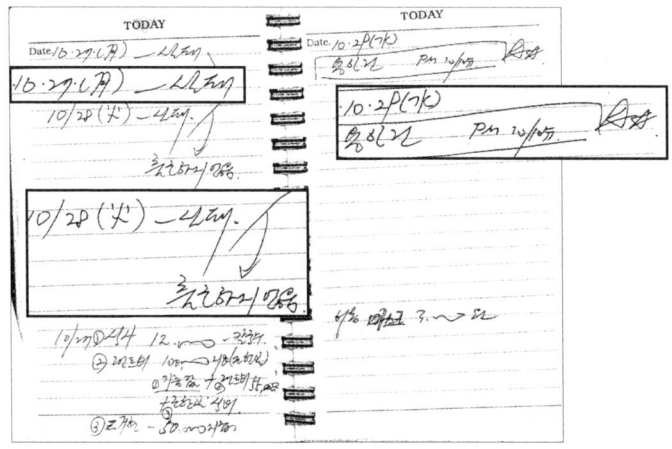

<경찰에 압수된 테러범의 수첩>
- 10월 29일 용인에서 테러에 성공한 시간을 메모하고 별표로 표시해 두었다.
- 테러범은 지금도 JMS에서 목사로 활동 중이다.

김도형 아버지 테러사건이 벌어진 다음 날 새벽, 공중파 방송 뉴스에서, '용인에서 60대 노인 괴한에게 피습'이라는 제목의 보도가 나갔다. "범행의 배후로 종교단체가 의심된다."는 보도가 나가자, JMS는, "김도형 아버지의 사건은 본인의 개인사로 인하여 빚어진 사건이며, 우리 교단과는 아무런 관련이 없다."라고 공식적인 성명을 발표하였다.

JMS는 JMS의 신도였던 사람들이 자살하거나 사고를 당하면, 이들에게 씻지 못할 오명을 뒤집어씌워 자신들과의 연관성을 부인한다. 불미스러운 사건으로 혹여 신도들이 동요하거나 탈퇴하는 것을 방지하고자, 그 집단에서는 흔하게 행해지는 악의적인 조작질이다.

수사 결과 김도형 아버지의 테러사건은 JMS 목사들과 신도들에 의해 치밀한 계획에 의해 저질러졌고, JMS 교단 최고위 간부들 여러 명이 사건에 깊숙이 개입하였음이 밝혀졌다. 결국 '테러사건이 김도형 아버지의 개인사로 빚어진 일'이라는 JMS의 공식발표는, 종교단체를 자처하는 집단이 조직적으로 테러를 저지르고, 오히려 테러를 당한 피해자의 인생을 모욕하는 파렴치한 처사이다. 설사 원한을 샀다 한들, 어떤 모진 원한을 사고, 얼만큼 사무친 앙심을 품은 자라야, 힘없는 노인에게 그 정도의 무자비한 폭력을 휘두를 수 있을까.

마침내 테러범들이 검거되고, 그 테러범들이 JMS 간부들인 것이 밝혀지자, JMS는 도마뱀 꼬리 자르듯이 "교단의 가르침과 어긋난 행위를 한 폭행범들을 교단에서 제명한다."고 언론에 밝혔다. 하지만, 이 또한 새빨간 거짓말이다. JMS 교단은, 테러범들이 재판받는 내내 전관예우 변호사를 선임하여 물심양면으로 테러범들을 지원했고, 테러범들이 복역하는 내내 한 사람당 매월 300만 원씩 돈을 지급하였다는 증언이 있었다. 또한 테러범들이 출소한 후엔 그들을 교단의 요직에 두루 중용하였으니, '범인들을 교단에서 제명한다'는 교단의 발표는 새빨간 거짓말이요, 이는 정명석이 테러를 직접 사주한 교사범이라는 방증이라고 할 수 있다. JMS 교단은 테러범들에게 매월 300만 원씩, 도합 매월 1,500만 원의 돈을 보내는 사실이 들통날까 봐, 전문 직종에 근무하는 JMS 신도에게 일정금액을 송금한 후, 그 신도가 교단에서 알려준 여러 개의 계좌로 나누어서 이체하는 방법으로 테러범들에게 돈을 지급하였다고 한다. 이는 탈퇴 신도의 구체적인 증언으로 법정에서 밝혀진 사실이다. JMS 교단의 '테러범들을 교단에서 제명한다'는 성명이 무색하게도 테러범들은 2021년 현재에도 JMS에서 고위간부로 활동 중이다.

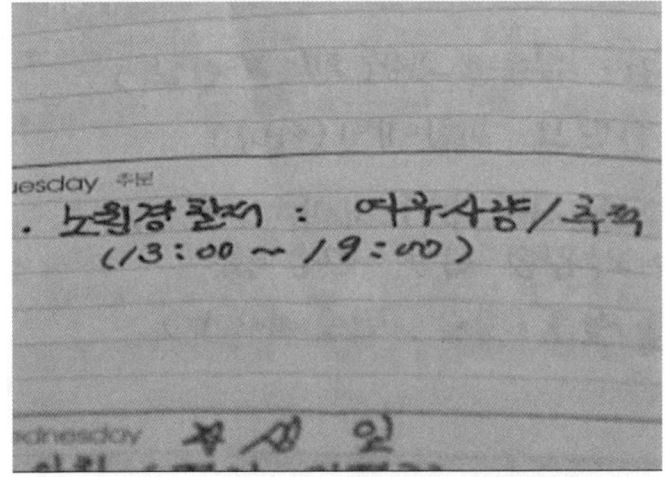

<2003. 12. 9. KBS 뉴스9>
-노원경찰서에서 김도형을 미행, 추적하였다는 메모

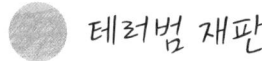 테러범 재판

테러 사건의 범인들이 JMS 신도임이 밝혀지자, JMS는 '교단의 가르침과 어긋난 행위를 한 폭행범들을 교단에서 제명한다'라고 곧바로 발표했다. 그러나 발표와는 달리 JMS는 재판에서 테러범들을 구하는 데 물심양면 총력을 기울였다. 전관예우를 받기 위해 고등법원 부장판사 출신인 O 변호사(후에 국회 법사위원장 역임)를 비롯하여 여러 명의 변호사들을 변호인으로 선임하였는데, O 변호사는 과감하게도 테러범들의 무죄를 주장하였다.

또 다른 부장판사 출신인 법무법인 H의 A1 변호사는 법정에서, "피고인은 사람을 때리려 한 것이 아니라 자동차 유리만 깨서 겁만 주려고 하였는데, 어쩌다 보니 사람이 맞아 다친 것이다."라고 목청을 드높였다.

그와 한 팀인 법무법인 H의 A2 여자 변호사는 법정에서 피고인 신문을 하면서,

"씨발~!!"

(1초 후) "니기미~!!"

(1초 후) "좆도~!!"

라고 또박또박, 법정 내에 골고루 잘 들리게 악을 쓰다시피 쌍욕을 고래고래 외치더니, "이러한 욕지거리가 엑소더스 홈페이지에 올려져서, 피고인들이 존경하는 정명석 총재님을 모욕하였지요?"라는 괴상한 방식의 변론을 펼쳐 보였다. 재판장은 젊은 여자 변호사가 법정에서 고함을 지르다시피 "씨발~!!", "니기미~!!", "좆도~!!"라고 욕설

을 내뱉는 것을 듣기 불편했는지 "이보세요, 변호인! 변호인이 왜 그렇게 흥분합니까?"라며 꾸중하기도 했다.

O 변호사는 손테러를 대변하면서, "김도형이 아버지 맞을 짓을 자초했다."라는 극언까지 서슴지 않았다. 김도형은 아버지가 겪으신 고초를 생각하니 그런 재판 과정을 듣고 있는 것만으로도 고통스러웠다. 아무리 자기 의뢰인을 위해서 하는 변론이라지만, 처참한 피해를 입은 피해자의 면전에서 "김도형이 자기 아버지 맞을 짓을 자초했다."는 말은 인간이라면 도저히 지껄여서는 안 될 말이었다.

테러범을 기소했던 수원지검의 최 모 검사는 "이 놈들은 조직폭력배, 깡패 새끼들보다 더 나쁜 놈들이다."라며 테러범들에게 징역 15년을 구형하였지만, 테러범들은 1심에서 징역 4년에서 5년의 형을 선고받았다.

김도형에 대한 살인예비음모의 혐의로 구속되었던 문도청은 살인예비음모의 혐의에 대하여 무혐의 처분을 받으면서 횡령과 도청의 혐의로 집행유예를 선고받았다.

1심 선고에 대하여 테러범들과 검찰 양측 모두 불복하여 항소하였다. 2심 재판장 노 모 부장판사는 항소심 선고기일에 "피고인들에 대한 형량을 높이려고도 하였지만, 그건 너무 가혹한 것 같아 검사와 피고인 모두의 항소를 기각한다."라고 선고하였다. 항소심의 판결 선고일이 두 차례나 연기된 것을 보면, 실제로 재판부 내에서 형량 합의가 쉽지 않았던 모양이다. 재판장은 "형량을 더 높이려 하였다."라고 하였으나, 형량은 더 높아지지 않고 원심 그대로 확정되었다.

다시 정명석 체포를 위하여

 김도형의 아버지는 아직 처참한 모습으로 병석에 누워 있고, JMS는 김도형을 향해 수단 방법을 가리지 않고 치졸한 공격을 계속 해대고 있었으니, 김도형의 심경은 말이 아니었다. 그러나 김도형은 심기일전하여 정명석 체포에 총력을 쏟았다. 김도형이 이 더러운 JMS와의 악연을 끊고 그들과의 추잡한 전쟁에서 놓여나려면, 무조건 정명석을 잡아야 했다. 김도형은 피할 수도, 물러설 곳도 없었다. 이제 정명석은 정의사회구현의 문제를 넘어서 아버지께 돌이킬 수 없는 해악을 끼친 불구대천의 철천지 원수가 되었다. JMS가 비열하고 추잡하게 나올수록 김도형은 정당하게 법으로 심판을 구하겠노라고 결의를 다졌다.
 2차 테러 직후 정명석이 이민국에 출석하지 않고 있다는 사실이 파악되자마자 김도형은 회원들을 다시 홍콩으로 출국시켰다. 그 회원들이 홍콩에 가서 파악한 바로는, 정명석이 중국으로 밀항한 것이 확실시되며, JMS 간부 문보증이 홍콩의 항구에서 배를 타고 중국 본토 광동성 중산시로 자주 들어간다는 것이었다. 비용 문제도 있었고, 회원들이 중국 비자를 미처 받지 못한 상황이라 중국까지 미행하기는 불가능했다. 하여, 중국 본토로 직접 들어가서 광동성 소재 중산시의 항구를 지키기로 하고, 회원들은 일단 한국으로 철수했다.
 회원들이 다시 중국으로 들어가 몇날 며칠 중산 항구를 지켰지만, 문보증은 나타나지 않았다. 그럴 즈음 문보증이 배편을 이용하기보다는 홍콩 로우역과 중국의 심천역을 통해 왕래한다는 정보가 들어왔다. 두 곳을 동시에 지키기에는 인원이 부족했다. 작전에 투입된 엑소더스 회원들은 각자 직업과 생활이 있는 보통 사람들이다. 기한도 알 수 없고 결과도 장담할 수 없는 잠복을 위해 중국에서 계속 체류한다는 것이 쉽지 않은 일이다.

김도형이 총력을 기울였던 '정명석 체포 작전'이 아무 진전 없이 지쳐갈 무렵, 김도형은 새로운 정보를 입수했다. 정명석이 2003년 11월 23일에 정조아(JMS 최고 간부이자 정명석의 최측근 애인)에게 보낸 따끈따끈한 메일이었다. 정명석의 메일에는 MS-WORD로 작성된 파일이 첨부되어 있었는데, 그 파일에 "요즘 내 모습 궁금하지?"라는 정명석의 인사말과 함께 자그마한 사진 두 장이 첨부되어 있었다. 사진 속 정명석은 애첩을 향하여 구역질 나오는 미소를 짓고

<김도형이 확보한 '정명석이 여 신도에게 보내는 사진'>

있었다. 이 사진을 김도형이 보게 될 줄은 꿈에도 몰랐으리라.

김도형은 이 사진들을 중국에서 작전 중이던 김형진과 엑소더스 회원들에게 보냈다. 김도형 아버지 테러사건 때문에 악에 받혔던 김형진과 회원들이 하염없이 항구를 지키며 지쳐가던 중에 날아든 소식이었다. 그들은 이 실낱 같은 정보에 눈이 번쩍 뜨였다. 회원들은 이 사진 두 장을 받은 지 채 며칠이 지나기 전에 중국 광동성 전체를 사그리 뒤져서, 사진 속 배경 두 곳을 모두 정확히 찾아냈다.

수영복 차림의 사진은 주하이 시에 있는 호텔 수영장이고, 축구복을 입고 여유만만하게 웃고 있는 사진은 바로 중산시에 위치한 카이인신성이라는 최고급 리조트였다. 정명석이 호텔에 장기투숙하였을 가능성은 낮아 보였지만, 엑소더스 회원들이 한국인 친구를 찾는 것처럼 가장하여 호텔 측에 수소문한 결과 역시나 그런 얼굴의 장기투숙자는 없다는 사실을 확인하였다. 그렇다면, 정명석은 지금 카이인신성에 있는 것이 확실했다.

카이인신성은 최고급 리조트라 아무나 들어갈 수 없었다. 자그마치 3중으로 보안이 되어 있어, 외부인은 세 군데의 초소를 거쳐 신원확인이 되어야만 출입이 가능하다. 회원들은 카이인신성에 들어가기 위하여 한국에서 온 부동산 투자가 행세를 하기로 하고 통역과 입을 맞춰 부동산 업자를 대동하고서 카이인신성에 진입하는 데 성공하였다.

리조트는 아파트형 건물과 별채형의 단독주택, 두 가지 구조로 되어 있었다. 부동산 투자업자로 변신한 회원들은 단독주택들을 하나하나 체크했지만, 정명석의 흔적을 찾을 수 없었다. 이제 남은 것은 아파트이다. 그러나 아파트는 세대수가 많아 일일이 체크하기가 난감했다. 아파트 경비원을 통해 확인해 볼까도 했지만, 입주자에게 고용된 경비원이 입주자 정보를 아무에게나 알려줄 리는 없었다.

김형진은 북경에 있는 한국대사관을 통해 중국공안에 정식으로 신고했다. "인터폴에 적색수배된 강간범 정명석이 중국 본토로 밀항하여 광동성 중산시 소재 카이인신성 리조트 아파트형 건물에 은신하고 있다."는 사실을 알린 것이다. 그러나 중국 공안의 행동은 굼떴다. 김도형이 "춘절(설) 연휴에 정명석이 거처를 옮길 가능성이 크니, 하루 속히 검거해 달라."고 간곡하게 요청하였음에도, 공안은 춘절 연휴가 지나고서야 카이인신성을 방문하였으니 이미 정명석이 거처를 옮긴 뒤였다. 공안은 정명석이 카이인신성 아파트형 리조트에 한국인 여성의 이름으로 머물고 있었던 사실을 공식적으로 확인했다. 공안이 조금만 더 빨리 출동하였다면 정명석은 2004년 1월에 검거되었을 것이다.

김도형은 정명석이 머물던 아파트형 리조트를 얻어 주었던 한국인 여성을 '범죄인 도피' 혐의로 형사고발하였다.

이 중국 작전에 수천만 원이 넘는 비용이 들어갔지만, 정명석의 흔적을 확인한 것으로 끝이 났다. 그가 어디로 도망갔는지 더는 알아낼 수가 없었다. 그의 소재는 2년 후 정명석이 또다시 강간질을 벌이며 스스로 자신의 거처를 공개하면서 드러나게 된다.

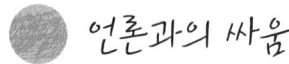 언론과의 싸움

김도형 아버지 테러사건이 벌어진 지 한 달도 채 안 된 2003년 11월 27일. 대전지역의 일간지 매일신문에 기사가 하나 실렸다. 'KAIST 병역 특례자 관리 엉망'이라는 제목 하에 "'정의실천 시민연대 산하 병역비리추방 시민연합 대전지부'가 KAIST의 병역 특례자 관리가 엉망이라고 주장하였다. 실제로 KAIST의 전문연구요원 김 모 씨는 특수강도 등의 혐의로 17일 동안 구속되어 있었으나, KAIST는 이를 감독관청인 병무청에 보고하지 않아 KAIST가 경고를 받았다."는 내용의 기사였다.

그 기사가 나간 바로 다음 날인 2003년 11월 28일, 이름도 거창한 '정의실천 시민연대 산하 병역비리추방 시민연합 대전지부'의 회원들은 KAIST 정문 앞에 모여 시위를 벌였다. 그들은 김도형을 압박하기 위해, 일부러 교수와 직원 그리고 KAIST 총장이 출근하는 시각에 맞추어 아침 8시 30분부터 정문에서 시위를 하기 시작했다. 군복을 입고 나온 수십 여 명의 JMS 신도들은 '정의실천 시민연대 산하 병역비리추방 시민연합 대전지부'의 회원들을 자청하며 "전문연구요원 너희는 아느냐, 현역의 아픔을!!"이라는 구호를 외쳐대며 준비한 플래카드를 격렬히 흔들고 있었다. 그렇게 격렬한 시위를 하던 시위대의 눈들이 갑자기 살기를 띠게 되었으니, 바로 김도형이 그들 앞에 등장하였기 때문이다. 그들이 진정 병역비리에 관심이 있는 순수한 시위대였다면, 유독 김도형에게 살기를 띤 시선을 보낼 이유가 없었을 것이다(JMS는 이미 김도형의 사진을 모든 JMS 간부들에게 뿌리고 신도들에게도 공지를 한 터였음).

당시 정의실천시민연대의 홈페이지 주소는, www.ps**.or.kr 이었고, 그 주소의 도메인등록일은 2003년 10월 24일, 정의실천시민연대 산하 병역비리추방시민연합의 홈페이지 주소는 www.antisla****.co.kr이었는데, 도메인등록일은 2003년 10월 7일이었다. 즉, 모(母)단체인 정의실천시민연대보다 산하단체의 도메인이 먼저 등록된 것이니, 이것만 보아도 그들의 의도가 무엇인가 알 수 있을 것이고, 얼마나 급조된 단체인지 알 수 있을 것이다. 바로 JMS가 김도형을 공격하기 위해 만든 위장 시민단체이다(1년 후, 위 2개의 사이트 주소는 성인음란물 홈페이지로 바뀜).

KAIST 박사과정의 군 미필 남자는 병역특례를 받아 전문연구요원자격으로 5년간 복무하는 것으로 병역의 의무가 대체된다. 김도형은 박사과정 3년차인 2000년 3월에 의무복무기간이 시작되어, 당시 복무만료를 1년 여 가량 남겨두고 있었다.

이번 일은 JMS가 꽤 오랜 시간 공들여 준비한 공격인 것 같았다. 1999년부터 2003년까지 신도들이 돌아가며 형사고소를 하여 김도형은 수도 없이 경찰서, 검찰청으로 피고소인 조사를 다녔고, 민사소송 때문에 전국의 법원을 돌아다녔다. JMS는 위장 시민단체의 이름으로 김도형이 경찰서, 검찰청 및 법원에 출석한 날짜를 모두 정리하여 병무청에 제출하였다. 그러면서 "전문연구요원이 근무를 소홀히 하고 종교집단과 싸움만 하고 있다. 김도형의 전문연구요원 자격을 취소하고 현역병으로 군대에 보내라."는 내용의 진정을 한 것이다.

그들의 주장대로라면, 김도형은 그들이 걸어오는 소송에 일체 아무 대응도 하지 말아야 한다. 그러면 김도형은 말 같지 않은 부당한 형사고소라도 걸어오는 족족 기소중지자가 될 것이다. 또한 아무나 '김도형에게 돈 빌려줬다'라는 식의 엉터리 민사소송을 걸면, 그 판결로 김도형은 금방 수억, 수십억 원의 빚더미에 앉게 될 것이다. JMS는 이런 것을 김도형을 공격할 묘수라고 생각했나 보다.

그들은 김도형의 전문연구요원 자격을 박탈하면 김도형을 현역병으로 군대에 보내 버릴 수 있고 정명석은 안전할 수 있다고 판단한 것이니, 21세기 재림예수가 찌질하기가 말할 수 없을 정도라고 하겠다.

이 모든 것이 아버지를 테러한 지 채 한 달도 되지 않은 때에 JMS가 벌인 짓이었다. 김도형이 그들에게 페어플레이를 바란 적은 없지만, 최소한의 양심을 저버린 짓거리에 새삼 신물이 났다. 김도형의 아버지는 아직 병원에 입원 중이다. 높아진 간수치가 떨어지지 않고 있어서 아직 수술도 못 받고 있는 아버지가 온전히 회복할 수 있을지 장담할 수 없는 상황이다. 그런 아버지를 간호하느라 어머니까지 24시간 병원에 있어야 했으니, 김도형은 부모님의 안위에 온 신경이 곤두서 있었다. 행여 추가 테러가 일어나지 않을까, 어머니마저도 과로로 건강을 잃으시면 어쩌나, 죄송하고 불안한 나날을 보내던 중이다. 그 와중에 JMS가 김도형에게 새로운 차원의 공격을 퍼붓기 시작한 것이다.

시민단체의 진정이 들어오고 시위까지 일어나자, 대전지방 병무청에서 KAIST로 실사를 나와 김도형에 대한 조사가 시작되었다. 그러자 JMS는 병무청을 더욱 압박하기 위해 집회신고를 하고는 대전지방병무청 정문 앞에서 '병역비리근절을 위한 서명운동'을 전개하였다. 김도형이 시위를 하는 시민단체가 JMS가 만든 곳이라는 증거를 확보하는 데에는 채 10분이 걸리지 않았다. 관할 경찰서에 집회신고를 한 단체가 어디인지 문의하자, 집회신고서에 기재된 집회신고 명의자 모 씨의 직업란에 'JMS 목사'라고 쓰여 있다는 것을 확인할 수 있었다.

그들의 노력의 성과로, 김도형은 대전지방 병무청으로부터 경고장 하나를 받게 되었다. "전문연구요원으로서 특수강도 혐의로 16일간 구속되어 있었던 점은 연간 휴가일수 이내의 기간이기에 문제가 되지 않으나, 잦은 법원, 검찰 출석 등으로 인하여 근무를 소홀히 하였을 개연성이 있다."라는 이유로 경고처분을 내린 것이었다.

JMS는 더욱 광분하였다. 경고로는 부족하다는 것이다. 그들은 대전지방병무청에 찾아가 당장 김도형의 전문연구요원 자격을 박탈하라고 요구하는 한편, KAIST 정문 앞에서 더욱 거세게 시위를 하였다. KAIST에 "전문연구요원 관리를 제대로 하고 있는지 직접 감사를 하겠다."는 내용의 공문까지 보냈다. 김도형과 JMS의 관계를 이미 알고 있는 KAIST는 "KAIST는 과학기술부의 관리감독을 받는 기관으로서 시민단체의 감시를 불허한다. 허락 없이 활동할 시는 법적으로 대응하겠다."라고 답변하였다. 그들이 주소도 불분명한 사이비 시민단체라는 것을 알고 있던 KAIST는 그 공문을 전지 크기로 대형복사하여 자연과학대학 정문 입구 한 곳에 붙였고, 김도형이 근무하는 수학과의 학과사무실 출입문에 별도로 똑같은 공문을 한 장 더 부착하였다. 오로지 김도형을 괴롭히려는 JMS 측의 술책임을 아는 KAIST이기 때문에, 물리학과도 화학과도 아닌, KAIST의 수많은 학과사무실 중 오로지 수학과 학과사무실 입구에만 부착한 것이었다.

대전매일신문의 기사와 JMS 측의 시위로, KAIST 교내는 또다시 반JMS 여론에 불이 붙었다. KAIST 교내 통신망에는 '정의실천시민연대'와 그 산하 단체라는 '병역비리추방시민연합'의 홈페이지가 '단체의 기본정신이며 정관까지 참여연대의 것을 그대로 오려 붙이기 한 수준이고, 여기저기 급조된 흔적이 완연한, 도무지 믿을 수 없는 괴단체'라는 폭로 글이 연이어 올라왔다.

* 자세한 내용은 당시 뉴스엔조이에서 상세하게 취재하여 보도하였으니, 관심있는 독자들은 검색을 해 보시기를.

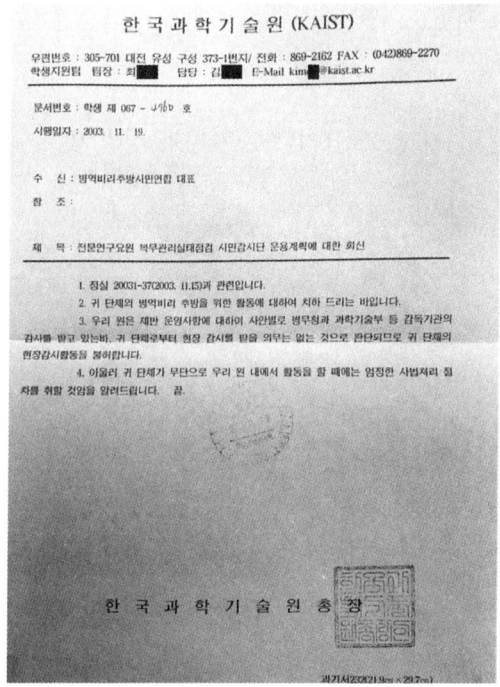

<당시 KAIST 수학과 학과사무실 정문에 게시되었던 공문>

2003년 11월 27일, 대전매일신문에 났던 'KAIST 병역특례자 관리 엉망'이라는 제목의 기사를 보도한 기자 최**이 JMS 신도라는 건 두말할 나위도 없다. 기사가 난 바로 다음 날, KAIST 정문 앞에 시위대를 끌고나온 사이비 단체의 간사라는 전**는 JMS 대전교회의 목사이고, 기자 최**의 이름은 2003년 6월에 작성된 JMS 신도명단에 '옥천교회 집사 최**'이라고 또렷하게 올려져 적혀 있었다. 그리고 그 옆에는 휴대전화 번호가 기재되어 있었다. 김도형은 '대전매일신문 기자 최**'이 아닌, JMS 신도명단에 기재되어 있는 'JMS 옥천교회 집사 최**'의 전화번호로 전화를 하였다.

"여보세요."
"저, 대전매일신문 최** 기자님이죠?"
"네, 그런데요."
"아, 이번에 KAIST 관련 기사 쓰신 최** 기자님이 정말 맞으세요?"
"네, 접니다."
"야, 나 김도형이다."
"……."
"나, 지금 JMS 신도 명단 보고 너한테 전화 건 거야. 근데, 왜 기자 최**이 전화를 받냐?"
"어… 음… 어…….'
"말 똑바로 해봐, 이 새끼야!"
"어…… 그럴 리가 없는데……?"

"이 새끼가 장난치나!"

"왜냐하면, 나는 신도가 아니거든. 우리 한 번 만납시다. 나도 궁금했는데."

"놀고 있네, 이 새끼. 내가 강간범을 재림예수로 믿는 너 같은 놈을 왜 만나냐? 법적으로 대응할 테니 기다려 새끼야!"

JMS 신도임이 확인된 이상, 그들의 요구에 대응할 이유가 없다. 김도형은 바로 대전언론중재위원회에 제소하였다. 대전의 언론중재위원회에는 기자 최**과 대전매일신문의 간부가 출석하여 "기사 내용에 아무런 오류가 없다. 정정보도는 말할 것도 없고, 반론보도도 일체 받아들이지 않겠다."고 주장하였다.

당시 대전지방법원의 현직 부장판사이던 중재부장은 회의를 시작하자마자, "최** 기자 일어나시오." 하더니 단도직입적으로 물었다. "당신 JMS 신도요, 아니요?" 이에 최**이 "과거 대학시절에 1~2년 정도 잠깐 JMS에 있었습니다."라고 하였다. 순간, 회의장 안에 갑자기 벼락이 쳤다. 현직 부장판사인 중재부장이 고래고래 고함을 지른 것이다.

"이것 보시오!!! 배나무 밑에서 갓끈을 매지 말고, 오이밭에서 신발끈을 매지 말라고 했거늘, 이게 뭐하는 짓이오!!!"

목소리가 얼마나 컸는지, 회의장에 있던 모든 사람이 깜짝 놀라 조용해졌다. 중재부장이 그렇게 화를 내니, 기세등등하던 대전매일신문 간부도 어느새 고양이 앞에 생쥐가 되어 찍소리도 못하였고, 반론보도를 받아들였다. 나중에 알게 된 사실이지만, 당시 중재부장이 바로 1999년 황 양 납치사건을 담당한 1심 재판부의 부장판사로, 불구속 상태의 범인까지 모조리 법정구속하며 실형을 선고한 바로 그 판사였다.

얼마 후에는 <주간중앙>이라는 주간지의 모 기자가 KAIST 수학과 학과사무실로 전화를 하였다. "전문연구요원 김도형이 언제 대만으로 출국하였냐. 출국 목적은 무엇이냐."라는 질문에 수학과 직원은 "김도형은 출국한 사실이 없다."고 답변했고, 기자는 "김도형은 출국한 적이 분명히 있는데도, 감독기관이 모르고 있으니 문제가 정말 심각하다."며 전화를 끊었다. 이야기를 전해 들은 김도형은 '이건 또 무슨 소리야.' 하며 담당기자에게 전화를 해보았다.

2003년 당시, 전문연구요원은 해외학회에 참석하기도 어려운 시기였다. 출국을 하려면, 해외학회로부터 정식 초청장을 받아야 하고, 그것을 병무청에 제출하여 출국허가를 받아야 하며, 출국허가증이 있어야 외교부에 여권 신청을 할 수 있었다. 그렇게 발급된 여권이라야 단 1회만 사용할 수 있는 단수여권이었다. 그런 처지의 김도형이 대만에 간다는 것은 어림도 없는 얘기다.

답답해진 김도형은 "지금 당장 법무부 출입국사무소로 같이 가서 내 출입국조회서를 당신이 보는 앞에서 떼어서 보여 주겠다."라고 하였다. 이에 담당기자는 "내가 어떻게 당신의 출입국 사실을 확인했는지는 말해줄 수 없지만, 분명히 확인했고, 만약 당신이 정말 출국한 사실이 없다면, 이는 국가적 시스템에 큰 문제가 있는 거다."라고 하였다. 어이가 없던 김도형은 기자와 큰 소리로 대판 싸우기까지 했다. 그러나, 그런 대답을 한 담당기자도 자신이 없었는지, 결국 김도형과 KAIST 관련 기사는 매우 작은 비중으로 한두 줄 정도로 짧게 보도되고 넘어갔다.

그 다음에는 한 술 더 떠서 MBC에서 터졌다. 바로 MBC의 '신**의 뉴스서비스, 사실은'이라는 프로그램에서 '전문연구요원 제도의 문제점'이라는 제목으로 "KAIST의 전문연구요원 김 모 씨가 특수강도의 혐의로 구속되어 있는 기간 동안, KAIST가 김 모 씨의 출근부를 위조한 것으로 드러났다."고 보도한 것이다.

더군다나 MBC 방송에서는 강 모라는 변호사가, JMS가 만든 위장시민단체인 '정의실천시민연대 산하 병역비리추방시민연합'이라는 단체의 공동대표라는 타이틀로 등장하여 인터뷰를 하며 KAIST를 비방하고 있었다.

김도형이 특수강도 혐의로 구속되어 있을 당시, KAIST에서 수백 명의 학생이 구속된 김도형을 위한 탄원서에 서명하였고, 100명이 넘는 KAIST 교수들도 탄원서 서명에 동참하였다. 그러한 사실은 당시 <KAIST TIMES>라는 KAIST 내 학보에도 보도가 되었다. 김도형이 특수강도의 혐의로 구속됐다는 사실을 온 KAIST가 다 알고 있던 그 기간에 KAIST가 김도형의 출근부를 위조한다는 것은 있을 수 없는 얘기다.

JMS의 진정에 대하여 병무청이 밝힌 공식입장은 '김도형의 구속기간 16일은 전문연구요원에게 허용된 연간 휴가일수 이내이기 때문에, 김도형의 구속사실은 KAIST가 병무청에 보고할 사항이 아니다.'라는 것이었다.

KAIST 박사과정을 전문연구요원자격으로 마치는 데 있어서, 전과자에게 제한을 두는 규정이 없다. 즉, 설사 전과자라 하더라도 전문연구요원 자격에는 법적으로 아무런 문제가 없다. 게다가 MBC가 방송을 통해 KAIST 학과사무실인 것처럼 내보낸 화면의 장소는 KAIST도 아닌 엉뚱한 다른 곳이었다.

어찌 되었든, 김도형은 불거진 사안에 대하여 또 대응을 해야 했다. 아무 잘못 없는 KAIST가 김도형 하나로 인해 당치 않은 욕을 먹게 할 수는 없는 노릇이다. 대전매일신문이라는 지방지에서 시작된 것이 <주간중앙>으로 이어지더니, 마침내는 공중파 방송 MBC에까지 확대되었으니 마냥 무시할 수도 없었다.

김도형은 다시 언론중재위원회에 제소하였다. 이번에는 서울의 언론중재위원회였다. MBC는 '신**의 뉴스서비스, 사실은'의 교양국 책임자와 이** 기자가 출석하였다. 그들은 반론보도조차 응하지 않겠다는 것이 기본입장이었다. 김도형은 중재신청서를 제출하며 관련 증거자료를 이미 서면으로 제출하였고, 상대방인 MBC 또한 김도형의 서면을 받아보고 답변서까지 제출한 상태였다.

김도형은 중재위원회 당일 긴장된 마음으로 출석하였다. 서면으로 양측의 주장을 확인한 상태에서, 현직 서울중앙지방법원 부장판사인 중재부장이 김도형이 말하려는 것을 막고 나섰다. "김도형 씨는 잠깐 가만히 계세요!"라고 하더니, MBC 측에 말했다.

"내가 장담하는데요, 이 사건 서초동(법원) 가면 당신들 100% 집니다. 그렇게 되면, 프로그램 시작부터 시커먼 배경화면에 '정정보도'

라는 제목으로 활자가 나가고, 또박또박 정정보도 내용을 읽게 될 겁니다. 20년 법조 경험으로 내가 그건 장담합니다."

그의 말이 끝나는 순간, 이** 기자와 MBC 간부는 아무 말도 못하고 정적이 흐르기 시작했다. 잠시 정적이 흐르는가 싶더니, 중재부장 옆에 있던 또 다른 중재위원인 변호사가 그 정적을 깼다.

"김도형 씨, MBC에서 제출한 자료 봤어요. 병무청이 김도형 씨에게 보낸 경고장 봤는데요, 이거 병무청에 행정소송 거세요. 16일 동안 구속된 건 휴가일수 내에 있기 때문에 아무런 문제가 없다고 병무청 스스로 그러거든요? 그런데, 근무를 불성실하게 했을 개연성이 있기 때문에 경고를 내린다니, 세상에 '개연성'만 가지고 법적인 처분을 내리는 게 어디 있어요?"

중재위원의 권유에, 김도형이 "국가기관을 상대로 소송을 거는 게 어디 쉬운 일인가요."라고 답변했지만, 그 변호사는 "아니에요, 이건 거셔도 돼요. 100% 이깁니다."라며 자신 있게 답했다. 김도형이 하고 싶었던 말을 중재부장과 중재위원들이 돌아가며 대신 해주고 있었다. 그러한 분위기에 MBC가 주눅이 들었던 것일까? 이** 기자와 MBC 간부는 여전히 말이 없다.

얼마 후 반론보도가 아닌 정정보도가 나가는 것으로 확정되었다. 정정보도 결정이 난 후, 모든 중재위원이 자리에서 일어날 때, 김도형과 MBC 측도 따라 일어섰다. 그때, 자리에서 일어나던 또 다른 중재위원인 언론학과 교수가 마지막 한 마디를 MBC 측에 덧붙였다. "나 1999년부터 기사를 봐서 아는데요, 언론이 고생하는 젊은 사람 좀 도와줘야 하는 거 아니에요? 이게 뭐하자는 겁니까?" 김도형은 그제야 긴장이 풀리고 마음이 놓였다.

공중파 방송을 상대로 정정보도를 얻어내는 것은 결코 쉬운 일이 아니다. MBC 측과 김도형이 정정보도 문구를 최종적으로 다듬고 있을 때, 중재위원회 서기가 다가와 다시금 강조한다. "이거 반론보도 아니고 정정보도입니다. 착오 없게 하세요!"

약 두 달이 지난 어느 날, 우연히 생각이 나서 약속된 프로에서 과연 제대로 정정보도를 하였는지 확인하려고 MBC 인터넷 사이트를 들어갔던 김도형은 어이가 없었다. 세상에 정정보도가 반론보도로 윤색되어 있었다. 프로그램 말미에 담당프로의 남녀 아나운서가 나란히 선 채로 "네, 방송과 관련해서 사람의 명예를 훼손하는 것에 대해서는 신중해야겠지요. 지난 2004년 XX월 XX일 '신**의 뉴스 서비스 사실은' 프로와 관련해서 김 모 씨는 사실이 이러이러하다는 반론을 보내왔습니다. 네, 역시 개인의 명예와 관련한 방송은 더 신중해야겠지요."라며 얼버무리는 것으로 끝났다.

언론중재위원회의 결정은 양 당사자의 이의 없이 확정되면 법원의 판결과 같은 효력이 생긴다는 것을 공영방송에서 모를 리 없다. MBC는 확정된 판결을 대놓고 무시하고 있었다. 그러나 김도형은 언론의 공격에 최소한의 방어는 했지만, 그들의 행태까지 고쳐놓을 여력이 없었다. 당장 눈앞에 놓인 현실만으로도 너무 버거웠다.

그런데, 또 들어왔다.

이름도 거창한 '정의실천시민연대 산하 병역비리추방시민연합'
언론에서 이 단체는 JMS가 만든 위장시민단체라는 보도가 나가자 JMS는 객관성을 담보한답시고, 강 모라는 공명심 강한 변호사를 공동대표로 영입하였다. 이 강 모 변호사는 KAIST를 상대로 소송을 제기하였다. 이들은 병역비리를 감시하겠다며 KAIST를 상대로 "김도형의 전문연구요원 출근부를 공개하라."고 요구하였으나 KAIST는 "김도형의 출근부는 개인 출장 내역 등이 기재되어 있어, 이를 공개할 시에는 JMS의 테러에 노출될 위험이 있어 공개할 수 없다."고 그들의 요구를 거부하였다. 이에 강 모 변호사는 KAIST를 상대로 '정보공개거부처분 취소청구의 소'라는 행정소송을 또다시 제기하였다. 이 소송에 김도형이 피고보조참가인으로 개입하였다. 재판정에서, KAIST는 강 모 변호사에게 이렇게 제안했다. "귀 단체가 진정 병역비리 근절을 위해 활동하는 단체라면, 유독 김도형의 출근부만 들여다볼 필요는 없지 않은가. 김도형을 제외한 KAIST 내의 모든 전문연구요원의 출근부를 열람할 수 있도록 해 주겠다."

KAIST의 제안에 재판장은 이렇게 말했다.

"강 변호사님. 그거 참 좋은 제안이네요. 왜 유독 김도형 출근부만 보려고 하십니까. KAIST가 김도형을 제외한 모든 전문연구요원의 출근부를 열람하게 해 준다니까, 마음껏 보시면서 KAIST에 병역비리가 있는지 살펴 보시죠."

강 모 변호사가 말을 잇지 못하고 있을 때 김도형이 끼어들어 마지막 결정타를 날리는 고자질을 했다.

"재판장님, 30분 전에 이 법원 1층에서 강 모 변호사와 제가 이런 대화를 나눴습니다."

30분 전 대전지방법원 1층에서 우연히 강 모 변호사를 마주친 김도형.

김도형 : 아이고, 강 변호사님, 안녕하십니까. 고생 많으십니다.
강 모 : 예, 덕분에 바쁘고 고생이 많네요.
김도형 : 아이고, 변호사님 이제 헛고생 그만 하시죠. 제가 그쪽의 소송의도를 모르겠습니까?
강 모 : 뭔데요? 소송의도가?
김도형 : 제가 출근부 부실하게 기재했으면 그걸로 공문서 위조로 고발하려는 거 아닙니까?
강 모 : 허허…. 듣던 대로 똑똑하시네요.
김도형 : 아니, 그러니까요. 출근부 공개가 되어도, 제가 출근부 정리 잘 해두어서 공문서 위조로 고발할 거리도 없어요. …… 하하~
강 모 : …….
김도형 : 괜히 헛고생하지 마시고, 좀 더 다른 건으로 참신하게 공격을 해 보시지요.
강 모 : …….

김도형이 이런 대화를 법정에서 그대로 까발리자 강 모 변호사는 얼굴이 벌개졌다. 공익을 위한 소송이 아닌, 사이비 종교집단의 보복을 위한 소송이라는 것이 명백해진 것이다. 얼마 후, 소송은 취하되었다.

 후기

아버지 테러사건에 연이어 벌어지는 일들, 병무청과 중앙 언론들의 연이은 공격, 그리고 각종 소송 등등. 이들을 감당하기에도 김도형은 너무 지쳤는데 그 와중에 정명석 추적도 병행해야 했으며 학업도 손을 놓을 수는 없었다. 김도형은 거의 심신이 피폐한 상황까지 이르렀고, 자신을 아는 이가 아무도 없는 어딘가로 도망가고 싶은 심정이었다. 아직까지 살아 있고, 정신이 온전한 것만도 스스로 신기할 지경이었다.

JMS 광신도들의 1차, 2차 테러 당시, 김도형과 엑소더스 회원들을 테러했던 JMS 광신도들에 대하여, 편파적으로 수사하던 방배경찰서. 그들은 김도형과 회원들을 형사입건하며 쌍방폭행으로 처벌하려 하였지만, 다행히 검찰은 김도형 일행을 모두 무혐의 처분하였다. 얼마 후 김도형을 어떻게든 엮어넣으려고 기를 쓰던 방배경찰서의 서장은 범죄자 도피를 도와준 큰 비리로 언론을 대대적으로 장식하더니, 결국 구속되었다.

대만의 JMS 사태 당시, 기자회견을 하며 '김도형이 조작'이라고 기자회견을 하던 황청수는 몇 년 후, 뇌출혈로 쓰러졌다. 그 후 그의 생사여부는 관심없다.

당시 김도형을 공격했던 MBC의 프로그램은 그 후 자신들이 방송에서 비판한 단체로부터 향응을 접대받고 명품백을 선물받은 것이 밝혀져 사회적 물의를 일으키며 프로그램이 폐지되었고 이** 기자는 해임되었고, 프로그램의 주인공은 법인카드 부정사용으로 MBC로부터 해임되었다.

자신의 입신양명을 위해 JMS가 만든 위장시민단체의 공동대표를 기꺼이 맡았던 강 모 변호사. 이 사람은 10여 년 후, 의뢰인의 돈 수 억원을 횡령하고 또 사기까지 쳐, 실형을 선고받았다. 교도소 출소 후, 또다시 사기를 쳐 또다시 경찰이 구속영장을 청구하는 등, 온갖 더러운 짓을 하고 돌아다녀 여러 차례 언론에 크게 보도되었다.

마취과 의사가 수술이 불가능하다고 함에도 김도형의 아버지를 수술하려고 하였던 하봉섭. 몇 년 후, 그의 동생은 JMS 본부인 월명동에서 작업하던 중 심장마비로 사망했다.

김도형 아버지 테러범 중 한 명 장테러의 아내. 그 아내 또한 JMS 신도였는데 그녀는 남편의 교도소 복역 중, 유방암에 걸렸다.

'김도형을 군대 보내라'며 KAIST 정문에서 시위를 벌였던 JMS 목사. 시위 얼마 후 그의 가족 중 2명이 백혈병에 걸렸다.

먼 훗날, 정명석이 교도소에 있는 동안, JMS 사진부 여자 목사가 투신 자살을 하였다. 경찰은 침입 흔적이 없는 것으로 보아 자살로 판단하였으나, 투신자가 투신 직전, 정명석의 사진이 담긴 액자를 박살을 내 놓고 투신한 것을 확인한 후, 부검을 했다.

- 2권에서 계속 -

부록

1. 테러사건 항소심 검사 의견서

서울고등검찰청

수 신 : 서울고등법원 형사 제7부   2004. 9. 24.
제 목 : 의견서 및 참고자료 제출   검 사 허 ■ 진

  귀원 2004노1415호 피고인 문■■ 등에 관한 특정범죄가
중처벌등에관한법률위반(보복범죄등)사건에 관해 다음과 같이 의
견서 및 참고자료를 제출합니다.

29261

          다   음

1. 본 건에 대한 자세한 내용은 수사검사의 의견서, 항소이유서, 피해자 제출의 진정서 등에 자세하게 언급되어 있습니다. 그러므로 여기서는 가급적 중복을 피하는 범위에서 항소심 공판 검사의 의견과 참고자료를 제출하고자 합니다.

2. 본건 범행은 법치국가에서 도저히 상상도 할 수 없는 범죄입니다. 조직적이고 계획적인 보복범죄로 수법이 잔인하고 피해 중할 뿐만 아니라 본건 범행 등을 총괄 지시한 배후 세력이 아직도 밝혀지지 않은 채 뒤에서 이 사건 수사와 재판과정을 지켜 보면서 웃고 있습니다.

○ 본건 수사기록, 특히, 피고인들 진술, 각 전화통화 내역, 압

수된 피고인들의 수첩 기재 내용 및 기타 압수물 등에 의해 혐의가 명백히 인정될 뿐만 아니라 본건 범죄가 얼마나 치밀하게 계획된 보복범죄인지 알 수 있습니다. 그 수법이 잔인함은 물론 피해 또한 중합니다.

○ 사전에 김도형 및 그 주변사람들을 테러하도록 지시한 배후 세력이 있을 뿐만 아니라 피고인들 외에도 그에 가담된 JMS 신도들이 많이 있습니다. 대강 누구인지도 추정되지만, 피고인들의 함구, 허위 진술로 실체 입증이 안 되고 있습니다.

- 전화통화내역에 의하면, 초등학교 교사 및 JMS 상급자들 까지도 관여된 것으로 보입니다.(※초등학교 교사 관련 잡지기사 첨부)

- 본건은 피고인들의 진실고백 외에는 배후 실체 규명에 한계가 있을 수밖에 없습니다. 그럼에도 피고인들은 진실고백을 거부하고 있습니다.

3. 본건은 명백한 보복범죄이며, 살인미수 범죄입니다.

○ 피해자의 아들인 김도형 등은 그동안 정명석과 JMS 회원들에 대한 고소·고발, 홍콩에 은신중인 정명석을 체포하여 수사기관에 인계하였을 뿐만 아니라, 그 후 도주한 정명석을 계속 추적하고 있습니다. 그러므로 본건 범행은 위와 같은 김도형의 문제제기 및 수사단서 제공 등에 대한 보복 목적인 것이 명백합니다. 피고인들 스스로 그러한 범행 동기를 인정하고 있습니다.

○ 피고인들로부터 압수한 수첩에 기재된 내용, 압수한 물건, 피고인 신■■이 보낸 E-mail 내용 등에 비추어 보아도 계획적이고, 치밀하게 준비된 보복범행임이 명백합니다.

○ 피고인들은 야간에 인적이 드문 장소에서 위험한 물건으로 피해자의 머리, 얼굴 등을 무참하게 공격하고, 피해자를 그대로 방치했습니다. 범행 장소와 방법, 피해 부위 및 정도, 피해자가 흘린 피의 양에 비추어 피해자의 생명이 대단히 위험한 상황이었습니다.

○ 다행히도, 피해자가 때마침 아들인 김도형과 전화통화 중이었기 때문에 그나마 신속하게 구호조치가 이루어 질 수 있었습니다. 만약 그렇지 않았다면, 피해자는 응급조치가 늦어졌고, 과다 출혈로 사망에 이르렀을 것입니다.

○ 피고인들은 피해자의 사망을 충분히 인식·예견·인용하면서 피해자를 방치한 채 현장을 이탈한 것입니다. 비록 본건이 살인미수로 의율 되지는 않았지만, 피고인들의 살인의 (미필적) 고의는 충분히 인정된다고 생각합니다. 이 점은 양형 결정에서 반영이 되어야 한다고 생각합니다.

4. 그동안 JMS 신도들에 의한 유사 범죄가 많이 있었습니다.
   ○ 이 건 바로 직전인 2003. 10. 26. JMS에서 탈퇴한 김형진에 대한 테러사건이 전주에서 발생하여 현재 전주경찰서 수사 중입니다.
   ○ 2000. 8. 20. 및 2003. 10. 11. 乙JMS 단체(EXODUS) 사무실

에서 JMS 신도들이 피해자의 아들인 김도형 등 EXODUS 회원 등에게 폭력을 행사한 사건도 있었습니다.
- JMS 신도 3명이 각 집행유예를 선고받음
○ 2004. 1. 포항 등지에서 다수의 JMS 신도들이 같은 여신도가 말을 듣지 않는다는 이유로 <u>11일간 각목 등으로 때려 사망 케 한 사건</u>도 있었습니다.(※판결문 첨부)
- 2004. 5. 14. 포항지원에서 상해치사죄로 각 징역 3년~4년 선고
- 2004. 7. 15. 대구고검에서 각 징역 1년 6월 선고
○ 1999. 1. 서울에서 JMS 탈퇴 여신도 황■■ 납치·감금하여 상해를 입게한 사건(※판결문 첨부)
- 1999. 4. 29. 대전지법에서 범인 3명에 대해 징역 2년 등 선고, 확정
※ 그 사건 범인인 3명(김삼■, 김■■, 배■■)이 피고인 문■ ■을 면회하여 공연은 잘 되고 있다고 함1)
○ 그 외에도 수사나 재판을 받으러 다니는 <u>김도형에게 테러를 가하려고 했던 사실들이 경찰청 첩보내용2) 및 피고인들로부터 압수된 수첩에 기재된 내용 등에 자세히 나타나는 등 일일이 나열하기도 어려울 정도입니다.</u>
○ 관련 민사소송사건 과정에서 나타난 자료나 그 판결문 등도 JMS의 실체를 아는데 많은 도움이 될 것입니다.
- JMS에서 김도형을 상대로 제기한 손해배상청구소송사건
· 1심, 2심(서울고법 민사6부), JMS 패소(김도형 승소), 대법원 계류중

---

1) 첨부된 2004. 2. 9.자 문■ 접견부 참조
2) 근거자료는 김도형이 민사소송 과정에서 입수하여 이미 제출한 것으로 압니다.

- 정명석으로부터 강간당한 피해자들이 정명석을 상대로 제기한 손해배상청구소송사건
    - 1심 원고 일부 승소(3억 7,000만원 상당), 2심(서울고법 민사 7부) 계류중
- JMS 목사(김▇▇)와 김도형 외 1인간 명예훼손으로 인한 손해배상청구소송 및 반소사건(대전지법 계류 중)

5. 피해자 측에서는 합의 조건으로 돈이 아니라 피고인들의 참회와 진실 고백만을 바라고 있지만, 피고인들은 그 마저도 거부하면서 범행을 축소·은폐하고, 오히려 김도형이 많은 돈을 요구하고 있다고 매도하고 김도형에게 추가 테러 가능성을 언급하면서 협박하고 있습니다.

    ○ 김도형은 진실을 말하는 사람에게는 돈도 받지 않고 합의를 해 준다고 하고 있습니다. 합의를 하자고 찾아온 사람들에게 그런 의사를 전하고, 김도형이 피고인들에게 그런 취지로 편지를 보내기도 하였으며[3], 지난 2004. 8. 23.(월요일)에는 본건 선고를 앞두고 피고인들에게 기회를 주기 위해 김도형이 일부러 피고인들 면회까지 갔지만 피고인들은 면회 자체를 거절하였습니다.

    ○ 그럼에도 피고인들은 오히려 "김도형이 많은 돈을 요구하고 있다" "김도형이 피고인들을 정신적으로 학대하고 있다"는

---

[3] 그에 따라 피고인 문▇▇은, "합의하지 않으면 나갈 수 없다."고 생각하고 있었고, 따라서 이 사건 배후 인물들이 밝혀질 가능성도 있었지만, 그 며칠 후 석방되어 버려 아쉬움이 남습니다.(첨부된 2004. 2. 25.자 문▇▇ 접견부 참조)

등의 허위 진술을 하면서 김도형을 매도하고 있습니다.
- ○ 뿐만 아니라 "합의를 해주지 않으면 또 다시 이런 일이 있을 것이다"라고 하면서 당당하게 협박까지 하고 있습니다.

6. 피고인들이 수감중 접견부4)에 의하면, 피고인들의 1심 선고형 등에 대한 생각, 김■■이 배후 인물을 밝히지 않아 나중에 크게 보답 받는다는 것, 공탁금의 출처 등을 알 수 있습니다.(※ 접견부 첨부)
   - ○ <u>피고인들도 1심 형이 가볍다고 생각하고 있습니다.</u>
     - 2004. 6. 1. 제1심 선고 후, 징역 5년을 선고받은 피고인 손■■ 스스로 "<u>저도 한 7년 생각하고 있었는데 그렇게 나와서 고맙게 생각하고 있어요</u>"라고 하였고,
     - 같은 김■■도 면회간 노■돈 목사의 질문(선고된 형 이상으로 생각했는지, 이하로 생각했는지)에 "<u>그 정도 예상했어요</u>"라고 대답하였습니다.5)
     - 피고인 장■■는 무죄를 주장하지만, 1심 실형 선고 후 면회 온 JMS 신도들에게 "뭐 어떻게 합니까, 죄를 졌으면 죄 값을 받아야죠"라고 하면서 스스로 잘못을 인정하고 있습니다.6) 그 후에도 면회 온 사람에게 "특가 보복이면 죄명이 열 줄이 되요, 1년 6개월 정도 되어야 하는데 ... 대법원까지 가도 실형 받은 예가 없어요"라고 하고 있습니다.7)

---

4) 김도형이 민사소송에서 문서송부촉탁신청하여 피고인들에 대한 각 접견부 중 일부 필요한 부분을 받은 것임
5) 2004. 6. 1.자 피고인 손■■, 김■■ 접견부 내용
6) 2004. 6. 10. 피고인 장■■ 접견부 내용

- 문■ 스스로 본건 구속 후에 "합의 안보면 못나간다"[8]고 생각하였습니다.
○ 김■, 공범 및 배후인물 숨겨준 대가 기대
  - 김■은 "그렇게 합의서 받을 이유 없고, 내가 고통당한 만큼 대가가 있을 거야"라고 하고[9],
  - 장■는, 면회온 이■정간 대화에서 "김■이 많이 책임지는 것 같아(공범들을 밝히지 않는 것을 의미)", "나오면 크게 쓰일 것이다"[10]
○ 기타, JMS에서 합의 및 공탁을 한 점 등

7. 피고인들의 허위진술에 의한 재판부 기망
  ○ 피고인 장■가 피고인 김■에게 휴대폰 2대 및 돈을 제공하고, 본건 범행 전후 상피고인들과 수회 전화통화한 점, 피고인 김■ 스스로 수사기관에서 본건 진행상황을 피고인 장■와 상의하고 진행상황을 장■에게 말했다고 분명하게 진술한 점(수사기록 제4731 - 4732), 본건 범행 당일 피고인 장■, 피고인 김■이 같이 식사한 점[11], 피고인 장■에 대한 접견부 내용 등에 비추어 피고인 장■의 공모사실은 명백히 인정된다고 하겠습니다.

---
7) 2004. 7. 7. 피고인 장■ 접견부 내용
8) 2004. 2. 25. 피고인 문■ 접견부 내용
9) 2004. 4. 27자 피고인 김■ 접견부 내용
10) 2004. 7. 9.자 장■ 접견부 내용(장■와 면회온 이■정간 대화)
11) 그 후, 장■와 김■은 식사 날짜가 10. 27이라고 번복하지만 이는 허위 진술로 보임

○ 그럼에도 불구하고, 피고인 장███, 김███은 위와 같이 휴대폰과 돈 제공, 피해자의 ███학원 잠복 및 본건 범행이 내부 제보자 추적을 위한 것이라고 허위 진술하고 있습니다.

- 내부제보자가 피해자의 ███학원이나 피해자 집, 김도형 애인 집에 나타날 리가 없다는 것을 피고인들 스스로 잘 알고 있는 점, 내부제보자 찾는데 왜 이 건 폭력행사가 있었는지 설명이 안 되는 점, 피고인들이 김도형의 전화번호, 학교 등을 알고 있는데 만약 내부제보자를 찾는다면 김도형을 추적함이 상당한 점 등에 비추어 피고인들의 변소는 일고의 가치도 없습니다.

○ 장███는 항소심 제4회 공판정에서 변호인과 검사로부터 '상피고인 김███ 등이 피해자를 폭행한 사건을 알게 된 경위'에 대한 질문을 받고 "다음날 뉴스 보고 알았다. 뉴스 보고 목사에게 전화하여 알았다. 목사에게 전화한 것이 아니라 목사로부터 전화 받고 알았다"고 계속 진술을 번복했는 바,12)

- 그와 같이 진술이 같은 장소에서 같은 질문에 대한 대답이 계속 번복되는 점, 뉴스에는 범인이 누구인지(즉, JMS 관련 사실) 나오지 않았을 뿐만 아니라 당시 누가 범인인지 모르는 상태인데, 사전에 모든 것을 알고 있지 않았다면 어떻게 JMS 목사와 그런 말을 할 수 있는지,

- 그러면서도 그 목사로부터 들은 구체적인 내용을 말하지

---

12) 제4회 공판조서(2004. 9. 8.) 참조, 피고인 장███에 대한 변호인 신문사항 2- 26 등에 대한 답변 및 그에 대한 검사의 반대신문에 대한 답변

못하는 점, 장■는 본건 범행 직후 노■돈 목사를 매개로 하여 피고인 김■ 등과 수회 통화한 사실이 있는데13), 노■돈은 본건 범행 전에 피고인들과 같이 잠복하기도 하고 피고인들과 수회 통화하는 등 사실상 이건 공모자로 보이는 점 등에 비추어 장■의 사전 공모혐의는 명백하다고 하겠습니다.14)

- 특히, 노■돈 목사는 피고인 김■을 면회하여 <u>"네가 이렇게 희생해서 내가 할 말이 없다"</u>15)라고 하고 있을 뿐만 아니라 "자넨 신앙인이니깐 자백한 죄에 대해서는 죄책감을 갖고 용서를 빌고"라고 하고 있습니다.16) 그 외에도 피고인 김■을 수회 면회하여 합의나 공탁 문제 등 뒤를 봐주고 있으며, 김■에게 <u>"주사위는 던져졌으니까 마음 편하게 먹어"</u>17)라고 까지 하고 있습니다.

○ 피고인 김■은, 피고인 장■와 친하게 지냈다고 하면서도 장■로부터 휴대폰 2대와 돈을 빌리면서 그 용도를 사

---

13) 장■는 본건 범행전 피고인 김■ 등과 전화통화한 사실은 인정하면서, 본건 범행 직후(10. 29. 21:50 - 10. 31.) 통화 여부는 기억이 없다고 하고 있음(항소심 제4회 공판조서)
14) 특히, 범행 직후 KBS에서 취재하고 다음날(10. 30) 06:00 처음 뉴스에 방송했는데, JMS 의 간부인 양■남이 그와 같은 첫 보도 전인 10. 30. 02:00경 KBS에 전화한 점에 비추어 보아도, 장■나 그 윗선인 JMS 간부들이 개입된 것을 쉽게 추정할 수 있음(※ 양■남은 2004. 2. 1. 장■를 면회하여, 밖에서 최대한 노력하고 있다고 함)

15) 2004. 1. 6. 피고인 김■ 접견부 내용
16) 2004. 1. 7. 피고인 김■ 접견부 내용
17) 2004. 3. 4. 피고인 김■ 접견부 내용

실과 달리 말했다고 하지만, 그렇게 친한 사람에게 굳이 거
짓말 할 이유가 없습니다.

○ 김■■과 장■■는 2003. 10. 29. 서로 식사를 같이 했다고
진술했음에도, 항소심에 이르러 장■■의 공모사실을 부인
하기 위해 식사한 날자가 10. 27.이라고 번복하고 있지만, 이
또한 허위진술임이 명백합니다.

- 피고인 김■■이 배후 인물을 밝히지 않을 뿐만 아니라 피
고인 장■■도 공모하지 않았다는 취지로 진술하기 때문에
피고인 장■■는 면회 온 사람들에게 "■■이 때문에 말하
기 힘들더라"[18]고 하고, 면회 온 이■정이 "■■이가 많이
책임지는 것 같다"는 말에 "(김■■이) 나오면 크게 쓰일
거야"라고 하고[19], 다른 면회인에게 "■■이가 마음이 아
프지"[20], "■■이가 좀 걱정스럽다"[21]라고 하는 등 피고인
김■■을 걱정하고 있습니다.

○ 피고인들은 JMS의 능력을 신뢰하기 때문에 본건 범행을 저
지르고 도주했다가 일부는 JMS의 지시에 따라 자수한 것입
니다. 그러나 재판과정에서도 본건 동기나 과정, 피해자의
입장 등에 관해 상식에 맞지도 않는 허위 진술로 사법부를
농락하고도 재판 결과를 낙관하고 있습니다.[22]

---

18) 2004. 7. 8. 피고인 장■■ 접견부 내용
19) 2004. 7. 9. 피고인 장■■ 접견부 내용
20) 2004. 2. 4. 피고인 장■■ 접견부 내용
21) 2004. 7. 29. 피고인 장■■ 접견부 내용
22) 2004. 7. 3. / 2004. 7. 7. / 2004. 7. 15. / 8. 6. 각 피고인 조■■ 접견부
내용 ; 2004. 8. 17. 피고인 김■■ 접견부 내용

- 즉, "피해자의 아들인 김도형을 찾으려고 하다가 본건에 이른 것이다." "피해자의 승용차 유리창만 깨려고 했다"고 차마 들어줄 수도 없는 허위 진술
- 피고인 손■■, 김■■은, 2003. 10. 24.~25. 서울 용산구 후암동 소재 김도형의 애인 집 앞에서 잠복하고 그 애인 집에 전화까지 했음23)에도, 범행 날 서울에 처음 왔다고 태연히 허위 진술함(항소심 2회 공판기일 진술 등)
- 직접 체험하지도 않은 사람들(증인 이■희, 심■수)을 증인으로 내세워 출처도 없고, 상식에 반하는 허위 내용으로 장황하게 김도형을 비난
- 당시 증인은 출처를 말하면 김도형 측으로부터 "테러당할 가능성이 있기 때문"이라고 했지만, 그 동안 테러를 가했고, 앞으로도 테러를 가할 가능성이 높은 것은 JMS와 피고인들이지 김도형이 아님. 김도형은 그동안 테러를 가한 적이 없을 뿐만 아니라 그럴만한 능력도 없음

O 피고인측 변호인들은 항소심 제2회 공판기일에, 피고인들에 대한 신문에서,
- 김도형이 정명석, 문■현, 양■남 등을 사기, 명예훼손, 위증 혐의로 고소했으나, 전부 무혐의 되었다고 주장하지만, 고소내용이 일부 사실과 다르고, 특히 정명석(강간, 횡령), 문■현(범인도피)은 현재 체포영장 발부되어 기소중지 상태에 있지 무혐의 된 것이 아님(양■남만 무혐의 됨)

---

23) 김도형 애인 집에 왜 전화했는지, 그 이유는 명백하다고 하겠습니다. 만약 김도형 애인이 당시 나타났다면 납치 등 테러가 이었을 것입니다.

- 또한, 김도형이 마치 4회에 걸쳐 집행유예와 벌금 등의 유죄판결을 받았다고 하나, 사실은 그동안 JMS 측으로부터 수회 고소당했지만, 지금까지 처벌받은 것은 단지 벌금을 2회 납부한 것밖에 없음(나머지는 무혐의 또는 현재 수사·재판중)
- 기타, 종전에 피고인 문■■ 또는 JMS 신도 맹■■의 허위 증언·진술을 통한 사법부 기망
  - JMS 신도인 맹■■은 최근 제출한 탄원서에서, 자신이 종전 反JMS(EXODUS)의 고소로 위증죄로 구속되었으나 대법원에서 무죄를 받았다면서 反JMS(EXODUS)를 비난함과 동시에 마치 자신이 법정에서 말한 것이 허위가 아닌 것처럼 주장하지만, 위 대법원 무죄 이유는 '(SBS 상대 방송금지) 가처분 절차의 증인 심문 절차에서 허위 진술해도 위증죄로 처벌할 수 없다는 것 때문이지, 맹■이 허위진술하지 않았다는 것이 아닙니다.(※대법원 판결문 첨부. 특히, 맹■■과 같이 위증으로 기소된 장■■은 소송절차에서 허위 증언했기 때문에 유죄 확정됨)
  - 피고인 문■■은 위 맹■■에 대한 위증사건에 증인으로 출석하여, 자신이 운영하는 '다■아'는 정명석 목사나 선교회와 아무런 관련이 없는 기업이라고 증언했지만, 그 이전에 JMS측에서 발행한 잡지 동녘(1993. 8·9)에 의하면, 그 관련성을 인정할 수 있습니다. 그리고 그 증언의 전체적인 맥락도 JMS를 비난하는 사람에 대해서는 온갖 비난을 동

원하고 있습니다.(※피고인 문■■에 대한 증인신문조서 및 잡지 '동녘' 사본 첨부).

8. 피고인들이 이렇게 중한 범죄를 아무 거부감 없이 저지를 수 있었고, 그 후에도 그 잘못을 느끼지 못하고 오히려 피해자에게 당당할 수 있는 이유는, JMS의 지원과 선처 받을 수 있다는 잘못된 기대 때문입니다. 그러한 기대가 남아 있는 한 지금도 어디에선가 어떤 유사 범행이 준비되고 있는지 모르며, 앞으로도 제2, 제3의 유사범행은 계속될 것입니다.

- JMS에서는 피고인들을 영웅대접하면서 철저하게 뒷바라지 해주고 있습니다. 물심양면으로 지원 해주고 있으며, 피고인들 스스로 조만간 선처될 것이라고 생각하고 있습니다.[24]
- 위와 같은 과거 JMS 신도들의 유사범행에서 보듯이, 배후세력은 처벌받지 않았을 뿐만 아니라 주범들마저 초범이고 반성하며 그 연령과 성행 및 합의된 점 등이 참작되어 선처를 받았습니다.
- 그러기 때문에 JMS에서는 그 조직을 탈퇴하거나 비난하는 사람에 대해서는 무조건 보복을 지시하고, 그와 같은 지시를 받은 사람들은 범행을 저질러도 큰 처벌을 받지 않는다는 믿음이 있기에 범행결심이나 실행에 있어 주저함이 없고 범행 후에도 당당하게 되는 것이라고 생각합니다.
- 어쩌면 JMS에서 그와 같은 수사의 한계, 양형 참작 사유 등을 분석하여 알고 있기 때문에 범행을 지시함에 있어 나중

---

[24] 피고인들에 대한 각 접견부 내용 등 참조

에 적발되더라도 선처 받을 만한 사람들을 선택하는 것인지
도 모르겠습니다.
- ○ 결국, 피고인들에 대한 선처는, 피고인들과 이 사건을 바라
보는 많은 JMS 간부들에게 앞으로도 계속 법질서를 무시하
고 유사 범행을 저지르도록 하는 것이 됩니다. 이는 다수의
범죄자와 피해자가 양산되도록 하는 것입니다.

9. 피해자 및 피해자의 아들인 김도형의 심정
- ○ 이 사건 피해자는 피고인들이나 JMS와 아무런 관련이 없습
니다. 단지 김도형의 아버지라는 이유로 위와 같은 계획적인
범죄의 피해자가 되고, 현재도 제2, 제3의 테러 위험 속에
고통스럽게 살아가고 있습니다.
- ○ 그동안 온갖 어려움과 위협, 피해 속에서도 JMS로부터 피해
를 당한 약자들을 위하여 거대 JMS 조직에 맞서 꿋꿋하게
싸워온 피해자의 아들 김도형과 그 주변 젊은 사람들이 이
사건으로 느끼는 분노와 무력감은 이루 말할 수 없습니다.
- ○ 그럼에도 피해자들이 피고인들에게 바라는 것은 오로지 한
가지뿐입니다. '진실 고백', 진실을 고백하는 사람은 아무 조
건 없이 용서해 주겠다는 것입니다.
- ○ 그럼에도 불구하고 피고인들은, 심지어 법정에서까지, 마치
피해자들이 많은 돈을 요구하고 있다는 등 허위 사실로 피
해자들을 매도하였습니다.
- ○ 결국, 피해자들이나 이 사건을 아는 주변 사람들은, 진실을

은폐하는 피고인들에 대해 중형이 선고됨으로써 피고인들이 진심으로 잘못을 뉘우치게 될 것을, 어리석음을 깨닫게 되기를, 그럼으로써 또다시 이런 범죄가 발생하지 않게 되기를 바랄 뿐입니다. 온갖 분노와 보복감정을 억누르고 사법부의 현명한 판단과 정의를 기다리고 있습니다. 그와 동시에 지금도 진실을, 배후에 숨겨진 범인을 찾기 위해 동분서주하고 있습니다.

10. JMS의 올바른 태도

   ○ 만약 JMS가 진정 순수하고 참다운 종교단체라면, 그리고 본건 범죄가 피고인들만의 개인적인 범행이라면 JMS로서는 종교정신에 입각하여 피해자들에게 참된 사과를 해야 할 것입니다. 피고인들이 아무리 같은 신도라고 하지만, 거룩하고 신성한 종교단체의 명예와 정신을 훼손한 책임을 물어야 할 것입니다.

   ○ 그러나 JMS의 태도를 보면, 그 동안 신도들에 의한 많은 유사 범행에 대해 종교단체 차원의 사과 한마디 없었습니다. 오히려 그 범죄자들을 두둔하고 그 잘못을 은폐함과 동시에 상식 이상의 많은 신도들을 동원하여 법정에서 마저 그 위세를 보이고 피해자를 비난하고 있습니다.

11. 결론 : 피고인들 엄벌 필요성

   ○ 위와 같이 본건 범행의 성격, 그 계획·실행 내용, 범행 후

의 태도, 수사와 재판과정에서 피고인들의 진술내용, 압수물 내용, 피고인들의 반성 여부 및 피해자에 대한 태도, 향후 유사 범행 가능성 등에 비추어 피고인들은 엄벌에 처해져야 할 것입니다.
○ 특히, 위와 같은 JMS의 테러집단적 성향, 피고인들이나 JMS 신도들이 JMS의 불법적 지시마저 아무런 주저 없이 따르게 되는 상황, JMS에서 다 돌보아 주고 지원해 주기 때문에 어떤 잘못을 저질러도, 법정에서 어떤 거짓말을 해도 크게 처벌받지 않는다는 생각이 광범위하게 퍼져 있는 점 등을 고려하고, 그러한 생각이 어리석은 것임을 깨닫게 해주어야 합니다. 그와 같은 맹신과 범행이 얼마나 잘못된 것인지, 그 범죄의 대가가 얼마나 큰 것인지를 느끼게 해주어야 합니다.
- 그런 점에서도 본건 범죄를 실행하고 그에 적극 가담하고, 아직도 잘못을 뉘우치지 못하고 허위 진술과 범행 은폐·축소로 법망을 빠져나가려는 피고인들에게 마땅히 중형이 선고되어야 할 것입니다.
○ 뿐만 아니라 법원을 상대로 허위 진술 하고 기망하는 사람들은 조금도 선처 받을 자격이 없습니다.
○ 지금도 본건 배후 세력들은 법질서와 사법제도를 비웃으면서 이 사건 재판을 바라보고 있습니다. 피해자와 합의를 거부하고 금3,000만원을 공탁한 것으로 선처받는다고 생각하면서 피해자들을 조롱하고 있습니다.
○ 피해자 측의 분노와 절규를 헤아리시고 사법부의 엄단 의지

를 보여줌으로서 제2, 제3의 유사 범죄가 발생하지 않도록
해야 할 것입니다. 피해자와 그 주변의 사람들 - 온갖 위험
을 감수하면서도 오로지 불의에 맞서 싸우는 용기 있는 젊
은 사람들에게 사법부의 정의로운 모습을 보여주어야 할 것
입니다.

○ 따라서 피고인들에게 검사의 구형에 상응한 형을 선고해 주
시기 바랍니다.

※ 첨부
- 2004. 9. 23.자 시사저널 기사 사본(초등학교 교사 관련 내용)
- JMS 관련, 상해치사사건 및 납치사건 각 판결사본(2부)
- 피고인들에 대한 접견부중 일부 사본
- JMS 신자 맹███에 대한 위증사건 대법원 판결 사본
- 피고인 문███의 위 맹███에 대한 위증사건의 증인신문조서
사본 및 그 내용이 허위임을 나타내는 JMS 내부 잡지 동녘
(1993. 8・9) 중 일부 사본

2. JMS 신도들의 상해치사 사건 판결문

대구지방법원 포항지원

제 1 형사부

판 결

가. 상해치사
나. 증거은닉
다. 범인도피

사 건   2004고합9   가. 상해치사
              나. 증거은닉
              다. 범인도피

피 고 인   1. 가.   최■■ (71■■-2■■■■), 영어학원강사
             주거   포항시 북구 장성동 ■■■■■■■■■■■■
             본적   부산 금정구 남산동 ■■■■■

         2. 가.   김■■ (71■■-2■■■■), 영어학원강사
             주거   부산 금정구 서동 ■■■■■■
             본적   경남 산청군 신등면 ■■■■ ■■

         3. 가.   김■■ (72■■-2■■■■), 영어학원강사
             주거   부산 사하구 괴정동 ■■■■■■■■■■■■■■■■
                   ■■■
             본적   부산 사하구 괴정동 ■■■

         4. 가.   정■■ (76■■■-2■■■), 영어학원강사
             주거   부산 금정구 장전동 ■■■■■■■■■■■■■
                   ■■■
             본적   부산 사상구 괘법동 ■■■

5. 가. 김■■ (76■■-2■■■■), 영어학원강사

                     주거 부산 남구 우암동 ■■■■■■■■■■■■■■

                     본적 경북 청도군 풍각면 ■■■■ ■

             6. 나.다. 이정환 (68■■-1■■■), 영어학원강사

                     주거 포항시 북구 장성동 ■■■■■■■■■■■■■■

                     본적 포항시 북구 용흥동 ■■■■

검   사   이■수
변 호 인   변호사 유■근 (피고인 최■■, 이■■을 위하여)
             변호사 윤■홍 (피고인 김■■, 정■■, 김■■를 위하여)
             변호사 유■근 (피고인 김■■을 위한 국선)

판 결 선 고   2004. 5. 14.

                            주   문

피고인 최■■, 김■■을 각 징역 4년에, 피고인 김■■, 정■■, 김■■를 각 징역 3년
에, 피고인 이■■을 징역 1년에 각 처한다.
이 판결선고 전의 구금일수 각 124일을 피고인 최■■, 김■■ 김■■ 정■■, 김■■
에 대하여, 73일을 피고인 이■■에 대하여 위 각 형에 산입한다.
다만, 피고인 이■■에 대하여는 이 판결확정일로부터 2년간 위 형의 집행을 유예한다.
압수된 각목 2개(증 제1호), 철사옷걸이 1개(증 제2호)를 피고인 최■■으로부터 몰수한다.
피고인 이■■에게 120시간의 사회봉사를 명한다.

                            이   유

범 죄 사 실

피고인 최■■은 '■■잉글리쉬'라는 상호로 어린이 영어학원을 운영하는 자, 피고인 김■■, 김■■, 정■■, 김■■는 각 위 영어학원강사로 근무하는 자, 피고인 이■■은 위 최■■의 남편으로서 위 학원을 함께 운영하는 자인바,

1. 피고인 최■■, 김■■, 김■■, 정■■, 김■■는 1999. 5. 초순경 부산 동구 범일동 소재 제이엠에스(JMS, 기독교 복음선교회) 계열 늘푸른교회의 청년부 신도로 활동해 오다가 자체 신앙 모임을 만들어 피고인 김■■의 주도하에 수시로 만나 서로의 내면을 고백하고 잘못을 반성하는 취지의 모임을 가져오다가 2003. 3.경부터 피고인 김■■, 김■■, 정■■, 김■■이 피고인 최■■ 운영의 위 영어학원에서 순차로 일하게 되면서 피고인 최■■의 집에서 공동 생활을 하던 중, 같은 모임의 구성원인 피해자 손■■(여, 30세)가 평소 현실에 제대로 적응하지 못하고 다른 구성원들과도 원만한 관계를 유지하지 못하며 위 피고인들이 그와 같은 문제점을 지적해도 별다른 변화가 없다는 등의 이유로 불만을 품고 있던 상황에서, 2003. 12. 27.경부터 피해자가 위 최■■의 집에서 함께 지내게 된 것을 계기로 그동안 쌓여 온 불만을 토로하고 피해자의 문제점을 지적하면서 반성을 촉구하였으나 피해자가 진지한 반성을 하지 않을 뿐만 아니라 오히려 잘못을 지적하는 위 피고인들에 대해 반감을 표시하자, 폭력을 통해서 피해자의 문제점을 바로잡기로 공모하고,

2004. 1. 1. 18:00경 밀양시 산외면 금곡리 소재 ■■산장 객실 내에서, 피해자를 무릎 꿇게 한 다음 피고인 김■■은 '손■■는 고통을 주어야 정신을 차린다'라는 취지의 말을 하고, 피고인 최■■, 김■■, 김■■는 피해자에게 '정신 차려라, 똑바로 해라'라는 등의 말을 하면서 각 주먹과 발로 피해자의 얼굴과 온몸을 수회 때리고 걷어찬 것

을 비롯해서, 그때부터 같은 달 11. 11:30경까지 총 12회에 걸쳐 별지 범죄일람표 기재와 같이 주먹과 발, 철사 재질의 옷걸이, 액자 틀로 사용되는 나무 막대기, 휴대폰 충전기 등으로 피해자의 온 몸을 닥치는 대로 때려 동녀에게 다발성 타박상 등을 가하고, 이로 인하여 동녀로 하여금 같은 달 11. 15:00경 포항시 북구 장성동 소재 ▇▇아파트 ▇▇호 피고인 최▇▇의 집에서 다발성 손상에 따른 쇼크로 사망에 이르게 하고,

2. 피고인 이▇▇은 상피고인 최▇▇, 김▇▇ ▇▇▇, 정▇▇, ▇▇▇가 전항과 같이 피해자를 여러 차례에 걸쳐 구타한다는 사실을 알면서도 이를 묵인해 오던 중,

2004. 1. 11. 15:50경 위 ▇▇아파트▇▇호 피고인 이▇▇의 집에서, 피해자가 전항과 같은 폭행으로 인해 정신을 잃고 쓰러져 있는 것을 발견한 위 최▇▇이 119구급대를 통해 피해자를 포항시 북구 대신동 소재 선린병원 응급실로 데려갔다가, 그 병원 원무과장의 신고를 받고 출동한 포항 북부경찰서 학산순찰지구대 소속 경찰관이 피해자의 온 몸에 심한 타박상이 있는 것을 확인하고 타살 여부 등을 조사하기 위해 피고인 이▇▇의 집으로 찾아가려고 하는 것을 보고 피고인 이▇▇에게 전화를 하여 경찰관이 집으로 찾아갈 것이라는 사실을 알려주자, 피고인 이▇▇과 함께 집에 남아 있는 위 김▇▇, 김▇▇, 정▇▇에게 '경찰이 집에 올 것 같다, 범행에 사용한 물건들을 치워라, 일단 가까운 곳에 피해 있으면 내가 추후 연락을 하겠다'라는 취지로 지시함으로써, 위 김▇▇, 김▇▇, 정▇▇으로 하여금 전항 기재 범행에 사용한 도구인 위 옷걸이, 나무 막대기 등을 가지고 그곳을 떠나도록 하여, 타인의 형사 사건에 관한 증거를 은닉하고 벌금 이상의 형에 해당하는 죄를 범한 자들을 도피하게 하였다.

증거의 요지

1. 피고인들이 이 법정에서 한 판시사실에 부합하는 각 진술

1. 검사 작성의 피고인들에 대한 각 피의자신문조서 중 판시사실에 부합하는 각 진술기재
1. 사법경찰관 작성의 검증조서 중 판시 사인의 점에 부합하는 기재
1. 사법경찰리 작성의 실황조사서 중 판시사실에 부합하는 기재
1. 사법경찰리 작성의 압수조서 중 판시 각목 2개 및 철사옷걸이 1개를 피고인 김■■로부터 압수하였다는 취지의 기재
1. 국립과학수사연구소 남부분소 감정인 최■호, 신■철, 김■정 작성의 감정서 중 판시사실에 부합하는 기재
1. 의사 최■영 작성의 손■■에 대한 시체검안서 중 판시 사인의 점에 부합하는 기재
1. 수사기록에 편철된 수사보고(인근주민상대 탐문, 제110면) 중 판시사실에 부합하는 기재
1. 수사기록에 편철된 수사보고(제292면) 및 이에 첨부된 각 현장사진 중 판시사실에 부합하는 기재 및 각 영상
1. 수사기록에 편철된 수사보고(부검의와의 통화내용 보고, 제876면) 중 판시 사인의 점에 부합하는 기재

법령의 적용

1. 범죄사실에 대한 해당법조.

　가. 피고인 최■■, 김■■, 김■■, 정■■, 김■■ : 각 형법 제259조 제1항, 제30조(판시 상해치사의 점)

　나. 피고인 이■■ : 각 형법 제151조 제1항(판시 각 범인도피의 점), 형법 제155조 제1항(판시 증거은닉의 점)

2. 상상적 경합

형법 제40조, 제50조(피고인 이■■의 판시 각 범인도피죄에 대하여 : 범정이 가장 무거운 판시 피고인 김■■에 대한 범인도피죄에 정한 형으로 처벌)

3. 형의 선택 : 피고인 이■■의 판시 위 각 죄에 대하여 각 징역형 선택

4. 경합범가중(피고인 이■■)

형법 제37조 전단, 제38조 제1항 제2호, 제50조(형이 더 무거운 판시 증거은닉죄에 정한 형에 가중)

5. 미결구금일수의 산입(피고인들)

각 형법 제57조

6. 집행유예(피고인 이■■)

형법 제62조 제1항(아래의 양형이유에서 설시한 정상참작)

7. 몰수(피고인 최■■)

형법 제48조 제1항 제1호

8. 사회봉사명령(피고인 이■■)

형법 제62조의2 제1항, 보호관찰등에관한법률 제59조

양형이유

1. 피고인 최■■, 김■■, 김■■, 정■■, 김■■에 대하여

위 피고인들은 피해자 손■■가 평소 현실에 제대로 적응하지 못하고, 위 피고인들을 시기, 질투해 왔으며, 성적으로도 변태적인 행각을 보여 이를 폭력을 통해서 바로잡고자 하는 마음으로 이 사건 범행에 이르렀다고 주장하고 있으나, 위 피고인들은 약 11일간의 짧은 기간동안 12차례에 걸쳐 각목과 철사 옷걸이 등을 이용하여 집단적으로

피해자를 때려 심한 상해를 가하였고, 피해자가 위 기간동안 하루 한끼정도의 식사밖에 하지 못하여 매우 허약한 상태에 있었음을 잘 알고 있었음에도 불구하고, 피해자를 혼절할 정도까지 때리고 또 혼절한 피해자에게 찬물을 끼얹거나 옷을 벗겨 정신을 차리게 한 후 다시 피해자를 때리는 등 폭행의 정도가 매우 중한 점, 상해를 가하는 11일 동안 피해자를 병원에 데려가는 등의 방법으로 치료를 시도한 적이 단 한차례도 없고, 피해자가 사망에 이르자 그제서야 피해자를 병원에 데리고 간 점, 피해자가 사망한 사실을 알고 난 직후에도 피해자의 죽음을 슬퍼하기보다는 자신들의 형사책임을 면하기 의하여 피해자가 죽은 경위에 관한 허위사실을 수사기관에 진술하기로 서로간에 말을 맞추고, 범행에 사용한 증거를 은닉한 후 부산으로 도망가려고 한 점, 위 피고인들 중 피고인 최■■, 김■■은 나이가 많아 평소 피고인 김■■, 정■, 김■■동이 믿고 따랐는데, 피고인 김■■은 이 사건 범행의 동기가 된 위 자체 신앙모임을 주도하였고, 피고인 최■■은 위 모임에서 처음으로 피해자에게 폭행을 가함으로써 이 사건 범행의 발단을 제공한 것으로 보이는 점, 그밖에 피고인들의 연령, 성행 등 기록에 나타난 형법 제51조 소정의 양형 조건에 비추어 보면 이 사건 범행의 죄질이 극히 불량하다 할 것이므로, 피고인들이 초범이고, 피해자의 유족과 합의한 점을 참작한다 하더라도 위 피고인들에 대하여 실형을 선고함.

2. 피고인 이■■에 대하여.

피고인 이■■은 피해자와 한 집에 살면서 피고인 최■■ 김■■, 김■■ 정■■ 김■■가 피해자를 여러 차례에 걸쳐 구타한다는 사실을 알면서도 이를 묵인하였을 뿐만 아니라, 이 사건 범행에 사용된 증거를 은닉하고 범인을 도피하게 한 점에 비추어 보면 위 피고인을 중형에 처해야 할 것이나, 위 피고인이 피해자에게 직접적으로 상해를 가한 사실은 없고, 위 피고인의 범인도피 및 증거은닉 범행은 위 피고인의 처인 피고인 최■■을 위해서 한 것으로 볼 수도 있는 점, 위 피고인이 초범이고, 피해자의 유족과 원만한 합의가 이루어진 점, 그밖에 위 피고인의 연령, 성행, 범행 후의 정황 등 기록에 나타난 형법 제51조 소정의 양형 조건을 참작하여 위 피고인에 대하여 주문과 같은 형을 선고함.

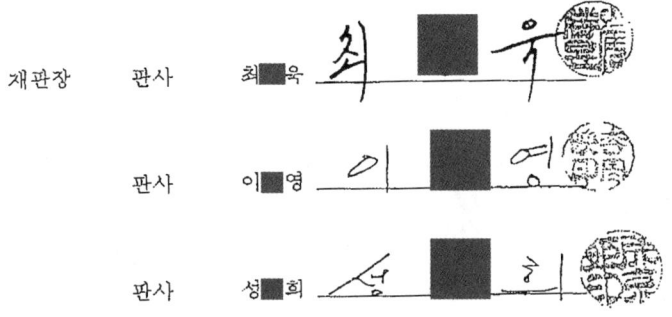

재판장　판사　최■욱

　　　　판사　이■영

　　　　판사　성■희

3. 정명석의 반성문

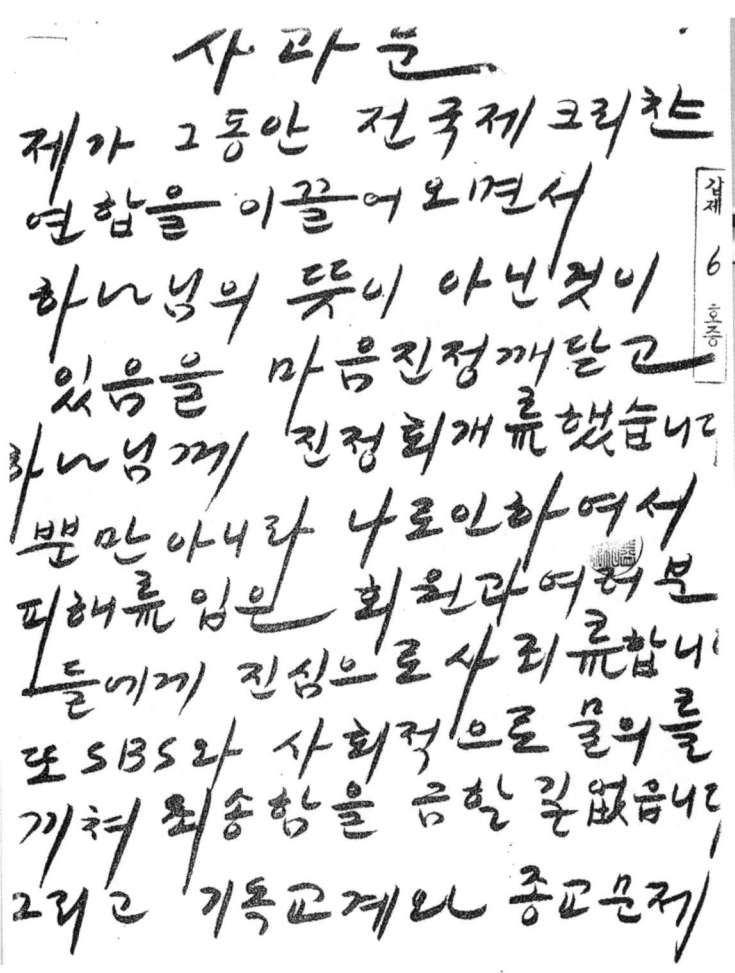

1999년 사건이 터진 후, 해외로 도피한 정명석은 자신의 큰 형 정석을 통해 반성문을 보내왔지만, 성범죄는 멈추지 않고 계속되었다

대만 및 일본
언론보도

<대만 일주간 보도 내용>

사이비 교주가 대만대학과 정법대학 여대생 백여 명 유인하여 강간

한국의 색마 교주 정명석이 그의 발톱을 대만의 모든 대학의 교정에 뻗었다. 그는 대만대학, 정법대학 내의 백여 명에 이르는 여대생을 선발하여 같이 목욕했으며, 심지어 성관계를 가졌다. JMS 신도들은 이것을 주님의 은총을 입은 것이라며 영광으로 여긴다.

이미 한국의 다수의 여성이 집단으로 정명석을 상대로 소송을 제기하였으나, 백여 명에 이르는 대만의 피해자들은 도덕 및 종교적 제약 아래 감히 문제를 제기하지 못했다. 성경에서 말하기를, '감춘 것은 언제든 드러난다'고 하였다. 본 주간지에서는 JMS의 국제적인 종교 대사기극을 밝힌다.

최근 '한류' 열풍이 대만을 강타하여 한국 여배우가 나오는 드라마가 유행이며, 한국어와 한국 가요를 배우고, 수많은 젊은 여성들이 한국의 여가수 그룹 SES를 따라하고 있다. 그런데 사실 한류 열풍이 일찍이 대학 교정을 한바탕 휩쓸고 지나갔다. 종교는 유행보다 한 발 더 앞섰다.

섭리교회 JMS는 대만대학교 교정에서 10년간 조용히 포교 활동을 하였다. 그들은 56세의 한국 국적 교주 정명석을 우상화하였으며, 그가 대만을 방문할 때마다 주변에 미녀들을 구름처럼 몰고 다녔다. 심지어 24시간 동안 미모의 여성들이 그의 시중을 들었으며, 봉사 항목에는 목욕과 성관계가 포함되었고, 당사자들은 이것을 영광으로 여겼다.

색마 교주의 횡행 보도

색마 교주의 음탕한 만행은 2년 전 한국의 방송국 SBS가 다수의 피해자를 출연시켜 입증하였다. 이 일로 이미 한국 전역에 이러한 사실이 알려져 전 국민이 알고 있다. 정명석은 자신의 행각이 드러나자 해외 선교 명목으로 외국으로 줄행랑을 쳤으며, 현재 한국 경찰 측이 그의 행적을 뒤쫓고 있다. 한국의 신도수는 가장 많을 때가 10만여 명, 적을 때는 3~4천 명이었다.

그러나 대만은 그에 대해 특별한 관용을 베풀었다. 그리고 현재 약 천여 명의 신도들이 여전히 그를 구세주로 믿고 숭배하고 있다. 정명석은 최근 대만에 와서 공개적으로 활동하였다. 그는 올해 3월에 타이베이 시 중산축구장에서 열린 국제평화배 축구대회에 참가하였는데, 천수이벤 총통도 개막식에 참석하였다. 수행한 JMS 응원단은 보도 매체의 시선을 끌었다.

악랄한 수단을 써서 네트워크를 통해 전파

신도들 사이에서는 정명석의 동상을 주조하자는 의견이 나오기도 하였다. 양복 입는 것을 즐겨하는 그는 명사로 위장하였다. 축구 유니폼을 입고 단상에 올랐을 때는 젊은 사람보다 더 활기찼다. 현장에는 그를 응원하는 한글로 된 플래카드가 보였다. 그러나 그의 추악한 진면목을 감추지는 못했다.

정명석은 현재 대만의 여대생을 성추행하여 공소된 상태로, 일찍이 1997년 10월에 이러한 사실이 BBS 방송에서 전파를 탔다. 당시 위원회가 구성되어 조사를 요구하였으나, 검찰 기관은 인터넷상의 날조라며 유야무야 넘어갔다.

2년간 정법대에서 여학생이 JMS를 신봉하여 발생한 '목신교회 사건'이 또 발생하였다. 이 사건은 학교 신문인 <대학보>의 일면에 뉴스로 실렸다.

피해 가정들은 지옥에 떨어지다

최근 본지에 신도들이 전화를 걸어오거나 투서가 들어왔다. 장기간에 걸쳐 추적 조사해 보니 놀랄 만한 사실이 발견되었다. 아니 땐 굴뚝에 연기가 나지 않는 법. 그는 백여 명의 여대생을 상대로 성범죄를 저질렀다.

정법대를 졸업한 범 양도 피해자 중 한 명이다. 그녀는 대학 시절에 JMS의 신도가 되었다. 작년에는 목사의 주례 하에 결혼하였는데, 그렇게 결혼한 이들을 교회가 조직한 '행복한 가정'이라 일컬었다. 결혼 증서에는 정명석의 서명이 들어 있었다.

올해 5월, 정명석의 성추행 문제는 대만 교계를 충격에 빠뜨렸다. 타이난과 신쭈 지역 교회의 목사들이 조사해 보니 정명석이 여 신도들을 성추행했다는 소문이 사실로 드러났다. 이 여파로 다수의 신도들이 집단으로 JMS를 이탈하였다.

이 교회가 분열된 계기는 범 양이 다년간 숨겨왔던 비밀을 폭로하였기 때문이다. 처음에는 조용히 있던 그녀는 정명석에 대해 추궁하자 눈물을 보이며 자신이 세 차례에 걸쳐 정명석에게 성폭행을 당했다고 고백하였다. 1차는 6년 전 한국의 충남 금산군 월명동(JMS의 성지)에서였고, 나머지 두 번은 정명석이 대만에 왔을 때였다고 한다.

JMS 교주 정명석 파일

* 출생 : 1945년 2월, 한국 충남 금산군 월명동 출생
* 배경 : 한국인, 농촌 출신, 초등학교 졸업, 이전 통일교 신도
* 교회 창립 : 1978년 교회를 설립하고 소위 '섭리교회'라 칭하였으며, 자칭 구세주라 함
* 성지 : 충남 금산군 월명동
* JMS(정명석) : 자신의 영문 이름 이니셜
    1. Jung Myung Suk(鄭明析)
    2. Jesus Morning Star

* 규모 : 한국 3~4만 명

　　　　 일본과 대만 1천 여 명

* 대만 선교 : 1988년부터 대학 교정을 위주로 체육 및 동아리 활동을 통해 포교하였다.

* 교리 : 통일교의 영향을 많이 받은 '30개론'을 성경 내용과 실제 생활 문제를 결합하여 강의하였다. 그중 '타락론'은 교리의 핵심부분으로, 남녀 간에 발생하는 성관계가 타락이며, 반드시 구제주로부터 죄를 구원받아야 한다고 가르친다.

저주가 두려워 감히 고발하지 못하다

본지에 전화를 건 범 양은 사건 조사 시 기자의 질문에 겨우 대답한 후 남편에게 넘겼다. 그녀의 남편은 취재를 거절하였다. 교회에 대해 이야기하자, 그는 어쩔 수 없이 "우리는 현재 조용히 숨어 지내고 싶으며, 잠잠해지기를 기다린다. 더 이상 괴롭힘당하고 싶지 않다."고 하였다.

안면이 있는 교계 관계자는 "정명석은 자신을 배신하면 저주를 받는다는 말을 함으로 신도들을 옭아매고, 이것을 이용하여 자신의 욕망을 채워 왔다. 그러나 외부 사람들은 그들이 말하는 저주를 믿지 않는다."고 말했다.

놀랍게도 많은 여 신도들이 정명석과 성관계를 가진 것을 영광으로 생각하였다. 그녀들은 매우 오만하였으며, 왕 주변의 비빈들과 같았다. 취재에 응한 한 신도는 "일부 대만대학 수학과를 졸업한 여자들이 정명석과 함께 출국하여 선교하였으며, 관계를 가졌다."고

하였다. 그러나 JMS 교회 목사는 "그녀는 단지 교류 사절단 자격으로 활동한 것이다."라고 하였다.

JMS는 이단 중의 이단

기독교에는 이단이 특히 많은데, JMS는 이단 중의 이단으로 간주된다. 기독교 학교인 단결대학의 책임자인 진정굉은 다음과 같이 말한다. "기독교의 정통 교리를 따르지 않는 JMS 교파는 이단의 총아로 알려졌으며, 정확히 말하자면 기독교가 아니다." 진정굉은 정명석의 기독교 섭리교회의 '기독교' 이 세 글자가 문제라고 했다.

JMS는 칠성교회, 통일교와 뿌리가 같은데, 통일교 역시 이단이다. 진정굉은 "통일교 교주는 '환혈'(피 가름)을 강조하는데, 정결자와 성관계를 가져야 원죄가 씻긴다는 것이다. 이러한 불가사의한 교리는 근본적으로 예수가 흘린 피로 사람의 원죄가 씻긴다는 기독교 신앙의 핵심을 벗어난 것이다."라고 말한다.

통일교는 교주 문선명이 1954년 서울에서 창립한 곳으로 400만 명의 신도가 있으며, 7천만 명의 찬조 회원이 있고, 대만 신도는 2만여 명에 달한다. 스스로 새로운 세계의 문화중심이라고 자부하는 통일교에는 지식인들이 많으며, 선교는 주로 국제결혼을 통해 새로운 가정을 이룸으로 하고 있다.

선악과를 씻어냄으로 행동과 인격 침해

한 교계 인사가 말하기를, "정명석에게 당한 여자들은 통상적으로 건강 검진 명목으로 신체를 검사하여 '선악과'(여성의 생식기를 가리

킴)를 씻어내는 과정을 거친다."고 하였다.

싱가포르 국적의 민민은 1998년에 월명동을 방문했다. 그녀는 정명석과 같이 목욕하고 관계를 가진 후 그 과정을 상세하게 기록하여 대만의 신도 '분향'에게 주었다.

교회 인사들은 편지를 본 후 범 양이 피해를 입은 과정과 민민의 편지에 유사한 부분이 많다고 하였다.

선생님이 샤워실에 들어가자, 곧 한국 언니가 나를 불러서 선생님이 있는 곳으로 들어가라고 하였다 … 선생님이 매우 피곤한 상태라 몸을 침대 위에 누이고 … 한국 언니가 나더러 선생님의 양말을 벗기라고 하여 선생님이 옷 벗는 것을 도와드리고 … 한국 언니가 손으로 선생님의 어깨를 주물러 드리라고 하였고 … 나중에 선생님은 내 가슴을 애무하였다 … 선생님이 다시 내 사타구니를 애무하면서 몸에 어디 불편한 곳이 있는지 물어보아서, 나는 위가 안 좋다고 하였다. 그러자 선생님은 나에게 "허리는 괜찮아?" 하고 물었다. 순간 나는 허리가 항상 아팠던 것이 떠올라 허리가 아프다고 하자, 선생님은 허리를 치료해 준다고 하며 나를 샤워실로 데리고 갔다.

정명석이 여 신도를 유린하는 과정

한국 언니가 나를 데리고 선생님이 있는 방으로 안내하며 "선생님을 뵙는 것은 쉬운 일이 아니다."라고 하였다. 마음의 준비가 되지 않은 상태에서 선생님의 방으로 들어간 나는 어떻게 감사를 표현해야 할지 몰랐다.

한국 언니가 선생님의 외투를 벗기라고 하여 옷을 벗겨드린 후 선생님을 안마해 드렸다. 나중에 선생님은 앉아서 내 가슴을 애무했다 (손이 내 옷 속으로 들어왔다). 선생님은 내 사타구니를 애무했으며, 나에게 어디 불편한 곳이 없냐고 물으셔서 위가 안 좋다고 했다. 선생님은 다시 묻기를, "네 허리는 괜찮아?" 하고 물었는데, 순간 항상 허리가 아팠던 것이 생각났다.

선생님이 수도꼭지를 틀어서 내 몸을 닦아 주었는데, 그때 예수님이 제자들의 발을 닦아 주었던 것이 떠올랐다. 선생님이 내 몸을 씻어 주고 선악과(생식기)까지 씻어 주었으니, 이건 대단한 영광이다!

사람을 유혹하여 강간하는 것을 속죄하여 구원받는 것으로 여긴다

선생님이 내 허벅지를 처음 애무할 무렵, 하루는 나를 불러서 옷을 벗게 했다. 만약 그때 내가 싫다고 거절한다면, 선생님은 마음을 바꾸어 나를 버릴 것이다. 그렇게 되면 나에겐 큰일이다. 내가 곧 월경이 나온다고 말씀드리니, 선생님은 괜찮다고 하면서 계속하라고 했다.

잠시 후 한국 언니가 나에게 어떻게 선악과를 씻는지 가르쳐 주는 중에 선생님이 들어오셨다. 선생님은 샤워기를 들고 내 몸을 씻어 주었는데, 예수님이 제자의 발을 씻긴 것을 떠올렸다. 이번에 선생님이 내 몸을 씻어 주었고, 이어서 선생님이 내 선악과를 깨끗이 씻어 주었다. 비록 몹시 아팠지만, 선생님은 의사처럼 내 허리를 치료해 주었다.

다 씻고 난 뒤 선생님은 나를 침대로 데리고 가서 눕힌 후 내 뼈마디를 가볍게 애무했다. 중간중간 아파서 소리를 많이 질렀다. 성행위를 다 마친 후, 선생님은 다시 내 가슴을 애무하면서 "정말 예쁘다."라고 했다. 영육의 죄를 구원받은 나는 선생님에게 너무 감사했다.

JMS 신도들은 모두 정명석이 신통력을 가졌으며, 병을 치료한다고 믿었다. 이런 이유로 대부분 신체검사를 핑계로 여 신도들이 쉽게 옷을 벗었다. "씻는 것은 아주 작은 사례에 불과하며, 그는 진짜 변태이다. 그가 성관계를 가질 때에는 상대가 두세 명이었다." 이것은 피해자로부터 고백을 들은 선교사가 전한 말이다.

신흥 종교가 가장 사랑하는 것은 대학생

신흥 종교는 대학생을 포섭하려 한다. 왜냐하면 전도하기 가장 수월하기 때문이다. 자제종교문화연구소 부교수인 유겸은 다음과 같이 말했다. "대학생은 시간적 여유가 있으며, 새로운 사상을 접하는 것을 좋아한다. 또한 사회로 빨리 진출하기 때문에 교회에 헌금할 수 있어서 각 교파가 포섭하고자 하는 주요 대상이다.

신흥종교는 대부분 제2차 세계대전 이후 창립된 교파로, 현재 대만에는 200여 개의 신흥 종교단체가 있다. 그중 대다수는 사회단체로 등록되어 있으며, JMS와 같은 단체의 대만 내 '중화 기독교 신시대 청년회'이다. 이들은 고독한 지식층의 심령을 파고들어 신흥 종교에 쉽게 반응한다. 이러한 교파는 사상 면에서 흡인력이 있고, 또한 구성원이 일종의 대가족처럼 끈끈한 공동체를 이룬다.

대만의 종교단체들은 주로 요직에 있는 정치인들을 포섭하는데, 이 역시 독특한 현상이다. 유겸은 "양자는 서로의 이해를 만족시킨다. 종교단체 쪽에서는 정치인을 이용하여 그들의 능력을 과시하고 정통성을 확보하며 홍보 효과를 노리고, 정치인들은 종교인을 동원하여 표를 획득하는 것이 목적이다."라고 말한다.

잘 생긴 미남미녀가 예배에 참석하다

JMS는 외모가 예쁜 여대생들을 편애하는데, 특별히 정법대 학생들을 선호했다. 주일 오후에 타이베이 시 인근에 위치한 대만대학과 담강에 소재한 교회를 각각 관찰하던 본지 기자는 떠도는 말들이 과연 허위가 아님을 확인하고 깜짝 놀랐다. 신도들을 보니, 젊은 여성들이 수려하게 차려입고 비교적 거리를 한가하게 산보하고, 남자들은 대다수가 와이셔츠에 넥타이를 맨 단정한 모습이었다.

기자는 주일에 예배를 드리는 신도 여러 명을 찾아가 그들에게 왜 JMS(정명석)를 믿느냐고 물었다. 그들은 한결같이 '교리의 생활화'라고 대답하였다. 정명석에 대한 인상에 대해서는 보편적으로 친근감이 들고, 아버지 같다고 하였다. 성추행 사실에 대해 묻자 "교회에서 들었지만, 그것은 유언비어이다. 그럴 리 없다."고 답했다. 기자가 "피해를 입은 자들이 나와서 입증하고 있다."며 "만약 당신이 피해자라면, 나와서 입증하지 않겠는가?"라고 묻자, 잠시 머뭇거리다가 다시 한 번 "그럴 리 없다."고 말한 뒤 몸을 휙 돌려 가버렸다.

조직은 베일에 가려져 있으며, 활동은 공개적이다

기자가 JMS의 주요 선교 대상인 대만대학과 정법대학을 방문하였다. 조직이 베일에 가려져 있고, 활동은 공개적이라는 점에 대해서는 학생들 모두가 동일하게 느끼고 있었다. 그들은 베일에 가려져 있다. 학생들이 입교를 확정하지 않으면, 그들은 결코 교회로 데려가지 않는다. 그들은 대부분 활발하게 활동하는 편인데, 남학생은 축구 경기를 좋아하고, 여학생은 노래, 무용을 좋아하며, 모두 다 응원팀이다.

자제대학교 종교문화연구소 조교수인 유겸이 지적한 것은, JMS가 동아리 활동을 통해 학생들과 접촉하되 종교 집회는 철저히 감추는 식이라는 점이다. 현재 JMS의 조직이 대만 전체에 18개 있는데, 3분의 2 이상이 아파트 등 주택가에 잠입해 있으며, 입구에는 간판이 없다.

상대적으로 신도들 사이의 결속력은 매우 강하다. 정법대 신문방송학과를 졸업한 오 양은 대학에서 전도되었는데, 이후 JMS의 영향을 많이 받았다.

혼미한 이단 교회, 휴학계를 내는 등 시끄럽다

그녀는 완전히 변했다. 이전에는 주로 어두운 색의 옷을 입었는데, 언제부턴가 위아래 흰색 옷을 입었다. 레이스로 만든 흰색 치마에 머리에 흰색 두건을 썼는데, 마치 한국 여성 같았다. 그녀는 한국 자료를 많이 모았고, 항상 한국을 좋아한다고 했으며, 나중에 휴학계를 내는 등 가족과 충돌하며 시끄러워지자 한국으로 유학을 가서 일하기도 했다.

그런데 뒤늦게야 가족들이 이러한 사실을 알게 되어 그녀를 중력에 있는 집으로 데리고 왔다. 집에 돌아온 그녀는 중앙대학교 후문에 있는 JMS 분회를 찾아갔고, 계속 부모를 속이고 교회 활동을 하고 있다.

오 양에게 정명석이 여 신도들과 함께 목욕했다는 사실을 알고 있느냐고 묻자 그녀는 "그것은 선발을 거친 것이다."라고 답하였다. 이 말을 통해 그녀가 이러한 행위를 일종의 '은총'으로 여긴다는 것을 알 수 있다.

대만을 방문하면 신도들이 공양한다

정명석은 통상적으로 1~2년에 한 번씩 대만을 방문하여 지역교회를 한 차례씩 방문한다. 그가 교회들을 방문할 때마다 특별한 모금을 하는데, 학생 신도들은 1천 원(대만 화폐)을 내고, 직장을 다니는 사람들은 2천 원(대만 화폐)을 낸다.

한 전도사가 말하기를 "정명석이 대만에 여러 차례 왔는데, 주변에는 항상 그의 시중을 드는 한국 미녀들을 여러 명 거느리고 다니며 5성급 호텔에서 숙박하였고, 먹는 것과 자는 것 모두 대만 교회가 부담하였다."고 한다.

교계 인사들의 말에 따르면, 정명석이 대만에 온 것은 최소한 10차례 이상이라고 한다. 그러나 출입국관리소의 자료에 따르면, 정명석(Jung, Myung Suk)은 겨우 한 번밖에 입국한 사실이 없다. 1991년 9월 3일부터 6일까지 도대체 그가 어떤 신분증과 여권을 사용했으며, 그중에 위법 사실은 없는지, 참으로 불가사의하다.

본지 기자는 이 부분과 관련해서 정명석이 대만에 올 때마다 일정을 담당하는 사람 세 명에게 전화를 걸어서 확인하였는데, 한 명은 "나는 어떠한 대답도 할 수 없다."고 했으며, 나머지 두 명의 여 신도 중 한 명은 취재를 거부하였고, 한 명은 아예 휴대폰 전원이 꺼져 있었다.

일본 주간지 WEEKLY POST 보도 내용

(2002년 11월 1일 기사)

명문 여대생 1,000여 명 이상
한국에서 문제가 되고 있는 SEX교단이 이미 일본에 상륙해 있었다

일본의 여대생을 표적으로 교세 확장을 도모하는 MS 교단,
그 실체를 파헤친다.
"교주는 내 옷을 벗기고, 청바지랑 속옷까지 벗겼습니다."
전 신자였던 여대생의 적나라하고 충격적인 고백.

법원이 성행위 강요 인정

JMS가 잠입한 대학은 전국적으로 50여 개에 이르는 것으로 알려져 있다. 와세다, 게이오, 아오야마가쿠인, 리츠메이칸 등의 유명 사립대학은 물론 토오쿄오대학, 코오토대학, 오차노미즈 여자대학 등 명문대학의 여학생들이 한국의 'SEX교' 신자라는 것이다. 그 숫자는 그야말로 1,000여 명 이상이라고 하는데, 그들은 도대체 어떤 단체일까?

이 문제를 대대적으로 다룬 것은 한국의 대표적 민영방송 중 하나인 SBS의 인기 프로그램 '그것이 알고 싶다'였다. 시청자들의 제보를 바탕으로 사건을 철저하게 파헤치는 것으로 유명한 이 프로그램은 1999년 12월 25일 'JMS 정명석의 섹스 스캔들'이라는 특집 방송을 내보냈다. 밤 10시 30분이라는 늦은 시간임에도 불구하고 34%

를 넘는 시청률을 기록하며 한국에서 커다란 반향을 불러일으켰다.

프로그램은 전에 신자였다는 한 젊은 여성이 등장하여 충격적인 고발을 하는 장면에서부터 시작된다.

"무서웠어요. 그렇게 누워서 그렇게 당했다니까요."

이어서 나레이션이 흐른다.

"한국 전역에 200여 개의 교회가 있고, 신도가 15만 명에 이르는 것으로 알려진 신흥종교단체 JMS. 총재인 정명석 씨가 젊은 여성 신도들과 오랫동안 성 행각을 벌여 왔다는 제보가 잇따르고 있습니다."

젊은 여성의 고백은 계속된다.

"그 방으로 불려갔어요. 인사를 하고 나서. 그때 제가 치마를 입고 있었거든요. (교주가) 치마 속으로 손을 넣고는 스타킹을 벗으라는 거예요."

문제의 종교단체는 총재이자 교주인 정명석 씨가 이끌고 있는 JMS. 정명석의 영문명인 'Jung Myong Suk'의 머리글자를 딴 명칭으로 일본에서는 'MS 교단'으로 불리고 있다.

프로그램은 모두 세 차례에 걸쳐 이 교단을 특집으로 다루었고, 결국 이 교단은 한국에서 급격하게 사회문제화되어 교주인 정 씨는 2000년 도망치듯 한국을 떠나 현재 해외에서 전도활동을 하고 있다.

교단은 SBS에 대하여 방송금지 가처분신청을 요구하는 소송을 하였는데, 이것이 오히려 이 교단이 '섹스 교단'이라는 사실을 입증하는 결과를 가져오고 말았다. 법원은 교단의 요청을 기각하였을 뿐 아니라, 올 8월 교단 측 증인으로 출석한 두 명의 여성 신도에 대하여 위증죄로 징역 1년의 실형을 선고하였다. 이 두 명은 재판에서

"교주가 여성 신도에게 성행위를 강요한 적 없다."고 진술하였다. 그것이 '위증죄'로 판결된 것이니 재판부가 교주의 '성행위 강요'를 사실로 인정한 셈이다.

그 JMS가 일본에도 상륙하였고, 앞서 기술한 대로 현재 여대생을 중심으로 1000명이 넘는 일본인 신자가 있다(탈퇴한 신자 중 한 명의 증언)고 한다. 그녀의 이름은 가명으로 P 양이라 하자. 서일본대학 재학 중에 JMS에 들어가 신자로서 전도활동을 열심히 한 그녀는 일본을 방문한 정 씨에게 성행위를 강요당하였다고 한다.
"교단은 아직도 일본에서 활동하고 있습니다. 저 같은 경험을 하는 여성이 더 이상 생기지 않기를 바라는 마음에 그들의 실체에 대해 이야기하게 되었습니다."
그렇게 P 양이 자신의 경험을 적나라하게 고백한 것이다. 그녀의 고백을 듣기 전에 교단에 대하여 좀 더 알아보자.

MS 교단은 어떤 곳인가?

MS교는 1945년 한국에서 태어난 교주 정명석 씨가 1980년경 서울에서 창립했다. 정 씨의 영문 이름 'Jung Myong Suk'의 머리글자를 따서 JMS 또는 MS교라 불린다(일본에서는 현재 '섭리'라는 명칭을 사용하고 있다).

교주인 정 씨는 1945년생. 17살 때 문선명 씨가 이끄는 세계기독교통일신령협회(통일교회)에 들어가 강사로 전도활동에 종사했던 것으로 알려져 있다. 일본기독교단의 목사이자 MS 교단 탈퇴를 권유하는 구제 활동을 벌이고 있는 아이자와 씨의 설명에 따르면 "통일교회의 사명은 끝났다. 앞으로는 자신이 이 과업을 이어 받는다."고 선언하고 독자적인 활동을 개시했다고 한다. 현재 한국 내에는 200여 개 대학에 거점이 있는 것으로 알려져 있다.

교리는 '30개론'이라 불리는 것으로 정씨의 독자적인 성경해석이라 알려져 있으나, 실상은 통일교회의 교리를 바탕으로 한 것이 분명하다. 정 씨는 성서의 아담과 이브의 이야기를 성 문제로 곡해하고 있다. 그는 "그 둘이 간음죄를 저질렀기 때문에 모든 인류가 죄를 짊어지게 되었다. 그 죄를 사하려면 신과의 성접촉이 필요하다."고 주장한다. 그리고 신이란 재림 예수인 정 씨 자신이라는 것이다. 그러나 통일교회 측은 정 씨와 일체의 관련이 없다는 것이 공식적인 입장이다.

MS교는 1996년 현재 한국 내에 신도 수 15만 명, 교회 수 220개 정도의 규모까지 성장했다. 스포츠, 연극 동아리를 가장하여 대학 캠퍼스 내에서 여대생들에게 접근하여 친해진 다음 성경공부 명목으로 30개론을 가르치는 수법을 사용하고 있다. 1999년경부터 교주에 의한 성희롱이 문제가 되기 시작하여 서울방송이 3회에 걸쳐 특집방송으로 다루었고, 급격하게 사회문제화되기 시작하였다.

일본에 들어온 것은 1987년. 한국에서 츠쿠바 대학에 유학 온 신도가 전도하면서 시작되었다. 토오쿄오 대학, 쿄오코오 대학 등의 국립대학을 비롯해서 와세다, 게이오 등의 명문 사립대학의 여대생을 중심으로 1,000여 명이 넘는 신자가 있다고 한다. 교단 내부 자료에 따르면 '토오쿄오 명성교회, 토오쿄오 교회'라는 명칭으로 활동을 해왔던 것 같다.

일본에서는 지금까지 교주의 성희롱 사건이 드러나지 않았으나 본지의 취재로 많은 여성 신도가 피해를 입은 것으로 밝혀졌다. 현재 일본에서는 '섭리'라는 단체명으로 비밀스럽게 활동을 계속하고 있다.

치어리더로서 전도활동

1997년 당시 교단 내부 자료에 의하면 일본에서는 토오쿄오, 오사카, 요코하마, 센다이 등 전국적으로 22개 지부가 있는 것으로 알려져 있다. 이들 지부의 지시에 따라 캠퍼스 리더라 불리는 학생이 전도활동의 중심축을 담당하는 시스템이다. 표면적으로는 각 대학의 테니스, 배구, 축구, 댄스 등의 스포츠 동아리나 음악, 연극, 영어회화 동아리들로 활동한다. P 양도 그런 동아리 활동을 통해 MS교에 들어갔다.

"제가 그 교단에 들어가도록 권유를 받은 건 1996년 10월입니다. 당시 대학생이었지요. 캠퍼스를 걸어가다가 교단에 속한 여학생이 저에게 길을 물어본 것이 계기가 되었어요. 길을 가르쳐 주고 나서 일주일쯤 지나서 그 사람을 다시 만났습니다. 지난번에 고마웠다고 인사를 하더라구요. 정말 좋은 사람 같아서 이야기를 나누다 보니 연락처까지 알려주고 말았어요."

그러자 다음 날부터 전화가 오기 시작했다.

"별 내용 없는 이야기가 많았지만, IYCA(International Youth Cultural Association, 국제 청년문화연합)이라고 제가 활동하던 동아리 이야기가 많았어요. 그런데 나중에 알고 보니 'Cultural'이 아니라 'Christian'이었죠." 즉 국제 청년크리스천연합이었던 것이다.

"당시 MS 교단은 가급적 종교 색을 감추려고 그런 거짓말을 했던 것입니다. 저도 정식 회원이 되기 전에는 MS교의 이름조차 들은 적도 없었어요. 숨기는 것은 이름뿐 아니라 활동 내용도 숨겼어요. 스포츠 동아리라며 배구를 하는데, 항상 준비 운동 같은 게 엉망이어서 제가 에어로빅을 한다니까 한 번 와서 봐주면 안 되냐고 했어요. 별다른 의심 없이 그러자고 했지요."

한 달 뒤 P 양은 한 체육관에 초대받았는데, 사람들이 150명 정도 있었다. 그녀가 그들에게 에어로빅을 가르치자 모두 정말 훌륭하다고 칭찬을 했다고 한다. 그러고는 다음에 또 와달라고 부탁하였다.

"사람들이 정말 좋았어요. 입에 발린 소리로 들리지 않았고, 너무 좋았었어요."

P 양은 그 뒤 적극적으로 배구연습에 참가하게 되었는데, 드디어 처음 만났던 여성이 "배구 연습 외에도 여럿이 모여서 수다도 떨고 노는 데가 있는데, 한 번 놀러 올래?" 하면서 한 아파트로 데려갔다. 거기서 "우리 성경 공부도 해." 하는 소릴 들었을 때도 그냥 그러려니 했었다고 한다. 그런데 그것이 진짜 활동 내용이었던 것이다.

P 양은 그곳에서 동아리의 리더 격인 여성에게서 '30개론'을 배우기 시작하였다.

"교리는 물론 성경에 대해 전혀 모르는 저에게는 수수께끼 풀기 같기도 하고 해서 재미도 있었어요. 주변 사람들도 모두 여전히 좋은 사람들뿐이고."

P 양은 수 개월에 걸쳐 한 주에 몇 차례 교리를 배웠고, 1997년

3월에 MS 교단의 정식 회원이 되었다.

"저는 치어리더 활동을 했어요. MS 교단은 축구, 배구 등의 동아리 활동을 통해 전도하는 데 열심이었고, 그걸 지원하는 치어리더의 활동을 중시합니다. 그것도 교주의 지시에 따른 것이지요."

그런데 한국에서 MS 교단이 사회적으로 문제가 되자, 인터넷 상에 그런 정보들이 떠돌기 시작했다.

"2000년 초반이었던 것 같아요. 교주의 성희롱 문제가 인터넷 게시판에 올라와 있었어요. 그걸 보고 큰 충격을 받았는데, 선배가 그건 교단을 나간 사람들이 거짓말을 하는 거라고 했어요. 그리고 교주가 신도들을 위해서 건강검진을 하는데, 그걸 성희롱이라고 거짓말하는 거라고 했고요. 그래서 저는 정말이냐고 되물었고, 그들로부터 다짐까지 받았어요."

당시 교주는 이미 한국을 떠나 해외를 전전하고 있었다.

괜찮다고 말하면서…

2000년 7월 교주가 비밀리에 오사카에 왔다. 당시 교주와 함께하는 예배와 스포츠 이벤트가 며칠간 계속된 뒤 P 양은 교단 간부로부터 "네가 특별히 열심히 하니까 선생님(교주)이 만나 주실 거 같다. 저녁 때 본부로 와."라는 말을 들었다.

"방에 들어가니 카펫이 깔린 바닥에 책상다리를 하고 앉아 있는 교주가 일어서서 저를 맞아주며 엎드리라고 했어요. 저는 '아! 이게 선배들이 말하던 건강검진이구나!'라고 어렴풋이 짐작은 했습니다. 교주는 처음에는 옷을 입은 채 엎드려 있는 제 허리를 주무르고 있었는데, 1~2분 정도 지나자 손이 셔츠로 가더니 벗기고 있는 거예요. 그러고는 브래지어까지 벗기나 싶더니 똑바로 눕히더라구요. 그러고는 집요하게 더듬고 주물러 댔어요. 그러는 동안 교주는 어설픈 일본어로 '괜찮아, 괜찮아.'라고 말했어요. 지금 생각해 보면 제가 완전히 스스로 마인드 컨트롤하는 상태였던 것 같아요. 실제로 정말 괜찮다고 생각했었으니까요. 이어서 교주는 청바지와 속옷까지 벗긴 후 그곳을 만지고 손가락까지 집어넣었어요. 그래도 저는 건강검진이라고 믿었어요. 잠시 후 교주는 저를 방에 혼자 두고 나가버렸어요. 제가 방에서 나오자 간부가 기다렸다가 '선생님이 특별히 너를 위해 부인병 예방을 위한 건강검진을 해주셨다. 실제로 선생님 덕을 본 사람들도 많다. 하지만 오해하는 사람도 많으니 여기저기 떠들고 다니지 말아라. 선생님의 사랑이기도 하니까. 비밀을 지키라.'고 말했습니다. 저는 그 말을 듣고 감동까지 했어요."

P 양이 다시 교주를 만난 것은 2001년 1월. 일본을 방문한 교주는 홋카이도, 토오쿄오, 오사카, 쿠우슈우 등 일본 전역을 돌며 전도활동을 하였다. 당시 각지의 교단 본부에는 교주가 방문할 때마다 수많은 여대생들이 모여 있었다고 한다. P 양은 관동지방의 본부에 불려가 교주가 기다리고 있는 방으로 불려 들어갔다고 한다.

"교주는 저에게 누우라고 했습니다. 다시 건강검진을 하려는 것이었습니다. 윗옷을 벗기고 가슴을 만지고, 마지막으로 치마와 속옷을 벗기고 손으로 더듬더라고요. 그러고는 끝이라고 생각했는데, 다음 순간 너무 충격을 받았습니다. 교주가 갑자기 하반신을 드러내놓고는 저한테 올라 탄 거예요. 그러고는 허리를 움직이다가 사정을 했어요. 일반적인 성행위였습니다. 행위 중에도 역시 괜찮다고는 했지만, 그런 일까지 겪으면서 괜찮다고 생각할 수 없지 않겠어요. 그로부터 반 년 뒤 또 몇몇 여성들이 건강검진을 강요당했던 것입니다."

한 명의 남성이 여러 여자를 순차적으로 방으로 불러들여 성행위를 반복하는 것은 처음 겪는 일이라 P 양은 매우 당황스러웠다고 한다. 그녀는 그날 같은 경험을 한 여성들에게 "괜찮아? 놀라지 않았어?"라고 물었다. 어떤 면에서 그건 자기 자신에게 던진 질문이기도 했다. 그런데 그 말을 들은 간부는 이렇게 말했다고 한다.

"이제 와서 그런 일로 놀랄 것도 없잖아?"

P 양은 그 말을 듣고 나서 '아, 그렇구나. 선배들도, 다른 간부들도 다 알고 있었구나. 건강검진이란 말도 다 거짓말이구나.'라고 생각했다고 한다. 그런데 그 당연한 사실을 깨닫는 데 몇 년이 걸렸다면서 자신이 아까운 시간을 낭비했다고 한탄하였다.

본지는 P 양 말고도 MS교에 들어가서 교주로부터 성행위를 강요당한 일본인 여성을 취재하고 있는데, P 양의 다음 이야기와 함께 다음 호에 소개할 예정이다.

한편 MS 교단 측은 그녀의 고발에 대하여 어떻게 생각할까? 현재 교단의 대외적인 창구는 없고, 관서 지부의 고위 간부가 취재에 응했다. 그는 "한국에서 문제가 불거진 4년 전부터 일본과 한국은 별개의 활동을 하고 있다."고 말하였다. 그러나 P 양이 당한 일은 재작년과 작년에 걸쳐 일어난 일이다. 간부는 본지의 지적에 대하여 "교주가 일본을 방문한 것은 사실이나, 그런 일이 있었다는 이야기는 듣지 못했다."고 잘라 말했다.

(2002년 11월 8일 기사)

SEX 교단 전 신자 여대생의 충격 고발
여대생 10여 명이 고발하는 교주의 용서할 수 없는 '성행위'

현재 일본 교단명은 '섭리'

"이 세상의 모든 일은 신의 뜻에 따라 관리되며, 마침내 궁극적인 완성으로 나아간다." 이것은 기독교의 섭리 사상이다. MS 교단은 지금 일본에서 이 '섭리'라는 단체명으로 비밀리에 활동을 계속하고 있는 것으로 알려져 있다. 한국에서 시작되어 1987년 일본에 상륙한 이래 교단은 계속 이름을 바꾸고, 조직의 전모는 알려져 있지 않다. 그러나 내부자료 등에 따르면 1997년 이미 일본 내에서도 전국에 50개 이상의 대학에 거점을 두고 여대생을 중심으로 1,000여 명 이상의 신자를 거느릴 정도로 성장하였다.

MS교의 정명석 교주의 여성 신도에 대한 성행위 강요는 한국에서는 이미 1999년 사회문제화되었으나 일본에서는 지금까지 거의 알려져 있지 않았었다. 그러한 가운데 본지가 지난 호에 보도한 전 성도인 여대생 P 양의 적나라한 고발은 관계자뿐 아니라 대학생 자녀를 가진 부모들에게 커다란 충격을 주었다.

P 양이 MS 교단에 처음 발을 들이게 된 것은 1996년 10월. 서일본의 사립대학에 다니던 그녀는 캠퍼스 내에서 또래 여학생을 만나 배구 서클에 들어올 것을 권유받아 동아리 활동을 시작했다. 그러다가 성경공부를 같이 하게 되어 아파트 한 켠에 있는 교회에서 MS교

의 교리 30개론을 배운 후 정식 신자가 되었다.

　MS교는 대외적으로 종교단체라고 하지 않고 스포츠 등의 동아리를 사칭하여 학생들을 모집하여 제삼자와의 접촉을 막아 객관적인 정보를 얻지 못하게 한 뒤 신자의 의사 판단능력이 희미해져 선악의 판단조차 어려운 상태로 만드는 마인드 컨트롤을 통해 신자를 늘려 나가고 있었다(MS교 탈퇴를 돕고 있는 일본 기독교 단체의 아이자와 목사의 의견).

　P 양도 어느새 정 교주를 재림예수로 믿게 되었다. 그래서 교단 간부가 교주는 신도의 부인병 예방을 위해 건강검진을 한다고 한 말을 그대로 믿었던 것이다. 그러나 건강검진은 벌거벗겨진 상태에서 집요하게 가슴을 더듬어대고 성기에 손가락을 집어넣는 등 성행위와 다를 바가 없는 것이었다. 그뿐 아니라 두 번째 건강검진에서는 더욱 충격적인 경험을 한다.

　"교주는 제게 여기 누우라고 했습니다. 그러고는 그 건강검진이란 걸 했지요. 상의를 벗기고 가슴과 젖꼭지를 만졌고, 이어서 치마하고 속옷까지 다 벗겨 놓고는 더듬어 대고 주물러 댔습니다. 거기서 끝날 줄 알았는데, 더 충격적인 일이 있었습니다. 교주가 갑자기 아랫도리를 내놓더니 저한테 올라타는 것이었습니다. 그러고는 허리를 움직였고, 결국 사정까지 했어요. 일반적인 성행위에 지나지 않았습니다."

　2001년 1월, 그녀가 MS교에 들어간 지 4년 만에 당한 일이었다. 그뿐 아니라 교주는 다른 여성 신도들에게도 똑같은 짓을 저지르고 있었다.

"처음에는 내가 선택받은 특별한 사람이라는 생각도 했습니다. 하지만 다른 여성 신도들도 같은 건강검진을 받는다는 사실을 알고, 이건 좀 이상하다는 생각을 하게 되었습니다."

일단 의문을 품자, 그동안 신선하게 느껴졌던 교리도 이상하다는 생각이 들기 시작했다. 결국 교주가 자기 편한 대로 성경을 해석하는 것이라는 생각이 들었다. 하지만 교단을 떠나기까지는 많은 갈등이 있었다고 한다.

"정식 신자가 되기 전부터 계산하면 5년 이상 교단의 동료들과 함께 지내왔습니다. 지금은 교단이 사이비 집단이고 교주는 재림예수가 아니라 단순한 성범죄자라고 생각하지만, 동료들은 순수했고 나쁜 사람들이 아닙니다. 그런 동료들을 떠나면 홀로 남게 된다는 점이 너무 슬프고 고민스러웠습니다."

고민 끝에 P 양이 탈퇴를 결심한 것은 탈퇴 이후의 고독에 대한 불안보다 더 이상 희생자를 늘려서는 안 된다는 생각이 점점 더 강해졌기 때문이다. 완전하게 교단을 떠난 것은 탈퇴를 고민한 지 1년이나 지난 올 봄의 일이었다.

선생님은 성을 초월하셨다

교주의 성행위에 의문을 가지고 교단을 나온 사람은 P 양만이 아니다. 사실 교주의 성희롱을 한국 검찰청에 고발한 일본인 여성이 있는데, Q 양이다. 명문사립대학 3학년이었던 1994년, 지인의 권유로 MS교를 접한 그녀는 1995년에 정식 회원이 되었다. 그녀도 P 양처럼 교주로부터 성행위를 강요당해 교단에 의문을 품었지만, 나올 결심을 하지 못하다가 2000년 이미 교단을 나온 사람과 알게 되면서 겨우 교단을 나왔다. 그 뒤 자신처럼 성행위를 강요당한 여성 신도가 많다는 사실을 알게 된 후 더 이상 문제를 방치해서는 안 된다고 생각했다. 그녀는 작년에 교주의 행위가 '상습 간음 약취 유인죄'(일본의 강제외설죄)에 해당한다는 고발장을 한국 검찰청에 송부하였다.

그러나 검찰청은 이미 공소시효가 1년이 지났다는 이유로 접수를 거부하였다. 그래서 결국 시효란 범죄 행위를 인식한 날부터 계산해야 한다는 의견서와 함께 다시 고발장을 송부하였다. 탈퇴 후에도 교주가 무슨 짓을 한 것인지 객관적으로 인식하는 데 시간이 걸렸다는 주장으로, 이것이 지난 10월의 일이다. 현재 검찰청의 판단을 기다리고 있다. Q 양의 고발내용을 근거로 그녀의 경험을 추적하면 다음과 같다.

사건은 Q 양이 정식 신자가 된 지 두 달밖에 되지 않은 1997년 7월에 일어났다. 같은 달 19~26일까지 총 40명의 일본인 신도가 정교주를 만나기 위하여 서울을 방문하였다. 방문자의 70%가 여대생이거나 대학을 갓 졸업한 젊은 여성들이었다고 한다.

Q 양은 22일 서울의 건국대학교에서 교회대항 축구 경기를 관전하던 중 교주와 처음으로 만났다.

호텔로 돌아오자 동행했던 여성 간부도 Q 양에게 교주와의 면담을 권하였다.

"그때 여성 간부가 '선생님은 성을 초월하신 분이다. 사랑스럽다고 생각하면 껴안거나 입을 맞추는 일도 있다. 모두 하나님이 선생님을 통해 하시는 일이다.'라고 말했습니다."

앞의 P 양에게는 교주의 성행위를 건강검진이라고 설명했으나 이 무렵에는 하나님이 하시는 일로 자리매김되고 있었음을 알 수 있다.

면담은 26일 이른 아침 묵고 있던 호텔에서 이루어졌다.

"꼭대기 층 스위트룸이었던 것으로 기억합니다. 바로 앞방에서 순서를 기다렸습니다만, 방 주위에는 수십 명의 보고자 비슷한 여성이 기다리고 있었습니다. 제 차례가 되었고 T목사(여성)와 함께 방에 들어갔습니다. 정명석은 소파에 앉아서 저한테 옆에 앉으라고 손짓을 했고 T목사는 저를 정명석 쪽으로 앉힌 후 제 어깨에 손을 올리고 제 옆에 앉아 있었습니다."

목사가 어깨를 누르다

고발은 계속된다.

"내가 정명석이 재림예수란 사실을 깨달았다는 이야기를 하자, 키스하듯 입을 몇 번이나 쪽쪽거리면서 이름, 학교, 가족 관계 등을 묻고는 뭔가 종이에 적고 손을 잡았습니다."

Q 양이 놀라고 있었음에도 불구하고 교주는 전혀 개의치 않고 계속했다.

"무릎에 손을 올려놓고 쓰다듬었습니다. 그때 원피스를 입고 있었는데, 허벅지를 만지면서 속옷에까지 손을 대더니 다리 사이에 손을 넣고는 속옷 위에서 더듬었습니다. 나의 신앙심이 시험을 받고 있는 것인지, 이것이 나의 죄를 사하기 위한 행동인지 혼란스러웠지만, T목사가 어깨를 누르고 있어서 움직일 수가 없었습니다.

다 만지고 났는지 제 손을 잡고 손에 JMS라고 사인을 했습니다. 그것은 마치 제가 시험을 통과하였음을 증명하는 합격증처럼 느껴졌습니다."

원래 MS교에서는 인류가 간음죄를 사함받기 위해서는 하나님과의 성적 접촉이 필요하다고 가르치고 있음은 지난 기사에서 보도하였다. 정 교주는 신자들의 신앙심을 이용하여 하나님이 교주를 통해 하시는 거룩한 의식이라고 믿게 하여 성행위를 강요한 것이다. 그뿐 아니라 그는 측근에게 Q 양을 잡고 있게 하였는데, 이것은 성희롱이라기보다는 강간에 가까운 행위다.

"나 자신이 그 당시 피해를 받았다는 의식이 없고 교주의 행위를 이해하지는 못했지만, 분명 의미가 있는 일이라는 말을 들었기 때문에 그렇게 믿고 있었습니다. 그러나 교단을 나와 성적인 피해를 입은 여성이 더 있다는 사실을 확인하게 되었고, 나의 경험이 단순한 성희롱에 불과하다는 사실을 깨닫게 되었습니다. 그래서 많은 한국의 피해자들처럼 '상습 간음 약취 유인죄'에 해당한다는 취지로 고발장을 낸 것입니다. 저 외에도 교주가 만날 때마다 가슴을 더듬었다고 이야기하는 사람이 여러 명 있습니다. 피해를 입은 일본인 여성이 저 말고도 많은 것입니다."

한국 검찰청에 고발했다는 사실은 한국의 서울방송의 '그것이 알고 싶다' 팀에도 알려져 지난 10월 26일 PD가 일본을 방문하여 Q 양을 만나서 취재하였다. PD는 이렇게 말한다.

"한국 내에서 활동하기 어려워진 MS교는 일본뿐 아니라 중국, 대만, 말레이시아 등지에서 활동을 하고 있습니다. 그에 따라 교주에 의한 성적 피해도 늘어만 가고 있습니다. 방송에서 그 실태를 알리기 위하여 Q 양을 취재하려는 것입니다."

Q 양이 교주에게 성추행을 당하고 탈퇴하기까지 5년이나 걸렸다. 앞서 나온 P 양의 경우도 1년이나 걸렸다.

탈퇴의 어려움과 관련하여 마인드 컨트롤 문제에 정통한 토오호 대학교 의과대학 조교수(정신과 의사) 타카하시 씨는 다음과 같이 말한다. 참고로, 타카하시 씨는 옴 진리교 문제를 계기로 의사나 변호사, 성직자 등이 중심이 되어 1995년 설립된 일본 탈사이비협회 이사이기도 하다.

"P 양 등의 경우를 보면 신도들이 MS교를 마음의 위안으로 삼아 살아왔고, 교우관계도 모두 교단 내의 신자들로 이루어져 있었던 것으로 보입니다. 아마 MS교 신자 이외의 친구들과는 점점 멀어졌을 것입니다. 이럴 경우, 당연히 교단을 나오는 문제에 대하여 갈등하고 고민하게 됩니다. 나오면 돌아갈 곳이 없어지니까요. 어렵사리 나온다 해도 꿈에 교회가 보이는 등 후유증에 시달리는 경우가 많습니다. 어찌되었건 사이비 집단에서 벗어나는 것은 쉬운 일이 아닙니다."

P 양과 Q 양의 고발로 미루어 보아 MS교가 생각보다 일본에 깊게 뿌리내리고 있으며, 많은 10대, 20대 여성이 피해를 당하고 있음을 알 수 있다.

MS교에는 소수이지만 남성 신도도 있다. 이들은 대부분 여성 신도의 권유로 들어간 사람들인데, 실제 MS교에서는 신자들끼리 '합동결혼식'이 거행되었다고 한다.

(2002년 11월 15일 기사)

SEX 교단

교주에 의한 성행위 강요.

[곡해된 성경의 가르침을 믿은 많은 여대생이 피해를 당했을 가능성이 크다.]

지난 호까지 2회에 걸쳐 전한 탈퇴 여성 신도의 고발은 종교 관계자뿐 아니라 많은 사람에게 큰 충격을 주었다. 이번 호에서는 아직도 의문에 찬 MS교의 불길한 면을 파헤친다.

지적인 미인형 여성을 찾아라

나가노 현의 한 리조트 시설에 있는 집회 장소. 그리 넓지는 않다. 수십 명의 20대 남녀가 모여 있고 주변에는 MS 교단 간부들이 있다. 그 중앙에 일본을 방문한 정명석 교주가 있었다. 긴장한 듯한 참가자들에게 교주가 말한다.

"어쨌든 기도하면 상대는 금방 나타납니다. 특히 내가 있을 땐 100% 나타납니다."

1999년 여름에 열린 '축복식'이라 불리는 합동결혼식의 한 장면이다. '축복식'에 참가했던 전 신자는 이렇게 말한다.

"밀폐되고 억압된 공간이라 압박감이 있었습니다. 그래도 이런 식으로 강요된 결혼이 제대로 굴러갈 리 없다는 생각은 했었습니다. 도저히 이해가 안 됐습니다."

본지는 지난 호까지 정 교주가 일본의 여대생 신자들에게 유방암,

자궁암 검진 혹은 건강검진이라며 성적 행위를 강요했던 사실을 보도했다. 그 MS교가 발상지인 한국은 물론 일본에서도 합동결혼식을 거행하였고, 그곳에 수많은 일본인 신도가 참가했음이 밝혀졌다.

합동결혼식은 통일교회의 대형 행사로 일본에서도 화제가 되었던 적이 있다. 1992년 서울에서 열린 합동결혼식에는 가수 사쿠라다 준코와 체조선수였던 야마자키 등 유명인들이 참석해서 이목을 끌기도 했다.

원래 정 교주는 통일교의 강사였던 것으로 알려져 있으며, MS교의 교리인 30개론도 통일교의 원리강론을 모방한 것으로 알려져 있다. 축복식 또한 통일교의 합동결혼식을 모방한 것이라 생각해도 큰 무리가 없을 것이다(통일교 측에서는 정 교주는 물론 MS교와도 일체 관계가 없다고 주장함).

MS교에서 탈퇴한 신자를 돌보고 있는 일본기독교단의 아이자와 목사는 이렇게 설명한다.

"MS교의 가르침에 따르면, 인류가 짊어진 원죄를 사하기 위해서는 성스러운 피를 신의 대리인인 교주로부터 받아야 합니다. 구체적으로 말하자면, 교주가 성교를 통해 여성 신도에게 성스러운 피를 나누어 주고, 그 피를 받은 여성 신도가 이번에는 남성 신도와의 성행위를 통해 그 성스런 피를 나누어 준다는 것입니다. 더욱이 남녀의 조합은 교주가 허락하는 것이어야 합니다. 이러한 교리를 구현하는 것이 축복식입니다."

단 본지가 지금까지 취재한 바에 따르면, 축복식에 참가한 여성이 교주로부터 성스러운 피는 나누어 받았는지 여부는 확인되지 않고 있다.

MS 교단은 압도적으로 여성 신도가 많다. 그러나 소수이기는 하지만 남성 신도도 있고, 교단에서 두 가지 역할을 담당한다고 한다. 그중 하나가 여성 신도를 돌보는 일이다. 아이자와 씨는 이렇게 말한다.

"여성 신도는 축복식이 있기 전에 성적인 피해를 보는 경우가 많습니다. 남성 신도의 경우, 결혼상대 선택이 한정됩니다. 극단적으로 말하면 남성 신도는 여성 신도들의 들러리로 이용되고 있다고 해도 과언은 아닙니다."

영감상법대책변호인단의 사무국장으로 활동하며 MS교에서 탈퇴한 사람들을 돌보고 있는 와타나베 씨는 이렇게 말한다.

"이 교단에서는 우선 지적인 미인형 여성을 목표로 삼으라는 지시를 하기 때문에 여성 신도의 수가 압도적으로 많습니다. 그뿐 아니라 신도가 아닌 경우 결혼할 수 없게 되어 있어서 여성들에게는 결혼해도 좋을 것 같은 남성을 전도하라는 지시까지 내려오게 됩니다."

당신이 꿈에 나타나서…

다시 합동결혼식으로 돌아가자.

앞서 소개한 남성 신도였던 B 씨는 학생시절 한 여학생이 동아리 가입을 권유한 것이 계기가 되어 MS교에 들어가게 되었다고 한다. 그는 3년 전 탈퇴하였다.

"결혼에 적합한 상대인지 아닌지는 '재림예수'라 칭하는 교주가 판단합니다. 그러나 결혼 상대를 찾아내는 데는 어느 정도 신자의 자유의지가 인정됩니다."

축복식에 참가할 수 있는 자격은 신앙생활 경력 3년 이상인 자로 남성은 27세 이상, 여성은 25세 이상, 3명 이상 전도 등의 조건을 만족시켜야 한다고 한다. 단 특별히 열성적이라고 판단될 경우에는 꼭 그렇지만은 않다고 한다. 신도가 된 지 1년 정도로 연령이 조건에 맞지 않아도 축복식을 할 수 있는 경우도 있다고 한다. 따라서 참가자들 중에는 여대생 또는 대학을 갓 졸업한 남성이 많았다고 한다.

"회의실에 모여 교주의 말을 들은 뒤, 간부로부터 그저 기도만 하라는 지시가 있었습니다. 기도하고 있으면 이 사람이다 싶은 상대가 떠오른다고 하더군요."

실제로 축복식에는 자유 대화 시간이 있었고, 거기서 뜻이 맞는 상대를 고르게 되어 있었다. 결국 짝짓기 파티인 것이다.

"남녀가 각각 중매인으로 동석한 선배 신도에게 메모를 맡깁니다. 선배 신도가 남녀의 의사를 확인하고 둘이 별실에서 이야기를 나누어 합의되면, 교주에게 보고하고 허락을 받는 시스템입니다. 그날 교주가 허락을 했지만, 당시 저는 학생이었기 때문에 현실적이지 못했습니다. 그래서 학생이란 걸 빌미로 그 순간을 넘겼습니다.

그러나 다음 날 다시 중매인이 찾아서 교회로 사용되던 건물로 불려갔습니다. 알려준 방으로 들어가니 여성 신도가 혼자 앉아 있었습니다. 그녀는 필사적으로 기도했더니 꿈에 제가 나타났다고 하였습니다. 그때 정말 이건 아니다 싶었습니다. 신도라 서로 얼굴은 알고 있었지만, 그런 이유로 결혼한다는 건 아무래도 아니다 싶었습니다."

당시 교단에 대한 신뢰가 두터웠던지라 신의 계시를 주장하는 여성의 말을 무시할 수만은 없었다고 한다. 그러나 결국 결혼을 결심하지 못하고 교단 간부들과도 껄끄러워진 것이 계기가 되어 탈퇴하였다.

그러나 B 씨처럼 거부하는 신자는 거의 없고, 대부분은 중매인이나 교주의 지시에 따라 결혼한다. 교주의 허가를 받으면, 그날 안에 결혼하고 신부는 웨딩드레스를 입고 교주와 기념사진을 찍는다고 한다.

표면화되는 금전 피해

교단의 축복식이 가장 큰 규모로 치러진 것은 1993년 한국에서 치러진 행사로, 약 700쌍의 부부가 탄생하여 정명석 교주의 축복을 받았다고 한다.

본지가 입수한 교단 내부 자료에 따르면, 이 행사에서 교주는 이렇게 말하고 있다.

"이번에도 약 700쌍이 결혼했습니다. 축복식을 한 사람은 손을 잡고 있지만, 그렇지 않은 사람들은 그렇게 해서는 안 됩니다. 여기에 사람이 많다고 해서 그저 결혼할 수 있는 것은 아닙니다. 본인들이 좋아한다고 해도 건강 문제가 있거나 완전히 치유되지 않은 사람은 명단에서 제외했습니다. 그런 문제가 없으면, 나는 바로 허락합니다. 그러나 하나님께 허락을 받기는 어렵습니다. 기도하여 여쭈어 보고 허락하시면 결혼은 성립됩니다."

즉 재림예수인 정 교주가 모든 것을 결정하고, 승낙이 없는 남녀는 손조차 잡아서는 안 된다는 것이다. 그런 한편 교주가 여성 신도들에게 성행위를 강요하고 있었다는 점은 지난 호까지 보도한 대로이다.

일본에서는 1996년에 남녀 60명이 참가하여 12쌍의 부부가 결혼 승낙을 받은 것을 시작으로, 이후 4회에 걸쳐 축복식이 거행되어 150쌍 이상이 결혼한 것으로 알려져 있다.

본지는 이때 결혼한 남성 신자를 직접 만나 이야기를 나누어 보았는데, 그는 '합동결혼식'에 참가한 사실은 인정하였으나 왠지 MS교에 대해서는 모른다고 하였다. 그저 저명한 목사가 일본을 방문해서 그의 주도로 결혼식을 올릴 수 있다고 해서 다른 커플들과 함께 참가한 것뿐이라고 주장하였다.

축복식은 이 교단의 교세 확장과 신자의 고정화를 목적으로 하고 있음이 틀림없다. 여성 신도들은 교단의 지시에 따라 자신이 결혼하고 싶다고 생각하는 남성 신도를 전도한다. 그리고 교주의 승낙 하에 결혼하여 아이를 가지게 되면 신자는 더욱 늘어나게 된다는 계산이다.

교단이 여성 신도와 함께 남성 신도를 필요로 하는 또 다른 목적은 무엇일까? 와타나베 변호사는 돈과 노동력 때문이라고 설명한다.

"남성 신도들은 성적 피해를 입지는 않지만, 결국 피해자입니다. 교단의 재정 공급원의 역할을 감당하니까요. 상당히 많은 헌금을 부과하고 있습니다."

지금까지 탈퇴한 여성 신도가 탈퇴 지원자의 질문에 답한 내용으로 미루어 사법시험합격자, 의사, 벤처기업 경영자, 대기업 사원 등 MS교에 수입이 많은 남성이 많다는 점을 알 수 있다.

축복식에 대해 증언한 B 씨는 이렇게 말한다.

"매주 예배를 드릴 때마다 반드시 헌금 주머니를 돌립니다. 저는 천 엔짜리 한 장밖에 못 냈지만, 그런 사람들은 소수입니다. 특별히 강요하지는 않지만, 고액 헌금자는 표창을 받기 때문에 다들 경쟁적으로 냅니다."

일본에서 MS교 탈퇴를 돕고 있는 사람들의 조사에 따르면 수입의 반, 연간 200만 엔이 넘는 돈을 헌금한 사람, 일반적인 헌금뿐 아니라 교주 방일 등 행사가 있을 때마다 헌금을 해서 수입의 대부분을 교단 활동에 쓴 사람, 간부가 되어 공동생활을 하면서 집세와 생활비까지 부담한 사람 등 다양한 사례가 보고되고 있다. 한국에서는 이미 금전 문제로 사회문제화되고 있다.

MS교 취재를 담당해 온 한국의 한 민영방송 PD는 이렇게 말한다.

"성전 건립 명목으로 7억 엔 정도를 모으는가 하면, 땅콩이나 머플러 판매, 사회복지 단체로 위장한 사기헌금 등 갖가지 문제가 발생하고 있습니다."

현재 일본에서는 교주에 의한 성적 피해가 드러나기 시작한 단계로, 아직 금전 문제에 대해서는 조사가 시작된 지 얼마 되지 않았다. 와타나베 변호사는 이렇게 말한다.

"여성이든, 남성이든 앞길이 창창한 젊은이들이 MS교라는 사이비 집단에 빠져 있다는 것은 심각한 문제입니다. 조만간 상담창구를 개설하여 본격적인 구제 활동을 개시할 생각입니다."

실체의 해명은 이제 막 시작되었다. 본지는 앞으로도 취재를 계속할 것이다.

잊혀진 계절 I

1판 1쇄 발행   2022년 1월 20일
1판 2쇄 발행   2023년 3월 20일

지은이   김도형
발행인   황기찬

책임편집   김지혜
디자인   헤리

도서출판 AS
주소   서울특별시 강남구 영동대로 602, 6층 A33호 (삼성동, 삼성동 미켈란 107)
전화번호   031-439-0011
팩스   02-6455-4024
신고번호   제2021-000361호
이메일   as-book@naver.com

ISBN 979-11-977327-0-6
정가 18,000원

* 잘못된 책은 구입한 서점에서 바꿔 드립니다.
* 이 책은 저작권법에 따라 보호받는 저작물이므로 무단전재 및 무단복제를 금합니다.
  내용의 전부 또는 일부를 이용하려면 반드시 도서출판 AS의 동의를 받아야 합니다.